세움
문학
06

옴니버스 작품집 : 아버지

단편소설 · 수필

는 기독교 가치관으로 교회와 성도를 건강하게 세우는 바른 책을 만들어 갑니다.

세움 문학 6

옴니버스 작품집 : 아버지

단편소설 · 수필

초판 1쇄 인쇄 2024년 8월 25일
초판 1쇄 발행 2024년 8월 30일

지은이 | 김마리아 강인구 김민철 카라 서상복
펴낸이 | 강인구

펴낸곳 | 세움북스
등 록 | 제2014-000144호
주 소 | 서울시 종로구 대학로 19 한국기독교회관 1010호
전 화 | 02-3144-3500
이메일 | cdgn@daum.net

디자인 | 참디자인

ISBN 979-11-93996-14-0 (03230)

세움 문학 06

옴니버스 작품집
아버지

김마리아
강인구
김민철
카라
서상복

세움북스

출판사 서문

신학이 신자의 신앙을 견고하게 세우는 뼈대라면, 기독교 문학은 신자의 신앙을 풍요롭게 하는 자양분(滋養分)입니다. 이러한 중요성에도 불구하고 기독교 문학은 이전에 비해 크게 위축되어 있는 것이 현실입니다. 세움북스는 '세움 문학 시리즈'와 '세움북스 신춘문예' 등 다양한 시도로 침체된 기독교 문학의 활성화를 위해 힘쓰고 있습니다.

그 다양한 시도의 한 줄기로, 이번에 새롭게 '옴니버스 작품집'을 준비했습니다. 작품집의 첫 주제는 '아버지'입니다. 다섯 명의 작가들이 준비한 두 편의 단편 소설과 세 편의 수필을 통해 독자들은 먼 이름, 아픈 이름인 우리 시대 우리들의 아버지에 대해 생각해 보게 됩니다.

의도하지는 않았지만, 다섯 작품 속에서 작가들은 '이유'와 '의미'를 찾는 여정을 그려 내고 있습니다. 이유를 모르기에 멀어진, 의미를 모르기에 아픔으로만 남았던 아버지에 대한 기억들이 작품 속에서 '헤아림'으로 재해석되고 치유됩니다. 이 책을 통해 독자 여러분도 작가들이 경험한 그 헤아림을 경험하고 함께 기쁨을 누리길 소망해 봅니다.

목차

단편 소설

아버지의 등내음

김마리아

***

얼레지 꽃

"윤슬아, 윤슬아~!"

아버지의 목소리다. 바로 내 등 뒤, 혹은 아주 멀리서 들려 오는 소리일지도 모른다. 하지만 분명 아버지의 목소리다.

통통한 꿀벌 한 마리가 구름 같은 자운영의 꽃대궁을 붙들고 땅에 닿을 듯 말 듯 휘청이고 있는 모습에 넋이 모아져 있던 순간, 어디선가 꿈결처럼 나를 부르시는 아버지의 목소리가 들려왔다. 그러나 아슬아슬 곧 부러질지도 모르는 가는 줄기와 혼연일체가 되어 버린 나는, 마치 내 온몸으로 그 벌의 무게를 감당이라도 하듯 옴짝달싹 눈 한번 깜빡일 수 없는 신세였다. 쪼그리고 앉아 몸을 점점 더 둥글게 말아 가고 있던 그 몰아의 순간에 누군가 내 어깨를 두드렸다. 그제야 움츠렸던 어깨가 열리며 선명하게 들려오던 아버지의 목소리….

"우리 윤슬이, 무엇을 바라보고 있니?"

그림에 조예가 깊으셨던 아버지는 그날 처음 내게 오스트리아 인상주의의 화가 올가 비징거 플로리안(Olga Wisinger Florian)의 그림, 〈정원의 소녀〉에 대해 들려주셨다. 안개가 낀 정원에서 작은 소녀가 꽃을 향해 두 손을 들어 올리고 서 있는 작품인데, 그림 속 소녀는 분명 뒷모습을 보이고 있지만, 그 그림을 감상한 이들은 하나같이 소녀가 꽃에 감동하여 그것과 혼연일체가 된 표정이었을 것이라 해석한다고 했다. 아버지는 마치 플로리안의 그림을 감상했던 사람들처럼, 나의 뒷모습만으로 그 표정까지 알아차리는 감상안을 가진 분이셨다.

초등학교 시절, 해외 항공사에서 근무하시던 아버지와 2년 동안 한국에서 지냈던 시기가 있었다. 운동장에서 교문까지 걸어 나오는 길에 양쪽으로 멋스러운 화단이 있었는데, 나는 그 꽃길이 좋아 학교에 가는 것이 좋았다. 그날 꽃과 꿀벌에 빠져 있던 때도, 아버지는 하교 시간이 훨씬 지났음에도 막내딸이 보이지 않자 직접 안쪽 화단까지 걸어 들어오셨다. 아버지는 이후로도 그날의 이야기를 자주 들려주셨다. 꿀벌의 빠른 날갯짓 하나, 흔들리던 줄기의 춤사위 하나 놓침 없이 바라보고 있던 나의 모습을….

해외 항공사 소속이셨던 아버지와 어머니는 결혼 후에 미국으로 떠나셨다. 그래서 우리 가족은 내가 네 살 때까지 마이애미에서 살았다. 하지만 플로리다주 마이애미로부터도 미국 내 또 다른 지역으로의 출장이 잦았던 아버지의 직업 특성상, 어머니는 세 자녀와 함께 귀국을 택하셨고 우리는 아버지와 떨어져 살아야 했다. 어머니는 3년 남짓 미국에서의 생활이 무척 외로웠다고 말씀하곤 하셨다. 아마도 세월이 흐르니 자녀들의 교육을 위해서라도 조금 더 견디고 희생해야 했다는 뒤늦은 후회가 있으신 듯했다.

그러나 삼 남매는 젊은 시절부터 좁은 화폭의 틀 안에서 옛 서화(書畫)를 복원하는 일만을 해 오셨던 어머니의 동양적 정서와 염색되지 않은 무명실처럼 소박한 당신의 삶을 지켜보며 모든 것을 이해할 수 있었다. 대신 아버지께서 1년에 서너 번 한국을 다녀가셨다. 아버지는 매우 다정하고 따뜻한 분이셨기 때문에 떨어져 지내는 동안에도 우리는 아버지를 잊은 적이 없었다. 출장이 잦은 바쁜 생활을 보내셨지만, 아버지는 가족이 보내는 작은 카드 하나에도 항시 답장을 보내셨고, 맨 마지막 줄에는 늘 "내 생명보다 사랑하는 아내 유진 그리고 예슬, 슬기, 윤슬"이라고 쓰셨다.

아버지와 한국에서 함께 살았던 그 2년이라는 시간은 당신께서 내게 아버지로서 존재해 계셨던 30여 년의 시간, 그 전체의 무게와도 결코 비교할 수 없을 만큼 행복했다. 그중에 가장 기억에 남는 것은 하루도 빠짐없이 아버지와 등하교를 함께 한 일이다. 아침에는 아버지의 손을 잡고 도보로 등교했고, 하굣길에는 항상 자전거를 태워 주셨다. 사실 학교와 집은 자전거로 5분 거리였지만, 아버지와 나는 30분이나 되는 길을 택해 매일 빙 돌아서 왔다.

아버지의 허리를 끌어안고 숲이 우거진 공원을 달리는 길이 나는 참 좋았다. 봄에는 매화보다 짙은 복사꽃 잎새가 흩날렸고, 여름에는 소나기를 맞으며 달리기도 했다. 가을에 얼룩덜룩한 낙엽 위를 달릴 때는 바퀴가 밟고 구른 자리마다 달큰한 냄새가 올라왔는데, 아마도 플라타너스의 커다란 잎사귀와 노란 은행잎이 뒤섞인 향내였을 것이다. 나는 아버지의 휘파람 소리가 바람을 타고 내게로 날아오면 그 음에 맞추어 노래를 불렀다.

어느 봄날의 하굣길이었다. 그날도 자전거를 타고 한참 마을 길을 달리고 있었는데, 무슨 일인지 아버지는 공원 앞에 자전거를 세우셨다. 그러고는 잠시 쉬어 가자고 하셨다. 우리는 공원 바깥 돌담에 등을 기대고 앉았다. 돌담 안 공원 어디에선가 은은한 꽃향이 날아 왔고, 아버지는 그때 처음 내게 '얼레지'라는 꽃의 이야기를 들려주셨다.

"윤슬아, 얼레지라는 꽃이 있단다. 엘레지는 한 송이 꽃을 피울 때까지 많은 시간을 필요로 해. 씨앗에 싹이 나고 꽃이 피기까지 무려 7년 이상이 걸린단다. 그래서 얼레지꽃이 핀 땅은 수년간 파헤쳐지지 않은 아주 건강한 숲이라고 볼 수 있어. 지상에서 모습을 보이는 기간도 매우 짧단다. 3월 초가 되어 피면 5월 말에는 어김없이 사라지고 말거든."

아버지는 그날뿐 아니라 내가 성장하는 동안 자주 얼레지꽃의 내밀한 이야기들을 들려주셨다.

엘레지는 파종한 지 2년이 되어서야 싹이 트는데, 발아한 지 1년이 되면 실같이 작은 잎이 한 장 나오고, 2년이 되면 타원형 모양 잎이 두 장 더 나온다. 매년 비늘줄기에 양분을 조금씩 축적하기 때문에, 모두 피워 내기까지는 자그마치 7년 이상을 필요로 한다.

아버지는 느리게 꽃 피우는 엘레지 꽃을 보며 매사 태연자약한 막내딸을 떠올리셨을 것이다. 무슨 일 앞에서든 급한 것이 없고, 마치 비둘기처럼 한 가지에 몰두하면 다른 것을 돌아보지 못하는 아이였기 때문이다. 그러나 꽃이 될지 잎이 될지 알 수 없는 겨울눈(芽)의 응축된 점이, 언젠간 선이 되어 뻗어나가는 순간을 기대하고 계셨으리라. 또한 얼레지꽃은 하루에 세 번 변신한다.

햇볕이 들기 전에는 고개를 숙이고 다소곳이 꽃잎을 오므리고 있지만, 해가 떠오르면 꽃잎을 활짝 열어 그 자태가 매우 아름답고, 오후가 되면 꽃잎을 완전히 뒤로 젖히는 그 모습이 매우 고혹하다. 아버지 그 모습으로도, 당장은 유유자적하며 천천히 걷는 딸이지만 해가 떠오르면 그 꽃잎을 활짝 열어, 세상 그 어느 꽃과도 비교할 수 없는 아취(雅趣)를 풍기리라 믿고 계시는 듯했다.

언젠가 아버지와 산길을 걷다 노란 들꽃들이 피어 있는 너른 밭을 만난 적이 있다. 클림트(Gustav Klimt) 특유의 황금빛 장식처럼 눈부신 그 꽃밭에서, 그때도 아버지는 나와 눈 맞추며 이렇게 말씀하셨다.

"윤슬아, 참 예쁘지? 파티에 초대받지 못하는 꽃이면 어떠하고, 멋스러운 호텔을 장식하는 꽃이 아니면 어떠할까? 건강한 숲에서 한결같이 피고 지면 그것으로 충분한 게지…."

앵두나무는 앵두를 달콤하게 익혀 새들을 통해 씨앗을 날려 보내고, 봉선화는 까만 씨앗을 '톡' 하고 튕겨서 한 걸음 더 뒤로 날려 보낸다. 이렇듯 내 자녀가 더 넓고 새로운 세계로 나아가는 것을 바라는 부모들의 마음은 모두 한결같겠으나, 동시에 아버지는 모든 생명체에게는 저마다 자신의 속도와 리듬이 있음을 인정하고 계셨다. 사과 하나만 해도 종류와 수확 시기에 따라 맛이 천차만별인 것을, 어찌 붉은 사과에게 초록빛을 띠라 하겠으며 오월의 풋사과에게 시월의 농익은 맛을 흉내 내라 하겠는가.

아버지와 함께했던 꿈처럼 아름답던 시기는 초등학교 1학년 2학기 때부터 3학년 말까지였다. 그리고 그 2년이라는 시간은 아버지와 연이어 가장 오래 함께한 시간이었다. 만약 내 인생에 그 2년이 없었다면 나는 이토록 꽃과 나무를 사랑하지 못했을 것이며, 이만큼이나 자녀들을 귀히 여기지 못했으리라.

아버지는 내 영혼의 줄기를 살찌우고 몸집을 키우게 하는 나무에게 있어 부름켜와 같은 존재이셨다. 나는 삶을 자연과 꽃으로 이야기하고 손을 씻는 대야에도 장미꽃잎을 띄워 주시던 아버지의 감수성을 사랑했다. 아버지는 늘 모네의 그림이 담긴 눈빛으로 자녀를 바라보셨고, 자녀가 수련으로 꽃 피울 수 있도록 생의 끝 날까지 진흙이 되는 수고를 마다하지 않으셨다.

* * *

모감주나무 열매

아버지는 모감주나무의 꽃을 사랑하셨다. 그 시절 이미 지천명(知天命)이셨던 아버지의 가슴을 터질 듯 흔들어 놓았던 꽃. 아버지는 그 꽃나무 앞에 서면 가슴이 뛴다고 하셨다. 어쩌면 그 황금빛 모감주나무에 내가 모르는 아버지의 그림자 같은 사연이 묻어 있을지도 모를 일이다. 노란색 꽃나무를 하염없이 바라보시던 아버지가 떠오르면, 어느덧 그 시절 아버지의 나이가 된 나의 가슴도 울렁인다. 그때는 너무 어려서 노란 그림자로 여울진 아버지의 가슴을 헤아릴 방법이 없었고, 이제는 먼 곳으로 홀연히 떠나셨기에….

　사월 초파일이 되어 나는 아버지를 따라 사찰로 향했다. 마침 연등 축제를 하고 있었는데 할머니의 치맛자락같이 화려한 연등이 나팔꽃처럼 줄지어 하늘에 걸려 있었다. 어린 내 눈에도 바람에 물결치는 꽃단지들의 아우성은 장관이었다. 나는 일순 마음이 급해지기 시작했다. 등을 매달아 놓을 빈 자리가 얼마 남아 있지 않았기 때문이었다. 나는 연등을 파는 사찰의 입구까지 아버지의 손목을 잡고 이끌었다. 모감주나무 열매 속 씨앗으로 만든 염주를 끼우고 계셨던 아버지의 손목이 새빨개지도록. 나는 겨우 열댓 개가 남아 있는 연등을 가리키며, "이거 주세요!"라고 소리쳤다. 그런데 나의 다급한 마음과 달리 아버지는 어느 하나 서두름 없이 한쪽 구석에 놓인 상자 안을 들여다보고 계셨다. 이번에는 아버지께서 이끄시는 대로 걸음을 옮겨 그 상자 가까이에 섰다. 그러고는 조심스레 그 안을 들여다본 순간, 눈물이 왈칵 쏟아지고 말았다. 아버지는 늘 그러하시듯 어떠한 채근도 없으셨지만, 나는 충분히 아버지의 의도를 알아차릴 수 있었다. 그 상자 안에는

자줏빛 패랭이꽃처럼 고운 연등이 아닌 작년, 아니 어쩌면 백
년 전에 만들어 놓은 듯한 물 빠진 연등만이 가득했다. 아버
지는 내 눈물을 닦아 주시며 이렇게 말씀하셨다.

"윤슬아, 이 연등들은 모두 그리 예쁘지 않지?"

"네. 이 연등에 소원을 달면… 이루어지지 않을 거예요."

"그렇지 않아. 우리의 소원이 이루어지는 데 연등의 색깔 따위는
중요하지 않단다."

"아빠, 나는 그래도 예쁜 연등이 좋아요."

"윤슬아, 곧 이 연등의 비밀을 알게 될 거야. 이걸로 하자꾸나."

나는 더 이상 고집을 부리지는 않았다. 이런 실갱이가 있
을 때마다 항상 아버지가 옳았다는 것을 기억하고 있기 때문
이었다. 빛이 바래 초라하고, 꼭 소원도 이루어지지 않을 것
같은 못난 연등에 소원을 적은 뒤, 아버지는 나를 사다리에
올리셨다. 나는 연등을 고리에 잘 끼워 매달고 두 팔을 벌리
고 서 계시던 아버지의 품에 안겨서 내려왔다.

"우리 이제 산으로 갈까?"

나는 아버지의 손을 잡고 사찰을 에워싸고 있는 능선을 따
라 올랐다. 삽상한 바람이 불어왔다. 때론 아버지의 등에 업

히고, 커다란 바위에 앉아 쉬어 가기도 했다. 나는 아버지의 등내음이 좋았다. 사람의 기억 중에 가장 오래가는 것이 냄새의 기억이라 했던가. 이 냄새를 평생이고 잊고 싶지 않았다. 이윽고 산꼭대기에 도착했다. 아버지는 나를 어깨에 태우려고 몸을 낮추셨고, 나는 물푸레나무 가지를 담궈 놓은 물처럼 파란 셔츠를 입은 아버지의 등을 타고 올라갔다. 산 아래를 내려다보자, 그 찬연한 물결에 탄성이 절로 나왔다. 구슬 목걸이처럼 엮인 자줏빛 연등들이 카펫을 이루어 바람에 넘실대고 있었다. 순간 내 등 뒤 어디에선가 폭죽이 터지며, 디즈니 영화가 시작될 때의 인트로가 들려오는 듯했다.

"윤슬아, 아름답지?"

"네에!"

"자아~ 우리의 소원을 달아 놓은 연등이 어디 있는지 찾아보겠니?"

크기도 색깔도 모두 같은 연등들 가운데 산촌의 인가처럼 띄엄띄엄 색 바랜 연등들이 눈에 들어왔다. 게다가 사찰 입구쪽이었으니 우리 것을 찾아내는 일은 식은 죽 먹기였다.

"저기요. 아빠! 저거예요!"

아버지는 흐뭇하게 웃으셨다.

"그래, 윤슬아. 하늘에 계신 분이 내려다본다면 누구의 연등이
먼저 눈에 띌까? 누구의 소원 이야기가 가장 궁금할까? 항상 화
려하거나 새것만이 좋은 것은 아니란다. 그것의 가치가 더욱 중
요한 법이지. 보이는 모습이 전부가 아니라는 뜻이야. 선택하는
사람에게는 이렇듯 늘 지혜가 필요하단다."

나는 그 언젠가 아버지께서 들려주셨던 안톤 체호프(Anton
Pavlovich Chekhov)의 체호프 희곡선《바냐 아저씨》가운데, 옐
레나의 독백 한 구절이 떠올랐다.

"나무 한 그루를 심으면서도 벌써 이 나무가 천년 뒤에 어떻게
될지를 생각하고, 그러면서 인류의 행복을 꿈꾸는 거야. 그런 사
람들은 드물어. 그러니 사랑하지 않을 수 없지."

나는 7월에 모감주나무꽃이 필 때면, 일흔의 나이에 세상
을 떠나신 내 아버지를 생각한다. 인생칠십고래희(人生七十古
來稀)라 하였는데 어찌 그리 일찍 가셨는지….
어스름이 깔리고 나는 아버지의 등에 업혀 산을 내려왔다.
아버지의 파란 셔츠에서는 분명 물푸레나무 향이 났으리라.
한 발, 또 한 발을 아래로 내딛으시며 아버지는 모감주나무

씨앗을 이야기하셨다.

"윤슬아. 모감주나무의 꽈리 같은 열매 안에는 세 개의 씨가 들
어있단다. 예슬이, 슬기, 우리 윤슬이는 그렇게 작은 집에 살더
라도 그 씨앗들처럼 서로 다툼 없이 항상 행복해야 한다~!"

* * *
세계 명작 동화

나는 한국에서 태어났다. 마침 아버지께서 한국 항공사와
중요한 협약을 맺기 위해 1년간 귀국해 계셨던 시기였기 때
문이다. 그 후 돌 때 미국으로 떠났다가, 다시 만 4세가 되어
아주 돌아온 것이다. 아버지와 함께 지냈던 초등학교 저학년
2년 동안 우리는 주택에 살았는데, 그 집은 부모님께서 신혼
때 장만해 둔 것이었다. 고학년이 되어 아파트로 이사하기 전
까지 계속 같은 집에서 살았다. 우리는 아직까지도 그 집을
'파란 지붕 집'이라고 부른다. 파란 지붕 집에는 작은 마당과
넓은 옥상이 있었다. 옥상에는 허브밭과 채소밭이 둘로 나뉘
어 있어 그날그날 요리에 따라 찾는 곳이 달랐지만, 어머니와
나는 주로 향이 좋은 허브밭 가까이에 앉아 쉬곤 했다. 로즈
메리, 라벤더, 바질, 민트, 세이지, 마리골드…. 어머니는 요

리에서 허브는 음악의 화음 같은 것이라고 하셨다. 곁들여도 충분한 것을 지나치게 사용하면 도리어 해가 된다는 의미였을 것이다. 무엇에든 과함이 없으셨던 당신의 삶처럼…. 그리고 마당 한편에는 커다란 대추나무 아래로 소담한 화단이 자리했는데, 봄이면 일순 채송화와 봉선화, 나팔꽃과 분꽃, 샐비어가 피어났다.

우리 옆집에는 기침 소리가 엄청 큰 할아버지 한 분이 살고 계셨다. 평소 말씀이 없으셨고 미간을 잔뜩 찌푸린 표정도 늘 한결같으셨기에, 사실 나는 할아버지와 서름서름했다. 게다가 나와 오빠 모두에게 예슬이라고 부르셨다. 동네에서 우리 엄마를 "예슬 엄마"라고 부르니, 떠오르시는 대로 무조건 언니 이름을 부르시던 것이다. 나는 가끔 어머니가 만드신 겉절이와 부침개 등을 전해 드리기 위해 할아버지 댁에 간 적이 있었다. 몇 해 전 돌아가신 할머니를 돌보시느라 진작 아파트 경비 일을 그만두시고 최근에는 폐지를 주워 살고 계셨는데, 어머니의 말씀대로라면 돈이 필요해서가 아니라 바삐 살며 외로움을 덜어 내야 했기 때문이었다. 할아버지 댁 마당에는 온통 펼쳐 쌓아 둔 박스와 빈 병, 끈으로 단단하게 묶은 책더미들로 가득했다. 며칠 장맛비가 내리던 어느 날, 어머니는 부추전을 쟁반에 올려 주시며 할아버지께 가져다드리라고 하셨다. 마침 대문이 활짝 열려 있었고, 할아버지는 목에 두르신 수건으로 땀을 닦으시며 창고를 정리하고 계셨다.

"할아버지, 안녕하세요."

"옆집 예슬이구나. 그래, 저 위에 올려 두거라."

나는 더 이상 "아니요, 저는 윤슬이에요!"라고 말하지 않았
다. 마루 위에 쟁반을 놓고 돌아서려고 하는데, 한쪽 구석에
'세계 명작 동화 전집'이 쌓아져 있었다. 마침 돌아오는 주말
에 아버지께서 사 주기로 약속하신 것이었다. 늘 텔레비전 광
고와 신문 사이에 따라오는 광고지로만 보다가 직접 실물을
보니 눈이 휘둥그레졌다.

"우와~ 할아버지! 세계 명작 동화네요?"

"그래. 어제 받아 놓은 건데, 거기 앉아서 읽다 가려무나."

나는 그날, 캔자스의 시골 마을에 사는 소녀 도로시를 만
났다. 도로시가 숙부, 숙모와 살다가 토네이도에 휩쓸리는 바
람에 마법의 대륙 오즈로 떨어져 다시 집으로 돌아가기 위해
펼치는 모험, 《오즈의 마법사》 이야기이다. 할아버지는 마루
를 훔치시며 '허허' 웃으셨다. 내 배꼽시계 소리가 점점 커지
고 있었기 때문이었다.

"이거 먹으면서 보거라."

할아버지께서 내놓으신 것은 다름 아닌 내가 들고 온 어머니의 부추전이었다. (잠시 내 손등을 스쳐 간 할아버지의 손이 다 까먹은 옥수숫대처럼 거칠어. 순간 깜짝 놀랐다.) 물론 가지고 온 전을 모두 먹어 치운 건 아니었다. 나는 저녁이 다 되어서야 돌아왔고 귀가하신 아버지를 보자마자 오늘 읽었던 《오즈의 마법사》 이야기를 신이 나서 들려드렸다. 아버지는 화단에 물을 주시며, 내게 물으셨다.

"윤슬아, 할아버지 댁에 세계 명작 동화가 얼마나 더 있었니?"
"굉장히 많아요!"
"혹시 할아버지께서 그 책들을 우리에게 파신다면, 헌책이어도 괜찮겠니?"
"네에? 새 책 말고, 할아버지 댁에 있는 낡은 책들이요?"
"아빠가 약속한 책은 새 책이니까, 네가 원하지 않으면 새 책을 사 줄게."

나는 잠시 망설였지만, 주말까지 기다리는 것보다 어쩌면 그게 더 나을지도 모른다고 생각했다. 그날 저녁에 다시 아버지의 손을 잡고 할아버지 댁으로 갔다. 할아버지는 발매된 지 꽤 오래된 책이라며, 싼값에 모두 가져가라고 하셨다. 나는 아버지와 함께 여러 번 오가며 그것을 모두 집으로 날랐다. 그리고 밤이 늦도록 아버지와 함께 책들의 상태를 하나하나 살폈다. 겉표지의 투명막 코팅이 벗겨진 책, 간혹 다른 책에서 찢겨와 끼어 있는 페이지, 낙서가 되어 있거나 오염되어 서로 붙어 있는 것들, 오랫동안 접혀 있어 찢어지기 직전의 페이지들도 꽤 되었다.

아버지는 상태가 좋은 책과 손을 봐야 하는 책들을 따로 구별해 놓으셨다. 나는 그날 밤 모리스 마테를링크(Maurice Maeterlinck)의 《파랑새》를 읽다가 잠에 들었다. 그리고 꿈속에서는 다이아몬드가 박혀 있는 초록색 모자를 쓴 미틸이 되어, 아름다운 숲길을 따라 파랑새를 찾아다녔다.

그래, 몹시 낡아 있고 이미 누군가의 손을 거친 것들이었지만, 그렇다고 해서 내가 그 책 속을 탐험하고 잠시 그들 주인공과 옷을 바꾸어 입는 것에 방해가 되지는 않았다. 나는 문득 아버지와 사찰 아래의 연등을 내려다보았던 순간이 떠올랐다. 아니, 그때 아버지께서 들려주셨던 이야기가 떠올랐다.

"항상 화려하거나 새것만이 좋은 것은 아니란다. 그것의 가치가 더욱 중요한 법이지. 보이는 모습이 전부가 아니라는 뜻이야. 선택하는 사람에게는 이렇듯 늘 지혜가 필요하단다."

다음 날이 되었다. 나는 눈을 뜨자마자 책장 앞으로 갔다. 그런데 어제의 책들이 마치 마법에 걸린 것처럼 새 책과 다름 없이 변신해 있었다. 너덜거리던 겉표지들이 다시 두툼하게 붙여져 있고, 오염되어 끈적이던 페이지들도 말끔하게 떼어져 있었으며, 다른 책들 사이를 떠돌던 것들도 모두 제 자리를 찾았다. 그리고 제목이 찢기고 벗겨져 무슨 책인지 알 수 없던 것들도 아버지의 멋스러운 필체로 새로이 단장되어 있었다. 이제 내가 전 세계의 명작 속을 마음껏 유영하는 데 걸림돌이 되는 것은 오직 단 하나! 숙제뿐이었다.

주말이 되었다. 아버지는 내게 외출 준비를 하라고 하셨다. 이미 원하던 세계 명작 동화를 모두 얻었기 때문에 아무런 기대조차 없던 나들이었다. 하지만 아버지는 이전의 약속대로 우리 동네에서 가장 큰 서점으로 나를 데리고 가셨다. 그리고 자그마치 60권이나 되는 자연 과학 동화를 새것으로 사 주셨다. 언니도 몇 해 전 개구쟁이 사촌오빠들에게서 물려받아 매우 낡은 상태의 책을 읽고 있었기에, 나와 오빠는 아예 읽기를 포기한 자연 과학 동화였다. 개구리의 다리가 사마귀의 다리로 되어 있고, 호랑이에 코끼리 코가 붙어 있지를 않나, 심지어 물고기들이 바다가 아닌 숲속을 헤엄치고 있기도 했다. 나는 그 엉망진창 뒤섞인 페이지들을 일일이 찾아 재조합하느니, 차라리 오징어 다리와 문어 다리의 수가 평생 헷갈리는 편이 나았다. 사실 나는 아버지께서 책을 사 주시겠다고 약속하시던 순간부터 주말이 되면, 세계 명작 동화와 자연 과학 동화 가운데 어떤 것을 말씀드릴지 고민하고 있었다.

그런데 두 전집을 모두 갖게 된 것이다. 나는 서점 아저씨께서 건네신 배달 표를 받고 눈물이 날 것만 같았다.

'내일이면 자연 과학 동화 전집 60권이 모두 우리 집에 도착한다니!'

돌아오는 길에 아버지는 나의 듬쑥하고 착한 마음이 이 모든 것을 갖게 했다고 하셨다. 아버지께서 머리를 쓰다듬어 주시며 칭찬해 주시던 순간, 나는 어른이 되어서도 절대 잊지 않겠다고 다짐했다. 화려하거나 새것만이 좋은 것은 아니라는 것과 무엇이든 그것의 가치가 더욱 중요하다는 것, 선택하는 사람에게는 늘 지혜가 필요하다는 것을 말이다.

아버지는 돌아오는 길에 신발 가게에도 들르셨다. 오빠에게 물려받아 신었던 파란색 장화가 눈에 거슬리셨나 보다. 사실 나는 로봇이 찍힌 그 파란 장화도 나쁘지 않았다. 때때로 오빠의 옷과 양말까지도 물려받았기에, 비 오는 날에만 신는 장화쯤은 정말이지 괜찮았다. 물론 함께 지낼 시간이 넉넉지 않은 아버지는 막내딸에게 무엇이든 다 사 주고 싶으셨을 것이다. 다만 우리 삼 남매는 검소하신 어머니에게서 성장했기에, 꼭 새것이 아니더라도 깨끗하고 단정한 것을 얻는 것에 감사할 줄 알았다. 속옷까지 모두 꿰매 입으시던 어머니셨고, 빗물을 받아 화초를 키우시는 어머니셨다. 어머니께서 텃

밭을 관리하시며 들려주셨던 말씀들을 나는 지금도 기억하고
있다.

"윤슬아. 거름을 많이 먹은 식물은 빠르게 자라고 형태도 우람
해지지만, 점점 더 많은 수분과 영양분을 필요로 한단다. 그래서
다음 해에는 그 이상의 것을 요구하게 되지. 이런 과정이 반복되
다 보면, 흙은 흙대로 자생력을 잃고 식물은 식물대로 더한 목마
름에 시달리는 법이야."

정원사의 손길에 관한 이야기였으나 그것은 곧 어머니께
서 자녀를 양육하는 방식에 관한 것이었고, 식물이든 사람이
든 약간의 허기와 갈증을 견디면서 스스로 생존하는 법을 터
득하는 것도 나쁘지 않다는 당신만의 지혜셨다. 언젠가는 소
크라테스 이야기도 들려주셨다. 아테네 시민들이 물건을 사
기 위해 떼 지어 다니는 시장을 가만히 둘러보던 소크라테스
가 이렇게 말했단다.

"저런, 없어도 살 수 있는 쓸데없는 물건이 저렇게나 많다니…."

동네에는 하나둘 에어컨이 시원하게 나오는 대형 마트들
이 생겨나고 있었지만, 어머니는 항상 장바구니를 들고 길 건
너 시장까지 다니셨고, 상품이 썩 좋지 않더라도 자리를 얻지

못해 시장 초입이나 가장 끄트머리에 신문지를 펴고 장사하시는 할머니들을 뵈면 그냥 지나치지를 못하셨다. 자연에 해로운 플라스틱, 비닐, 스티로폼 등 포장지 가격이 포함된 값비싼 상품을 구입하느니 오가는 길의 수고스러움으로 장사하는 어르신들을 돕는 것이 더 가치 있다고 하셨다. 어쩌면 어머니는 미래의 지구, 그러니까 지금 우리에게 불어닥친 환경 문제를 이미 예측하며 살아오신 듯하다.

지구의 생태계는 순환 경제이다. 따라서 모든 자원은 한정되어 있으며 자체적으로 순환하고 자생한다. 그러나 우리는 마치 무제한의 자원인 양 여기면서 지구가 생산할 수 있는 그 양보다 훨씬 더 많이 소비하고 있지 않는가. 현재로서는 미래에서 그 생태 용량을 당겨쓰는 셈이다. 날조되고 강박적인 소비를 부추기는 경제의 시대를 살아가며, 소박하지만 기품 있던 어머니의 삶과 자세를 돌아보는 일은 여전히 큰 감동이 된다.

* * *
이웃집 할아버지

아직 해가 뜨기 전인 이른 아침에 전화벨이 요란스럽게 울렸다. 우리 가족은 모두 깨어 거실 전화기 앞으로 모였다. 수화기를 들고 계시는 아버지의 표정이 점점 어두워지자, 나는 더 가까이 다가가 귀를 기울였다.

"여보세요? 여기는 사거리에 있는 한결병원 응급실이에요. 정수철 할아버지께서 그 댁 연락처를 주셔서 전화드렸습니다만…."

아버지는 수화기를 내려놓자마자 급히 차를 가지고 병원으로 가셨다. 옆집 할아버지께서 리어카에 종이 박스를 싣고 돌아오는 길에 미끄러져 다리를 다치신 것이었다. 병원 차로 오시면 되었지만, 연락할 가족도 없고 마침 지갑과 신분증도 없으셨던 모양이었다. 한 두어 시간이 지나자 아버지와 할아버지께서 도착하셨다. 어머니와 나는 할아버지 댁으로 뛰어갔다. 오른쪽 다리의 발목부터 무릎 아래까지는 깁스를 하고 계셨고, 왼쪽 다리에는 군데군데 반창고가 붙여져 있었다. 아직까지 식사도 못 하셨는지 매우 허기져 하시는 할아버지의 모습이 마음 아팠다.

아버지는 할아버지를 침대에 누이셨고, 그 사이 어머니는 집으로 가시어 급히 미역국과 밥상을 차려 오셨다. 혼곤하여 잠드신 줄로만 알았던 할아버지는 이내 허리를 세워 앉으시더니 찬 하나 남김없이 밥 한 그릇을 뚝딱 드셨다. 우리는 할아버지께 약을 챙겨 드리고서 편히 쉬시도록 집에 돌아왔다. 아버지는 할아버지와 상의를 마치셨다며 병원에서 소개받은 간병인에게 연락을 하셨다. 어린 내 생각에도 할아버지 혼자 발을 딛고 일어서거나 다시 자리에 눕는 것이 힘겨울 것 같았다.

대신 식사는 어머니께서 챙겨 주기로 하셨고 나는 어머니의 심부름을 맡기로 했다. 어머니는 매일 밤이 늦도록 곰탕을 끓이셨고, 점심때마다 고등어와 임연수를 번갈아 가며 구우셨다. 나는 어머니가 김 위에 참기름과 들기름을 섞어 솔질을 하시면, 맛소금을 솔솔 뿌려 김 재는 일을 도왔다. 어머니는 마당 한편에 앉아 난롯불에 김을 구우시며, 옆집 할머니께서 살아 계셨을 때 많은 도움을 받았다고 하셨다. 그도 그럴 것이 홀로 어린 삼 남매를 키우시며 어찌 몸 데이고 마음 베이는 일이 없었을까…. 가만히 생각해 보니 내게도 옆집 할머니에 대한 기억이 여럿 있다. 오빠와 마당에서 물놀이를 하던 날에 얼음 동동 띄운 달콤한 미숫가루를 타다 주기도 하셨고, 이따금 어머니의 귀가가 늦는 날에는 손수 빚으신 만두를 쪄다 주시거나, 멸치를 잔뜩 넣은 주먹밥을 만들어 주기도 하셨다.

아! 또 있다. 서너 이웃집이 모여 김장을 하고 다 같이 수육을 삶아 먹으며 담소를 나누던 날이었다. 어머니는 바쁘게 오가며 뒷정리를 하고 계시고, 언니와 오빠는 맛있게 쌈을 싸서 먹고 있었는데, 편식을 했던 나는 돼지고기의 비계 부분을 못 먹으니 그냥 배가 고픈 대로 앉아만 있었다. 그때 할머니께서 곁으로 오셔서 내 접시 위에 살코기만 따로 떼어 주고 가신 기억이다. 아마도 내가 기억해 내지 못하는 할머니의 손길들이 더 있을 것이다. 그러나 그 후로는 오랜 기간 병상에 계셨기 때문에 가끔 마당에서 산책하시는 모습을 뵈었을 뿐, 할머니와 마주한 적은 없었다.

새벽에 화장실에 가기 위해 일어났다가 아버지께서 옷을 챙겨 입으시는 모습을 보았다. 생각해 보니 새벽마다 부스럭거리는 소리가 들려왔던 것 같았다. 간병인 아주머니께서 오전 9시에 오셔서 저녁 7시에 돌아가시니, 새벽과 늦은 밤에도 틈틈이 할아버지의 용변을 돕기 위해 오가고 계셨던 것이다. 그렇게 3주가 지나고 드디어 할아버지께서 깁스를 푸셨다. 할아버지는 다시 우리 집에 신문과 우유가 배달되어 올 즈음이면 리어카를 끌고 나가셨다가, 어김없이 우리 가족이 아침 식사를 마칠 즈음이면 돌아오셨다. 삐거덕거리는 낡은 대문 여닫히는 소리로 우리는 할아버지의 시간을 알아차렸다.

아버지께서 미국으로 떠나시기 전날 밤, 할아버지께서 처음 우리 집에 오셨다. 그간 마당까지는 여러 번 발을 디디셨지만 신을 벗고 집안까지 들어오신 것은 처음이었다. 할아버지는 아버지의 손을 잡고 한참을 우셨다. 아버지도 함께 우셨다. 나는 그때야 할아버지의 고향이 이북인 것과 돌아가신 할머니도 부모 형제 없이 자라 두 분 모두에게는 가족이 없다는 것을 알게 되었다. 그리고 하나뿐인 외동아들마저 대학 때 사고로 죽었다는 것도 말이다. 어느덧 나도 어머니의 어깨에 두 눈을 비벼 가며 눈물을 닦아 내고 있었다.

우리 가족은 내가 초등학교 5학년 때 아파트로 이사를 했고, 할아버지는 계속 그 집에서 사셨다. 그리고 내가 고등학교 때 할아버지께서 돌아가셨다는 소식을 듣고 어머니와 함께 조문을 갔었다. 죽은 아들의 친구라는 남자 한 분이 홀로 그 어둑한 빈소를 지키고 있었다. 그리고 쓸쓸하게도 어머니와 내가 반나절을 머무르는 동안, 단 한 명의 조문객도 다녀가지 않았다. 어머니는 오빠가 군대에서 휴가 나오는 날이니 그만 돌아가야 한다며 나를 일으켜 세우셨다. 그런데 우리가 자리에서 일어나려던 차에 엄청 큰 화환이 하나 들어왔다.

'사람 한 명 찾지 않는 빈소에 이렇게나 큰 화환이라니, 누가 보내온 것일까?'

꽃을 배달한 사람이 돌아가고서 나는 화환 앞에 섰다. 화환에 달린 리본에는 이렇게 쓰여 있었다.

"할아버지, 고생 많으셨습니다. 김재원, 정유진, 예슬, 슬기, 윤슬 올림."

클라라 수녀님과 분홍 구두

어머니는 집안에서 넷째 딸이셨다. 첫째 큰외삼촌, 세상에서 나를 가장 예뻐해 주셨던 큰이모, 군인 외삼촌, 엄마, 작은이모, 막내 외삼촌. 이렇게 6남매이다. 내가 어릴 적, 아직 장가를 가지 않은 막내 외삼촌이 이웃에 살고 계셨다. 삼촌은 시간만 나면 우리 집에 와서 텔레비전을 보고, 밥을 먹으며, 오빠와 리모컨으로 싸우기도 하는 다소 철이 덜 든 듯한 모습이었다. 내가 먹고 있던 아이스크림도 서슴없이 빼앗아 먹어 어머니께 혼이 난 적도 한두 번이 아니었으니 말이다. 게다가 바로 본인 코 앞에 있는 물건도 사사건건 가지고 오라고 시키니, 나는 숙제라도 제대로 하려면 늘 이 방, 저 방 삼촌을 피해 다녀야 했다. 언젠가는 산수 숙제를 모두 풀어 줄 테니 마트에 가서 일회용 면도기를 사 오라고 해서 다녀왔는데, 다음 날 선생님께서 학급 친구들이 전부 듣도록 아주 큰 목소리로 "김윤슬, 빵점!"을 외치는 바람에 그 자리에 엎디어 얼마나 울었는지 모른다. 나는 학교에서 돌아와 현관 앞에 삼촌의 삼선슬리퍼가 보이면, 한 시의 망설임도 없이 발로 '뻥!' 차서 마당으로 날려 버리곤 했다. 삼촌이 저녁 식사를 하고서 집으로 돌아갈 때마다 날아간 슬리퍼를 찾아 씩씩대는 모습을 보는 것이 유일한 복수였기 때문이다. 내가 이렇게 되기까지 삼촌이 어린 조카의 속을 뒤집어 놓은 일이 어디 한두 번이겠는가! 또, 어디 나 하나뿐이겠는가! 어쩌면 삼촌과 연루된 언니와 오빠의 사정 속에 나 따위는 감히 끼어들 틈조차 없을지 모른다. 조금 우습지만 나는 그 후로도 삼촌을 생각할 때마다 고흐가 그려 놓은 야생의 사이프러스처럼, 뜨거운 불꽃이 소용돌이치며 마구 치솟아 오르는 감정을 느끼곤 했다. 그래, 분명 삼촌은 내 기억보다 더 어린 시절부터 나를 귀찮게 해 온 것이 틀림없다. 우리 막내 외삼촌은 내게 그런 존재였다.

그런데 어느 날 천지가 개벽할 일이 일어났다. 삼촌이 우리 가족 앞에 삼선슬리퍼를 벗은 채, 마치 런던 새빌 로(Savile Row)거리에서나 볼 법한 양복을 차려입고 나타난 것이 아닌가! 이런 멋진 옷은 도무지 어울릴 것 같지 않은 삼촌이었는데, 그날만은 세상에서 가장 멋진 신사가 되어 있었다. 엄마는 삼촌에게 넥타이를 매어 주시며 계속해서 같은 말로 당부하셨다.

"건호야. 가서 예의 있게 해야 해. 귀한 집 외동딸이라더라. 네가 먼저 의자에 털썩 앉지 말고, 색시가 앉을 때 의자를 살짝 밀어 넣어 줘. 음식이 나오면 먼저 허겁지겁 먹지 말고, 색시에게 권하고서 먹고…. 알았지?"

큰이모 말씀대로라면 어머니는 6남매 가운데 가장 속이 깊

고 지혜로운 딸이셨다. 그래서 어머니의 형제들이 철이 늦게
든 막내 삼촌을 어머니께 맡기셨는지도 모르겠다. 어머니는
우리 3남매를 키우듯 삼촌을 대하셨고, 늘 따뜻하게 챙기셨
다. 아무튼 나는 의아했다. '왜 귀한 집 외동딸이 삼선슬리퍼
하고 선을 볼까?' 조카들 아이스크림이나 빼앗아 먹는 시시한
우리 삼촌한테…. 나는 그저 삼촌이 좋은 경험을 하고 오면
됐다 싶었다. 그런데 그 후 며칠이 지나 학교에 다녀오니, 삼
촌의 삼선슬리퍼 옆에 처음 보는 분홍색 구두가 하나 놓여 있
는 것이 아닌가!

'설마, 그때 선본 사람을 초대한 것일까? 그 귀한 집 외동딸을?
에이, 우리 삼촌이 무슨 매력이 있다고!'

나는 고소한 커피 향을 따라 거실로 향했다. 그런데 코너
를 도는 순간, 어머나! 목단처럼 희고 고운 어느 한 여자와 눈
이 마주치고 말았다. 내 인생 11년 만에 여자를 보고 심장이
뛴 건 그때가 처음이었다. 분명 말로만 듣던 그 귀한 집 외동
딸이 틀림없었다.
삼촌은 이듬해 그 분홍 구두와 결혼을 했고, 더 이상 조카
들을 괴롭히지 않았다. 그리고 우리 집에 올 때면 꼭 과자를
담은 봉지나 과일 등이 손에 들려 있었다. 참, 어느 날부터인
가 나에게 그렇게 구박받던 삼선슬리퍼도 눈에 띄지 않았다.

우리 친가와 외가는 모두 유교 집안이었기에 1년에도 여러 번 제사가 있었다. 그래서 나와 오빠는 아버지께서 한국에 계시는 2년 동안 '여래원'이라는 어린이 불교 학교에 다녔다. 나이 차이가 났던 언니는 태권도 학원을 선택했기에 우리와 함께하지 않았다. 오빠와 나는 그곳에서 모든 한자를 습득했고 서예를 배웠다. 그런데 그 분홍 구두 외숙모가 시집을 온 후로부터 우리에게 작은 변화가 찾아왔다. 매주 토요일마다 불교 학교에 데리고 가시던 아버지가 미국으로 떠나시니, 자연스레 이웃에 사시는 외숙모를 따라 성당에 다니기 시작한 것이다. 나는 그곳에서 클라라 수녀님을 처음 만났다. 어머니는 내가 성당을 다니며 착한 친구들을 사귀고 성당에서 그림을 그리거나, 동시를 지어 상장 받아 오는 것을 무척 기뻐하셨다.

클라라 수녀님은 우리 어머니의 나이와 비슷해 보이셨는데, 어떤 친구들은 '엄마 수녀님'이라고도 불렀다. 수녀님은 나를 유독 예뻐하셨다. 외숙모와 연이 깊기도 하셨지만, 내가 꽃의 이름을 모두 외우고 있기 때문이기도 했다. 나는 네 살 때부터 꽃의 이름으로 한글을 배웠다. 어머니는 압화 스크랩북이 서너 권 있을 만큼 꽃에 조예가 깊으셨고, 아버지는 꽃뿐 아니라 한겨울에 잎사귀 하나 달리지 않은 나무들의 수피(樹皮)만으로도 그 이름을 알아차리는 분이셨다. 나는 이제 토요일이면 불교 학교가 아닌 성당으로 향했고, 그곳에서 수녀님이 가꾸시는 정원 일을 도왔다. 지금 생각해 보니 뒤뜰의 텃밭까지 합치면 적어도 백 평 남짓은 되는 듯싶다.

그런데 외숙모가 시집을 온 지 몇 해가 지나도록 아기가 생기지 않았다. 삼촌과 숙모는 오랜 시간 기도하며 생후 두어 달 된 예쁜 여자 아기를 입양했다. 드디어 내게도 동생이 생긴 것이다. 나는 아기 이름을 '분홍이'로 하자고 의견을 냈지만, 아니 고집도 부려 봤지만, 외숙모는 '라파엘라'가 좋다고 하셨다. 아버지는 미국에서 이 소식을 듣고 엄청 기뻐하셨다. 기업뿐 아니라 개인적으로도 아프리카 어린이들을 위해 오랫동안 후원해 오고 계셨는데, 대부분 부모가 없어 치료가 어려운 심장병 어린이들이었다. 어머니는 오랫동안 장롱 깊이 보관해 두셨던 내 아기 때의 배냇저고리와 딸랑이를 라라(우리 가족은 '라파엘라'라는 이름을 '라라'라고 줄여 부르기로 했다.)에게 주었다. 참 신기하고 다행이었던 것은, 라라가 자라며 점점 꽃처럼 희고 고운 외숙모를 닮아 가고 있다는 사실이었다. 삼촌은 더 열심히 일했고, 라라는 가족 모두에게 아주 특별한 선물이 되었다.

라라가 두 살이 될 무렵, 외숙모의 홀어머니께서 몹시 아프셨다. 외동딸이었던 외숙모는 우리 어머니와 상의를 한 뒤 친정 가까운 곳으로 이사를 했다. 버스를 두 번이나 갈아타야 갈 수 있는 먼 곳이었다. 슬프지만 삼촌과 라라도 함께 우리 곁을 떠났다. 매주 나를 챙겨 성당에 데리고 가시던 숙모가 이사를 가신 후, 나는 오빠와 함께 교회에 다니기 시작했다. 오빠는 친구들과 함께 이미 동네에 있는 교회에 등록해서 다니고 있었다. 성당까지는 혼자 걸어갈 수 있는 거리가 아니었고, 마침 같은 시간에 자수 공방에 가셔야 했던 어머니도 그 방법을 권하셨다. 그러나 토요일 오후만은 성당에 갈 수 있었다. 어머니와 수녀님께서 무려 3년을 수고해 주신 덕분이었다.

여전히 클라라 수녀님의 정원 도우미는 나, 김윤슬이었다. 성당의 화단에서는 모든 계절에 꽃이 피어났다. 언젠가 수녀님이 말씀하셨다. 흙을 일구면 정원뿐 아니라 마음의 풍경도 아름답게 바뀐다고…. 사실이었다. 보드라운 꽃에 코를 대면 내가 향기 속으로 이내 사라질 것만 같았고, 까슬한 줄기에 오종종 매달린 토마토를 따 먹는 일이 얼마나 감격스러웠는지! 주일을 성당이 아닌 교회에서 예배하게 되었음에도 수녀님은 정원 도우미 자리를 끝까지 지켜 주셨는데, 나중에야 그 이유를 알게 되었다. 수녀님이 기도 가운데 내가 수녀님의 제자 수녀가 되리라는 말씀을 들으셨다는 것을…. 그래서 그렇게 오랜 시간 나를 가르치시고 인내해 오셨다는 것을…. 그러나 나는 매우 보수적인 장로교회에서 성장했기에, 고등학생이 되면서 천주교와 기독교의 교리 차이에 많은 어려움을 겪어야 했다.

지금 생각해 보아도 인생 최대의 고비였다. 하지만 고심 끝에 고3이 되어 가톨릭대학에 가겠다는 결단을 내리게 되었는데, 아마도 클라라 수녀님의 삶을 늘 가까이에서 보고 존경해 왔기 때문이었을 것이다. 그때만 해도 어머니께서 복음을 받아들이기 전이셨고, 외숙모를 비롯한 내 주위의 어른들은 대부분 가톨릭 신자였다. 물론 그렇다고 해서 그 길이 순조로울 리 없었다. 아버지를 설득해야 하는 가장 큰 산이 코 앞에 있었으니….

초등학교 4학년을 맞이하기 위한 봄방학이었다. 마침 아버지께서 미국으로 떠나신 후에 어머니께서 부인과 수술로 병원에 입원해 계셨는데, 언니와 오빠는 라라네로 맡겨지고 나는 수녀님과 함께 이틀 밤을 보내게 되었다. 그런데 다음 날 새벽, 성당에서 놀라운 일이 벌어졌다. 새벽 미사를 드리기 위해 수녀님과 본당을 향해 걸어가던 중이었다. 그 어두운 새벽, 멀지 않은 곳 어딘가에서 아기의 울음소리가 들려왔다. 라라가 처음 우리에게 왔을 때의 울음소리와 비슷했다. 수녀님은 너무 놀라지 말고 수녀님만 잘 따라오라며 당신의 치맛자락을 내 손에 쥐어 주셨다.

나는 잎자루처럼 바르르 떨고 있었지만, 수녀님과 보폭을 맞추어 걸어야 했기에 정신을 차려야만 했다. 수녀님은 마치 앞이 훤히 보이는 듯, 중국 영화의 무사처럼 나무 아래를 점점 빠르고 가볍게 달려 나가셨다. 이윽고 성당 후문 가까이에 이르렀을 때, 저만치 격자무늬 철문 밖으로 흰 보자기에 싸인 무언가가 눈에 들어왔다. 수녀님과 나는 조심스럽게 철문을 열고 천천히 다가갔다. 아기였다. 너무나도 작은 아기…. 나는 정말이지 믿을 수가 없었다. '어떻게 이처럼 작은 아기가 혼자 이곳에 있을까? 설마, 누군가가 여기에 이 아기를 두고 간 것일까?' 수녀님은 조심스레 아기를 들어 안으시고는 놀란 듯한 나를 다독이셨다.

"우리 윤슬이 괜찮지? 수녀님이 곧 설명할게. 어서 가자꾸나…."

아기와 새벽 미사에 참석할 수는 없었다. 우리는 다시 수녀님의 방으로 돌아왔다. 수녀님은 높은 책장 위에서 약상자를 내리셔서 아기의 열을 체크하셨고, 손과 발을 가제 수건으로 감싸주셨다. 해가 떠오르자 수녀님은 공공기관 같은 곳에 아기의 상황을 알렸고, 앞으로 이틀 동안은 우리가 이 아기를 잘 보살펴야 한다고 말씀하셨다. 한숨을 돌리고 나니 너무도 반가운 외숙모께서 오셨다. 숙모는 가방에서 수녀님과 내게 줄 도시락을 꺼내 놓으시며 나를 꼬옥 안아 주셨는데, 그제야 가슴의 두근거림이 멈추는 듯했다.
사실 나는 한참이고 그 품에 있고 싶었다. 숙모의 품에서 그간 너무 보고 싶었던 라라의 냄새가 났기 때문이었다. 아기는 숙모가 타 주신 분유를 먹고 이내 잠에 들었고, 언니와 오빠, 그리고 라라를 돌보셔야 했던 숙모는 서둘러 돌아가셨다. 나는 숙모께서 다녀가시고서 남긴 가방을 열어 보았다. 그런데 우유병부터 하나씩 꺼내 놓던 중에 그만 깜짝 놀라고 말았다. 그 안에 내가 라라에게 물려주었던 배냇저고리가 들어 있었기 때문이었다. 나는 그 순간 처음으로 미소가 지어졌다. 내가 기뻐하자 수녀님은 아기의 옷을 나의 배냇저고리로 바꿔 입히셨다. 아기도 옷이 마음에 들었는지 자꾸만 생긋거렸다.

저녁이 되었다. 오후까지 잘 먹고 잘 자던 아기가 급작스레 열이 오르며 설사를 하기 시작했다. 그런데 갑자기 수녀님께서 아기의 기저귀를 열고 당신의 손가락으로 아기의 똥을 찍어 드시는 것이 아닌가! 나는 그 모습에 너무 놀라 엉덩이로 뒷걸음쳐 저만치 도망갔다. 수녀님께서 간호학을 공부하셨다는 소문이 사실이었던 것이다. 언젠가 성당 친구들이 소곤대는 이야기를 들은 적이 있는데, 수녀님에게는 엄청 큰 주사기가 하나 있다고 했다.

그 주사를 엉덩이에 맞는 순간, 세상 그 어떤 말썽꾸러기들도 금세 착하게 변한다고. 물론 우루루 몰려다니며 여러 가지 말을 만들어 대는 그들과 연대하고 싶지는 않았으나, 갑자기 그 방에서 눈물을 뚝뚝 흘리며 나오던 친구가 떠오르면서, 순간 온몸이 오싹해졌던 것은 사실이다. 하지만 내가 누구인가? 수녀님의 정원 도우미 김윤슬이 아니던가! 내 두 눈으로 그 주사기를 직접 확인하기 전까지는 나를 지켜 주신 수녀님을 절대 의심해서는 안 될 일이었다.

수녀님은 가만히 똥의 냄새와 맛을 보시며 안도의 숨을 내쉬었다. 아기가 병에 걸린 것이 아니라, 잠시 분유가 바뀌어 소화 장애가 있는 것이니 염려하지 않아도 된다고 하셨다. 나는 수녀님의 말씀대로 미지근한 물을 적신 수건으로 아기의 이마와 겨드랑이를 부드럽게 닦아 주었다. 열 개의 발가락이 통통한 애벌레처럼 꿈틀거렸는데, 정말이지 작고 귀여웠다.

아기는 건강을 모두 회복하고 이틀 후 성당을 떠났다. 수녀님은 아기가 어디로 가는지는 말씀해 주지 않으셨다. 다만 잃어버린 엄마를 찾거나, 새로운 엄마를 만나게 될 것이라고 하시면서 고아를 사랑해야 한다고 하셨다. 맨 처음에는 우리도 이 우주의 고아였으나 하나님께서 우리를 입양하시어 우리의 아버지가 되셨다고 말이다.

하지만 결국 나는 완고한 아버지의 반대로 수녀가 되는 길을 접어야 했다. 처음이었다. 아버지께서 급히 귀국까지 하셔서 내 뜻을 막으셨던 것은…. 나는 아버지와 산길을 걸으며 그 문제에 대하여 오래 대화했다. 그리고 끝내 아버지는 내가 수녀가 되는 길을 허락지 않으셨다. 나는 그날 아버지의 눈물을 보았다. 그리고 태어나 처음으로 내가 먼저 아버지를 안아 드렸다.

***

아버지의 죽음

  나는 부모님의 바람대로 아동복지학과에 진학했다. 그리
고 유학을 준비하며 약혼식을 올리고 혼인 신고를 했다. 서
류상 부부가 함께 비자를 받는 것이 용이했기 때문이었다.
가톨릭대학이 아니라면 농대에 가서 꽃의 화색(花色)이나 차
(茶)나무를 연구하고 싶었으나, 그것 역시 부모님의 반대에
부딪혔다. 아니 그 시절 농대를 바라보는 행태에 부딪혔다.
지금 생각해 보면 대입을 앞둔 당시, 모든 것을 내려놓았다
고 보는 것이 맞다. 어차피 수녀로 사는 삶보다 간절한 것은
없었기 때문이다. 그렇다고 부모님께 반항을 하지도 않았다.
나는 항상 좋은 성적을 유지해 온 순종적인 자녀였고, 성장
하며 부모님의 사랑을 단 한 번도 의심한 적이 없는 딸이었
기 때문이었다.
  그런데 유학을 준비하는 과정에서 시어머님께서 교통사
고를 당하셨다. 큰 수술이 이어지면서 장남이었던 남편과 나
는 유학을 그만 내려놓아야 했다. 어머님의 치료와 회복이 먼
저였기에 우선 결혼식을 올리고 가정을 세웠다. 나는 남편을
존경했고 우리는 서로를 사랑했다. 그렇게 이른 나이에 나는
3남매의 엄마가 되었다. 그간 남편은 대학교수가 되었고, 마
침 중국의 저명한 대학에서 초청 임용이 되었다는 소식이 전

해졌다. 마침 중국 선교를 위해 기도하고 있던 남편은 기뻐했다. 그런데 중국으로의 입국을 위해 바쁘게 서류를 준비하던 어느 날, 내게 한 통의 전화가 걸려 왔다. 나는 아직도 그 순간을 잊을 수 없다. 그 해, 12월 말 정오 즈음이었다.

"김윤슬 씨 되시나요? 여기는 일산병원 응급실입니다. 김재원 씨께서 귀국하시자마자 공항에서 병원으로 이송되셨습니다. 응급 상황입니다. 빨리 와 주셔야겠어요."

그렇다. 나는 김재원 씨의 막내딸, 김윤슬이다. 아버지께서 병원으로 이송되었다니, 도저히 믿을 수 없는 이야기였다. 철커덕 수화기를 내려놓으며 심장도 함께 떨어지는 듯했다. 순간 거실이 한 바퀴 빙 돌았다. 처음 겪는 어지러움이었다.

그 해 일흔이 되신 아버지는 당국의 도움으로 새로운 사업을 세워 가고 계셨으며, 그야말로 후배들과 밤낮없이 일과 연구에 몰두하고 계셨다. 그러고 보니 아버지께서 먼저 전화를 주셨을 때는 항상 컨디션이 좋으셨지만, 가끔 내가 먼저 전화를 드렸을 때는 음색이 예전과 같지 않다는 느낌을 자주 받곤 했었다. 언젠가는 비정상적으로 혈압이 오르내리며 자주 입술이 마른다고 하셨고, 그간 앓고 계시던 당뇨병으로 인해 여러 번 고생하신 이력도 있으니 그 잦은 고비들이 큰 병을 불러온 것이 틀림없었다. 그렇지 않아도 검사를 위해 한 주 뒤

즈음에 귀국하실 예정이셨는데, 이 급작스러운 소식은 무엇일까…. 그러나 지금으로서 분명한 것은 그때보다도 병이 악화되었다는 것과 이미 한국에 도착하여 곧바로 공항에서 병원으로 이송되었다는 사실이었다.

나는 아버지의 부재 속에 늘 그리움을 안고 성장하며, '아버지가 굳이 일억만 리 떨어진 타국에서 가족과 떨어져 지내면서까지 돈을 버는 데 인생을 쓰셔야 할까? 당신께서 연구하고 계시는 과업들이 과연 가족보다 중요한 것일까?' 줄곧 의문 섞인 원망을 품곤 했었다. 하지만 젊은 시절부터 나라를 대표하는 항공사에 종사하시며 아버지께서 이루어 놓으신 업적들을 보면, 우리가 어릴 적에는 감히 상상조차 하지 못했던 미래, 그러니까 이 시대를 사는 인류를 위해 누군가는 반드시 천착해야 했던 과업이었음을 부정할 수가 없다. 아버지의 수고가 그저 내 가정의 안락과 소유, 그 풍요와 허기를 채우기 위함이 아니었음을 이 시대에 와서야 확인하게 된 것이다. 때로 마가목의 열매처럼 새빨갛게 쏟아지던 어머니의 눈물이 한낮 남편을 향한 여인의 그리움만으로 끝나지 않는다는 것을 말이다.

급히 택시를 타고 병원으로 향했다. 응급실에 도착하니 갑자기 의식이 흐려져 방금 전 집중치료실로 옮겨지셨다고 했다. 발걸음을 옮기려는 차에 한쪽 구석, 커튼이 흐트러져 있고 시트 역시 정돈되지 않은 듯한 침대 가까이에 어딘가 익숙해 보이는 여행 가방 하나가 눈에 들어왔다. 그것은 올가을 아버지 생신 때, 어머니께서 여름내 뜨신 조끼와 3남매의 선물을 담아 미국으로 보냈던 가방이었다. 나는 그것이 내 아버지의 가방임을 확인시킨 후 인계를 받고 서둘러 집중치료실로 향했다. 문 앞에서 벨을 누르니 아버지를 담당하고 있다는 간호사가 나왔다.

그런데 그녀는 앵무새처럼, 오늘은 면회가 불가능하니 내일 아침에 다시 오라는 말 만을 반복했다. 하지만 수년 만에 아버지를 뵈러 왔는데, 그것도 갑자기 의식이 흐려지셨다는데, 아니 어쩌면 평생 나를 알아보실 수 없을지도 모르는 이 상황에서 내일 다시 오라니…. 하지만 그녀의 눈초리는 일관 냉정했다. 왜 모르겠는가. 마땅히 존중해야 할 병원의 규칙과 그 어느 구역보다 엄중해야 할 집중치료실의 제한된 관리를…. 그러나 낮은 소리로 여닫히며 풍기던 집중치료실 내부의 희고 파란 기운과, 문 안쪽에 일렬로 세워 둔 산소통, 여러 대의 혈액 투석기 등을 본 순간 더는 고집으로 그 담을 넘어설 수 없음을 깨달았다. 나는 그제야 모든 긴장이 풀리며 자리에 털썩 주저앉고 말았다.

연실 얼음장 같던 간호사도 놀랐는지 나를 일으켜 의자에 앉히고는 물 한 잔을 가져다주었다. 한동안 내 곁을 지키던 그녀는 갑자기 무언가가 떠오른 듯 손으로 본인의 무릎을 한 번 '탁!' 치더니, 무슨 중요한 할 말이 있는 것처럼 머뭇댔다.

나는 그녀를 물끄러미 바라보았고 그녀는 조심스레 입을 열었다.

"환자분께서 현재로서는 의식이 뚜렷하지 않습니다. 그런데…
가끔 의식이 돌아올 때면 한 사람의 이름만을 계속 반복해서 부
르시는데, 누군지 모르겠어요. 윤슬…이라고 하던데요…."

나는 그만 그녀의 무릎에 쓰러져 울었다. 내 이름만을 부
르셨다는 이야기에 아버지와 함께했던 어린 시절, 그러니까
그 2년 동안의 기억이 한 순간 아코디언의 주름상자처럼 펼
쳐졌다. 의식과 무의식을 오가던 아버지께도 그때의 시간들
이 보였던 것은 아니었을까? 막내딸을 자전거에 태워 하교시
키던 날들의 바람과 우리가 함께 불렀던 노래, 색바랜 연등을
달고 산 위에서 나누었던 이야기들, 딸을 위해 밤새 낡은 책
들을 수리하던 시간, 오빠의 파란 장화를 신고 다니는 모습이
안타까워 새 장화를 사 주셨던 날, 그리고 어쩌면 막내딸로
인해 생애 첫 성탄 예배를 참석한 후 복음이 당신에게 들어가
던 역사의 순간이….
　나중에야 들은 이야기지만 그녀는 내 뒤로 줄줄이 도착한
어머니와 언니, 오빠에게도 같은 원망을 들었으며 여전한 호
의를 베풀었다. 지금도 우리 가족은 고마운 그녀의 이름을 기
억한다. 다음 날이 되었다. 밤새 잠을 한숨도 이루지 못한 나

는 면회 시간보다 한 시간이나 이르게 병원에 도착했다. 불과 열 걸음이면 닿을 곳에 아버지가 계시다는 것이 여전히 믿어지지 않았다. 면회 시간이 다가오자 온 가족이 도착했다. 어머니부터 차례로 언니와 오빠가 한 사람씩 아버지를 뵙고 나왔다. 당장 달려 들어갈 것만 같았던 나는 가장 늦게 들어가게 된 것에 대해 아무런 토를 달지 않았다. 아버지를 먼저 만나고 나온 그들의 표정에서 서둘러 들어가야 할 이유가 없음을 확인했기 때문이었다. 이미 초점이 흐려지신 아버지는 온 가족이 함께할 날만을 바라보며 평생을 살아온 당신의 착한 아내도, 미국에서 유학을 했기에 가장 가까운 곳에 두고 늘 챙겨 왔던 큰딸도, 하나뿐인 아들도 알아보지 못하신 것이다.

마지막으로 내 차례가 되었다. 가슴이 마구 떨려왔다. 아버지와 미국에서 함께 살았던 돌 때부터 만 4세까지, 그리고 유년의 2년이라는 시간을 제외하고는 단 하루도 아버지를 기다리지 않은 날이 없던 세월이었다. 아버지는 집중치료실의 초입에 누워 계셨다. 눈을 감고 계셨고 턱 아래까지 이불을 덮고 계셨다. 어딘가 평온해 보였다. 나는 이불 속으로 손을 넣어 아버지의 손을 살며시 잡았다. 그리고 가까이 다가가 "아빠, 윤슬이에요…"라고 말했다. 순간 아버지는 허공을 향해 눈을 뜨시며 내 쪽으로 고개를 돌리셨다. 그러고는 "윤슬아… 윤슬아…" 내 이름을 두 번 부르셨다. 딱 두 번이었다.

나는 두 다리가 떨려와 그만 그 자리에 주저앉고 말았다. 그 순간에도 나를 다시 일으켜 준 사람은 그녀, 김현아 간호사였다. 아버지는 계속 나와 눈을 마주치기 위해 애쓰셨지만 쉽지 않아 보였고, 입술을 떼어 무언가 말씀하시려고도 했지만 알아들을 수가 없었다. 결국 아버지는 지쳐 가셨고 다시 눈을 감으셨다. 나는 멍하니 그 자리를 지키다가 면회 시간이 끝났다는 그녀의 낮은 음성을 따라 밖으로 나왔다.

사실 내게는 아버지께 꼭 들어야 할 말이 있었는데, 그 말은 실로 내 목숨보다 귀한 것이었다. 더 이상 아버지와 소통할 수 없다면 내 살아갈 날들은 후회와 아픔으로 여울질 것이 분명했기에, 꼭 여쭙고 싶었고, 듣고 싶었다.

쓰러지시기 보름 전, 아버지께 전화가 왔었다.

"윤슬아, 이번 크리스마스 때도 못 갈 듯싶구나. 아르헨티나로 출장이 시급하단다. 이해해 주겠니? 대신 병원 검사 날짜에 맞추어 늦지 않게 들어가마."

하지만 작년과 별다르지 않은 이유였기에 나는 그날, 서운한 마음을 비치었었다.

"아버지, 괜찮아요. 언제나 가족보다 일이 더 좋으신데 어떻게 해요. 1년을 또 기다려 온 제가 바보예요…. 아버지, 그럼 부탁

하나만 들어주시겠어요? 이번 크리스마스 때는 꼭 교회에 다녀오시는 거예요. 부에노스아이레스에 아직 목회하시는 친구분이 계시잖아요. 그러면 모두 이해해 드릴게요. 부탁드려요. 아버지…."

"내가 성탄절에 들어가겠다는 약속을 두 번이나 어겼으니, 이번에는 네 바람을 이루어 주는 것으로 빚진 마음을 갚아야겠구나. 꼭 노력해 보마. 고맙다. 윤슬아."

아버지는 짧게 귀국해 계시더라도 항상 다니시던 사찰과 산에 오르시는 분이셨고, 집안에서는 차남이셨지만 조상의 제사가 가족의 생일만큼이나 중요한 분이셨다. 그런데 그날은 여느 때와 다른 반응이셨다. 처음으로 엄청난 희망을 보았던 것이다.

그러나 그 후로 아르헨티나를 비롯해 계획에 없던 지역으로까지 긴 출장이 이어지면서, 성탄 예배에 참석하셨는지 그 여부를 듣지 못했다. 그즈음 둘째 아이가 지독한 감기에 걸려 병원에 입원 중이었고, 마침 시어머님의 병안이 깊어지며 내게 마음 쓸 일이 두엇 늘어나던 터였다. 아버지와 나는 각자 그렇게 분기(分岐)된 시간을 보내고 있을 뿐이었다. 하지만 나는 아르헨티나 부에노스아이레스에서 오랫동안 목회를 하고 계시는 아버지의 친구분께 미리 부탁의 메일을 보내 둔 상태였다. 이번에 아버지를 뵙거든 꼭 성탄 예배로 인도해 달라는 것과 복음에 관해 진지한 대화를 부탁드린다는 내용이었다. 그러나 어쩐 일인지 목사님께도 답이 없었다.

그 후로 가족은 나흘을 더 찾아가 아버지를 뵈었고, 아버지의 의식은 점점 더 흐려져만 갔다. 그리고 귀국하신 지 일주일 만에 아버지는 운명을 달리하셨다. 우리는 아버지의 여행 가방에서 모서리가 닳고 갈라진 노트 한 권을 발견했다. 앞부분은 철저히 업무에 관한 내용이었고, 뒷부분은 어머니와 우리 자녀들에게 쓰신 그리움의 낙서들이었다. 노트상으로 보아서는 현지의 보험 등 추후 처리해야 할 부분과 기업의 업무에 관한 것들도 모두 정리를 마쳐 놓은 상태였다. 세심하고 꼼꼼한 아버지답게, 가족이 한국에서도 모든 처리를 할 수 있도록 말끔히 조치를 취해 놓으신 것이다. 그래, 어쩌면 우리가 생각한 시기보다 훨씬 이전부터 편찮으셨는지도 모를 일이었다.

표지 안쪽에 흰 봉투 하나가 꽂혀 있었다. 다름 아닌 미리 작성해 놓으신 유서였다. 내용은 매우 슬프고도 간략했다. 당신이 죽음을 맞이하게 되면 늘 오르던 사찰에 연락을 취하고 유해를 그 산에 뿌려 달라는, 불과 세 줄뿐인 당부였다. 물론 나는 이 유서를 본 이후에도 '아르헨티나에서 복음이 들어갔을지도 모른다'라는 희망을 버리지 않았다. 날짜를 보니 지금으로부터 1년 전, 그러니까 아르헨티나 출장 이전에 작성한 것이었기 때문이었다.

　그러나 우리는 아버지의 유해를 당신의 바람대로 산에 뿌려 드렸다. 바람에 눈이 흩날리고 있었으나 또 저만치에서는 빛이 떨어지기도 했다. 마치 인상주의 화가의 화폭 같았다. 당신의 유해는 눈과 함께 산을 덮었고, 바람과 함께 날아갔으며, 마른 가지 위에 앉아 눈꽃이 되었다. 그 후 아버지께 복음이 들어갔는지 그 여부는 더 이상 물을 곳이 없었으며, 그때까지만 해도 교회에 다니지 않으시던 어머니는 아버지를 잃은 그 이상의 고통은 이해하지 못하셨다. 이렇게 돌아가실 것이었다면, 아버지는 차라리 내가 수녀가 되도록 놔두셨어야 했다. 그리하셨다면 단테의 신곡에서처럼 연옥에서라도 아버지를 구제할 수 있지 않겠는가! 나는 그 무엇으로도 중화될 수 없는 통증을 끌어안고, 말도 안 되는 죄스러운 원망들을 토해 내며 서럽게 울었다.

　모두가 산을 내려간 후에도 나의 발길은 차마 떨어지지 않았다. 그저 눈을 뒤집어쓴 전나무에 기대어 멍하니 서 있었다. 전나무의 가지는 큰 눈이 내려 얼어붙어도 상처 하나 받지 않고, 다시 눈이 녹으면 새로운 싹을 틔운다고 했는데 과연 내게도 이 아픔이 녹아내리는 날이 찾아올까…. 나는 엄동설한에 아버지 혼자 산에 계셔야 한다는 것이 마음 아팠다. 아버지는 내가 산에서 힘들어할 때마다 나를 등에 업고 내려오셨는데, 내가 어찌 아버지를 홀로 두고 이 산을 내려갈 수

있겠는가. 갈기갈기 바람에 찢긴 채 걸쳐 있는 풍년화의 꽃잎
처럼 부서지고 해진 가슴을 부여잡고 나는 전나무 아래에 쓰
러졌다. 밤이 깊어 갈수록 산은 고요했고, 사찰의 풍경 소리
만이 나와 함께 서럽게 울어 댔다.

＊

선교사의 삶

우리 가족은 아버지를 떠나보낸 이듬해에 중국으로 떠났
다. 우리가 중국에 도착해서 가장 먼저 찾아간 분은 류 아저
씨였다. 조선 동포셨던 류 아저씨는 그곳에서 다섯 평 남짓의
작은 식당을 운영하고 계셨다. 아저씨는 아버지께서 당시 경
영하시던 마이애미 회사에서 10년간 운전기사로 일하셨던 분
이시다. 운전뿐 아니라 회사에서 숙식하시며 모든 허드렛일
을 도맡아 하시던 고마운 분이다.

한 2년 전 홀어머니의 병세가 악화되시는 바람에 사직 후
고향으로 돌아오셨다. 나는 조심스레 작년에 아버지께서 돌
아가셨다고 말씀드렸다. 처음에는 크게 놀라신 듯 멍하니 계
시더니, 갑자기 주먹으로 당신의 가슴을 치며 십여 분을 목
놓아 우셨다. 아저씨는 미국에서 돈을 벌면 모두 중국으로 부
치셔야 했다고 한다. 위암이 재발해서 고생 중이신 어머니와

남의 가게에서 식당 일을 하던 아내, 그리고 자녀들이 이곳에서 생활하고 있기 때문이었다.

하지만 그 돈으로는 여러 차례 수술이 있으셨던 어머니의 병원비와 약값으로도 빠듯했고, 2년 전 중국으로 돌아오실 때 처음으로 아버지와 독대하여 술을 한잔하셨다고 했다. 그리고 그날 아버지께서 어머니의 병원비와 당분간의 집세, 자녀들의 학비까지 모두 해결할 수 있는 큰돈을 챙겨 주셨단다. 가족을 떠나 미국에서 꼬박 10년을 일 했으나 노동권 법으로 받을 수 있는 퇴직금으로는 감히 처리할 수 없을 만큼의 빚이 있었기에 송구했지만 받으셨다고….

그리고 고향으로 돌아와서야 알게 되었는데, 회사에서가 아닌 아버지 개인이 5년 전부터 매달 아저씨께서 받으셨던 월급의 절반가량을 아내분께 더 보내셨단다. 아저씨께 드리면 분명 받지 않을 테니 그리하셨을 것이라고…. 그런데 지금 생각해 보니 5년 전부터 어머니께서 수술 등 크게 아프기 시작하셨는데, 그것을 아시고 헤아려 주신 것이 아니겠느냐고…. 아저씨는 갑자기 자리에서 일어나시더니, 식당 문을 잠그셨다. 그리곤 그 문에 기대어 미끄러지듯이 주저앉아 더 큰 소리로 울기 시작했다.

남편은 교수직과 함께 가까운 선교사들과 지하 교회를 세워 가기 시작했고, 선교의 감투를 위해 교육 사업을 시작했다. 그리고 틈틈이 우리를 도와주시던 류 아저씨 댁의 모든 가족이 복음을 받아들였다. 우리의 수고가 아닌 흠결 없던 아버지의 삶 때문이었으리라. 나는 마치 아버지께 복음이 들어간 듯 느껴져서 너무 기뻤다. 점점 사업이 안정화되어 가며 남편은 교수직을 내려놓았다. 애초부터 남편에게 명예 따위는 중요하지 않았으며, 무엇보다 본인의 일을 줄이면 시댁의 형편상 포기해야 했던 아내에게 공부할 수 있는 기회를 제공할 수 있기 때문이었다. 나는 남편의 도움으로 중국 의대에 입학했다. 대학으로부터 합격 통지를 받던 날, 공부를 좋아했던 막내딸이 유학을 내려놓고 어린 나이에 결혼을 선택했을 때, 그 모습을 몹시 안타까워하셨던 아버지가 떠올라 눈물이 났다. 물론 외국에서 의학을 공부한다는 것은 쉽지 않았다. 나는 영어 사전, 영문 의학 사전, 중국어 사전, 중문 의학 사전, 옥편 등 대여섯 가지의 사전을 모두 펼쳐 놓고 책상머리를 떠나지 않았다.

그렇게 본과 5년 동안 맘 편히 잠 한숨 이룬 적이 없었다. 유독 실습이 많았던 4, 5학년 때는 포름알데하이드 35~40% 수용액, 그 지독한 포르말린 냄새가 목덜미에서 떠나지를 않았고, 팔다리 할 것 없이 옷 밖으로 나온 모든 살갗에는 마치 엽흔처럼 침(針) 자국이 가득했다. 하지만 중의사가 되면 선교에 큰 도움이 될 것이 분명했기에 단 한 순간도 허투루 공부할 수가 없었다. 내가 의대를 졸업할 무렵, 기업의 선교 지경이 넓혀지면서 남편은 중국의 또 다른 성(城)에 사업체를 세웠다. 그 시절 남편은 두 성을 오가며 생활했고, 나는 학업과 어린 자녀들의 양육을 동시에 감내해야 했는데, 그야말로 매일이 전투 준비 태세였다.

어느덧 자녀들이 모두 소학교에 입학하게 되었다. 그리고 그때부터 나는 본격적으로 기업의 선교를 도울 수 있었는데, 정말이지 오래 기다려 온 바람이었다. 특별히 내 손길이 필요한 곳은 지하 교회에 등록한 중국 교우들의 자녀 교육이었다. 우리가 섬기는 가정 가운데는 생활이 넉넉하고 반듯한 직업을 가지고 있는 가정도 있었지만, 대부분은 가난한 저소득층 가정이었기 때문이다. 그들에게는 물질적인 도움뿐 아니라, 위생과 자녀 교육이 더 시급한 상황이었다.

나는 우리 집 자녀들이 등교하면 요일별로 각 가정을 방문하여 위생 교육과 청소를 도왔다. 처음 방문 시 가장 처음 해야 하는 일은 부분적인 도배와 장판 교체이며, 이불과 커튼 등 오랜 시간 빨지 않고 사용 중인 것들을 모두 꺼내어 세탁하는 일이다. 그 후 주방 구석구석 벌레들의 소굴이 된 숨겨진 공간을 치우고 소독을 하면 되었다. 그렇게 집 안팎을 청소하다 보면 곰팡이와 벼룩, 바퀴벌레, 간혹 쥐와의 싸움도 피할 수 없었다.

주말에는 모든 교우의 자녀들을 한 집으로 불러 영어와 미술을 가르쳤다. 아이들의 그림으로 상처 입은 마음들을 치유해 가는 일이 참으로 보람되었다. 그 가운데 가장 기억에 남은 일이 하나 있다. 교우의 자녀 가운데 조부모와 사는 아이가 있었는데, 소학교 3년 내내 학교에서 왕따를 당하고 있었다. 또래들의 이야기로는 성격도 얌전하고 온화한 아이지만, 옷차림이 남루하고 준비물을 챙겨 오지 못하는 것이 이유라고 했다. 아이의 그림에서도 본인이 공동체에서 소외당하고 있음이 항시 묻어났다.

우리는 토요일 모임에서 그 아이의 학급 친구 머릿수만큼의 쿠키를 함께 구웠다. 그러고는 예쁘게 포장하여 친구들에게 건네도록 했다. 또한 남편과 상의하여 매달 300위안의 학습 보조금을 할머니께 전달했다. 감사하게도 그 후 얼마 지나지 않아 그 아이는 모든 친구들과 잘 어울리게 되었고, 그동안은 할머니와 단둘이 나왔던 예배에 할아버지와 아이의 고모까지 참석하게 되었다. 하나님의 은혜였다. 또 하나, 당시 교우들의 가정과 이웃해 사는 다른 저소득층 가정의 아이들에게도 토요 모임의 참여를 허락했는데, 그 가운데 모임을 유난히 사랑했던 한 아이가 그때 들었던 복음을 시작으로 해서 현재 신학을 전공하고 있다. 그리고 나머지 대부분의 아이들과도 10여 년이 넘도록 소통하며 삶을 나누고 있다.

나는 언제라도 아이들 속에 있으면 행복했다. 그곳이 곧 천국이 되었기 때문이다.

* * *
입양, 그리고 새로운 땅

우리 가족은 2014년에 중국으로부터 귀국했다. 10여 년 만이었다. 더 늦기 전에 신학을 제대로 공부해서 선교의 바탕으로 삼고 싶었기 때문이었다. 그러나 비자에 필요한 유학 서류 및 기타 입국 서류가 완벽하게 준비됐음에도 영사관에서는 우리 가족의 입국을 불허했고, 우리는 정황상 귀국을 선택해야 했다. 그리고 어느덧 이 땅 제주에서 10여 년을 살고 있다. 지금도 중국에는 남편의 기업과 선교지가 있으며, 우리는 여전히 중국과 제주를 오가며 그 땅의 선천적인 장애를 가지고 태어난 아이들과 저소득층 아이들에게 교육 선교를 하고 있다. 지하 교회를 세워 복음을 전했던 중국 교우들은 모두 지역의 삼자(三自)교회로 흩어져 자유롭게 예배하며 복음을 전하고 있고, 그 가운데 목회자로 부름받은 형제들이 남편의 기업과 선교를 담당하여 이어 가고 있다. 모든 것이 하나님의 은혜이다.

초등학교 입학 전 중국으로 떠나 형편상 국제 학교가 아닌, 현지 초등학교와 중학교 생활을 해 왔던 자녀들에게 한국의 대도시는 부담이 되었다. 이미 빨간색 스카프를 두르고 등교하는 중국 아이들과 크게 다르지 않은 공산주의 사상이 배어 있었고 무엇보다 또래들과의 소통이 어려울 것이기에 그랬다. 우리에게는 선택의 여지가 없었다. 귀국 초기에는 무조건 한국의 가장 시골로 들어가야 했다. 10여 년 전, 그때의 제주는 참 아름다웠다. 삼나무가 잘려 나가고, 산이 깎여 나가며 늘어난 엄청난 맛집과 카페들이 들어서기 전에는 말이다. 어두운 밤이면 반딧불이와 바다에 떠 있는 오징어잡이 배의 불빛만으로도 찬연했던 제주가, 지금은 조야한 도시처럼 화려한 상점들의 간판으로 백야를 이룬다.

귀국 후 얼마 지나지 않은 새벽예배 때였다. 하나님께서 내 가슴을 여러 차례 노크해 오셨다. 그리고 가슴 깊이 새겨 두었던 오랜 기도 하나를 떠올리게 하셨는데, 그것은 바로 청년 시절에 올려드렸던 서원 기도였다.

"엄마가 없는 아이들과 아픈 아이들을 위해 살겠습니다."

우리는 그해 5월, 선천성 심장병이 있는 아기를 입양했다. 입양을 하는 과정 속에서 특히 심장병을 앓고 있는 아프리카 어린이들을 사랑하셨던 아버지가 떠올랐다.

2019년 코로나19로 인해 중국으로의 입·출국이 본격적으로 제한되면서부터 남편은 기도하기 시작했다. 하나님께서 선교의 지경을 중국에서 인도로 넓히라는 마음을 주셨기 때문이다. 마침 중국의 기독교인이 2030년이면 2억 4,000명에 달해 전 세계에서 기독교 인구가 가장 많은 국가가 될 것이라는 주장이 제기되었으며, 거기에 정부가 공인한 삼자교회의 등록된 교인 수만 해도 2,800만 명이 넘어섰다. 우리는 공인받지 못한 가정 교회의 교인까지 합치면, 총 기독교인 수가 1억 명이 넘을 것으로 확신했다. 현재 인구의 7%(1억 명)가 기독교인이라면, 이는 충분히 자국 선교가 가능한 시점이기도 하다.

남편은 마침내 2023년 1월, 가정의 새로운 선교지가 될 델리(Delhi)로 출국했다. 그리고 나와 자녀들 역시 준비 중에 있다. 중국에서 제주로 귀국한 지 정확히 10년이 되는 시점이었다.

우리는 롱펠로, 휘트먼과 더불어 미국 사람들로부터 가장 존경받는 시인, 로버트 프로스트(Robert Frost)의 〈눈 내리는 저녁 숲가에 멈춰 서서〉라는 시를 잘 안다.

이곳이 누구의 숲인지 알 것 같다.

그의 집은 마을에 있어

눈 덮인 그의 숲을 보느라

내가 여기 멈춰 서 있는 것을 그는 모르리라.

내 작은 말은 이상하게 생각하리라.

일 년 중 가장 어두운 저녁

숲과 얼어붙은 호수 사이에

농가 하나 없는 곳에 이렇게 멈춰 서 있는 것을.

내 말은 방울을 흔들어 본다.

무슨 잘못이라도 있느냐는 듯

방울 소리 외에는 스쳐 가는 바람 소리와

솜처럼 내리는 눈의 사각거리는 소리뿐.

숲은 어둡고 깊고 아름답다.

그러나 내게는 지켜야 할 약속이 있다.

잠들기 전에 가야 할 먼 길이 있다.

잠들기 전에 가야 할 먼 길이 있다.

비록 갈라파고스섬만큼은 아니더라도 제주의 숲은 참 아름답다. 그러나 우리 가정에게는 지켜야 할 약속이 있다. 우리가 이 땅 제주에서 10여 년을 사는 동안, 입양한 아이의 심장과 마음이 모두 치유되었다. 오롯이 하나님의 은혜였다. 그러나 나와 가족의 삶이 선한 행위인 입양으로 끝이 되어서는 안 될 것이다. 아이의 삶 역시 입양을 건강하게 받아들여 행복하게 살아가는 것, 그래서 모든 입양 가정에게 본이 되는 입양의 완성에서 멈춰서는 안 된다.

그들에게 육체적으로 희망이 되는 삶을 뛰어넘어, 아직 하나님께 입양되지 못한 이 우주 속의 영적 고아들에게까지 복음을 들고 나아가야 하기 때문이다. 그것이 하나님께서 이 귀한 아이와 우리 가정을 하나 되게 하신 진정한 의미일 것이다.

＊＊＊

국화꽃 향기

매해 국화꽃이 필 무렵이면 나는 아버지를 모셔 둔 산에 오른다. 아버지는 20여 년 전 그 깊고 깊은 산 속으로 들어가셨으나, 당신께서 그토록 사랑하시던 모감주나무는 여전히 산 입구에 서서 나를 맞이한다. 내게 그 무렵의 산 내음은 꼭 아버지의 향기 같고, 산을 오르며 들려오는 풍경 소리는 아버지의 목소리인 것만 같다. 사월의 봄산이 숨이 멎도록 아름다울지라도 국화 향이 사라지고 없는 계절에 그 산을 오른 적은 없었다. 더 이상 연등을 매달아 올릴 이유가 없고, "내가 이 계절을 사랑하는 건지, 이 꽃을 사랑하는 건지 도무지 모르겠구나"라고 말씀하시던 아버지가 이 계절 앞에서야 나를 부르는 까닭이다.

그 산은 내게 아버지이고, 나의 유년이다. 참 스승이란 스스로 산이 된 사람이라 했던가. 아버지는 내 나이 서른하나에 하늘로 떠나셨다. 어쩌면 아버지 당신은 우리의 빠른 이별을 예감하고 계셨는지도 모르겠다. 그랬기에 어린 딸에게 미리 지혜가 되는 많은 이야기들을 들려주셨던 것은 아니었을까…. 색 바랜 연등을 선택했던 그때처럼 이번에도 아버지가 옳았다. 아버지께서 들려주셨던 그 이야기들은 내 가슴과 생각 언저리 어딘가 침묵으로 쌓여 있다가, 내가 그 시절 아버지의 나이가 될 때마다 하나씩 떠올라 나를 위로하기 때문이다. 마치 선물처럼, 여전히 내 옆에 숨 쉬고 계시는 것처럼….

나는 어머니의 삶으로 꽃과 그것의 향기를 배웠다. 주방 창가에는 늘 화병이 있어야 한다는 것과 가난한 동유럽의 주부들도 시장에서 돌아오는 길이면 식탁에 올릴 꽃 한 다발을 잊지 않는다는 것을…. 어머니의 주방 창가에는 오렌지 제라늄이 있었다. 양파를 볶고 빵을 구우시며 어머니는 늘 그 꽃과 대화를 나누셨다. 그 꽃은 모두 알고 있었으리라. 어머니의 오랜 외로움의 기도를…. 나는 또한 클라라 수녀님과 외숙모에게서 고아를 잉태하고 길러 내는 샘처럼 깊고 따듯한 가슴을 배웠다. 곧 이웃을 내 몸과 같이 사랑하라 하셨던 예수님의 마음이었다.

그리고 아버지와 함께했던 유년의 2년을 통해, 아니 돌아가신 후에까지 전해져 오던 바르고 기품 있던 당신의 그 삶을 통해, 모두가 꺼드럭거리며 호기롭게 살아가는 세상보다 더 크고 아름다운 세상이 있다는 것을 배웠다. 경험은 기억을 축적하고, 축적된 기억은 어떻게 해서든 반응을 유발한다. 특별하지 않았으나 매 순간 존중과 사랑을 받고 있다고 느껴온 내 유년의 환경과 경험들은, 잉글랜드의 학자 토머스 풀러(Thomas Fuller)가 이야기했던 "어린 시절이 행복한 사람은 어른이 되어서도 행복하다"라는 것을 확증케 했다.

나는 오늘도, 하늘과 별을 외면하지 않으며 초록 잎사귀가 빛에 반짝이는 순간을 사랑하고, 꽃의 색깔로 마음껏 행복할 수 있도록 성장시켜 주신 내 아버지를 생각한다.

아버지의 등내음이 그립다.

에필로그

들판이 태양 빛으로 새까매지는 6월의 한낮, 출판사에 보낼 원고의 마지막 검토를 위해 책상 앞에 앉았다. 나흘 내리던 비가 그친 후 눈이 멀 듯 쏟아지던 햇살 때문이었을까. 원고 위로 뚝뚝 눈물이 떨어졌다. 어디 작렬하는 태양 빛 때문만이었을까. 한때는 나도 소녀였음이, 아버지의 등에 업혀 산을 내려오던 어린 소녀였음이 가슴을 아릿하게 했다. 어느덧 네 자녀의 어머니가 되어 이제는 스스로도 거울 속 흰머리와 주름진 눈가의 모습이 더 익숙하지만, 이상하게도 마음만은 그때 그 시절과 크게 다르지 않은 '소녀어른'이 되어 있는 듯하다. 나는 아직까지도 모감주나무 앞에 서면 가슴이 뛴다고 하시던 지천명의 아버지를 기억한다. 지금의 나처럼 당신 역시 '소년어른'이셨던 것이다.

이렇듯 우리는 장성하여 어른이라는 이름을 옷 입은 듯하나 비밀스럽게도 여전히 소년, 소녀의 정서를 가지고 살아간다. 글을 쓰는 내내 아버지와 함께했던 유년 시절과 엄동설한에 아버지를 산에 모신 후 홀로 남아 서럽게 울던 순간이 현현하게 떠올라 많은 눈물을 흘렸다. 감사했다. 그렇게 축적된 기억들이 지금의 나와 이 사랑스러운 가정을 이루게 했을 테니까…. 기억과 기억을 네모반듯한 조각보로 엮어야 했기에 그사이 덧댄 부분들이 있어 소설로 소개했으나, 사실 이 이야기는 팩트에 가깝다. 그렇기에 나의 저서 《너의 심장 소리》, 《엄마가 엄마 찾아 줄게》의 내용과 중복된 부분이 있다.

'소녀할머니'가 되기까지 하늘과 별을 외면하지 않으며 초록 잎사귀가 빛에 반짝이는 순간을 사랑하고, 꽃의 색깔로 마음껏 행복하고 싶다. 내 등이 구부러질 때까지 그 넓고 편편했던 아버지의 등내음을 그리워하면서…. 샬롬.

단편 소설

아버지의 하모니카

강인구

***

2023년 (1)

잠을 잘 수 없었다.

어제 오후 그 전화를 받은 이후로 불안한 생각에 휩싸여 구어진은 도통 잠을 잘 수 없었다. 밤새 뒤척이다 새벽녘에 가까스로 일어나 첫 기차에 몸을 실었다. 온몸을 짓누르는 피로감에 억지로 눈을 감아 보았지만, 어지러움과 두통으로 괴로움만 더했다. 덜컹거리는 열차의 흔들림에 가끔씩 들리는 신경질적인 쇳소리가 더해져 구어진은 자신도 모르게 미간을 찌푸리고 있었다.

"삐⋯이⋯"

한동안 없었던 이명이 다시 찾아왔다. 임대 보증금 2천만

원 생각에 한숨이 절로 나왔다. 가뜩이나 몇 안 되는 원생이 줄어 스트레스를 받고 있었는데, 요 며칠 대출 문제로 은행까지 오가며 구어진은 완전히 지쳐 있었다. 열 평도 안 되는 코딱지만 한 동네 수학 학원으로 먹고사는 선생이자 원장인지라 대출 승인은 어제까지도 감감무소식이었다.

이명이 사라질 때까지 멍하니 있다가, 어진은 무심한 듯 열차 안을 둘러보았다. 이른 시간이라 그런지 승객은 몇 명 없었다. 세 열쯤 뒤에 앉은 60대로 보이는 노신사는 말끔하게 빗어 고정한 머리카락이 흐트러지는지도 모른 채 깊은 잠에 빠져 있었고, 맨 앞자리 젊은 연인은 서로의 머리와 어깨를 기대고 잠들어 있었다. 왼쪽 앞자리에 대여섯 살 정도 돼 보이는 남자아이와 함께 앉은 부부는 무슨 사연이 있는지 근심스러운 얼굴로 이야기를 주고받고 있었다. 구어진은 아빠의 무릎 위에 서서 쉴 새 없이 몸을 움직이며 재잘대던 아이와 눈이 마주치자 먼저 눈을 피했다.

'아버지…'

얼마 만에 떠올려 보는 이름인가…. 누구에게나 아무에게나 그렇게 자연스럽고 당연하게 있어야 할 아버지라는 이름이 구어진에게는 아픔이었다.

뛰어난 그림 솜씨로 시내 큰 극장의 간판 그림을 그리며

페인트 사업도 꽤 크게 했던 아버지 구석산을 따라 어진의 가족은 대전에 자리를 잡았다. 어진의 엄마 미선이 보여 주었던 낡은 사진첩에서 구어진의 어린 시절은 꽤나 유복해 보였다. 넓은 마당이 있는 세련된 양옥집 대문 앞에서 새빨간 미제 미니카를 타고 있는 구어진의 사진은 지금 어진의 어린 시절이라고는 상상하기 어려웠다.

그뿐인가. 어진의 집에는 그 당시 동네마다 몇 대 없는 TV가 있었다. TV가 귀한 시절이다 보니 흥미로운 스포츠 경기가 있는 날이면 어진의 집은 TV를 보기 위해 모여든 동네 사람들로 문전성시를 이루었다. 어진이 다섯 살 되던 1982년에는 전두환 군사 정권이 시행한 3S 정책으로 프로야구가 시작되었는데, 프로야구 개막 경기를 보기 위해서 안방은 물론이고 거실과 마당까지 동네 사람들로 빼곡하게 들어찼던 날들을 어진은 아직도 생생하게 기억하고 있다. 그 어마어마한 군중들의 한가운데, 가장 빛나고 높은 자리에서 엄마 아빠 무릎에 앉아 친구들의 부러움을 사며 TV를 보던 그 순간이 어진이 기억하는 엄마 아빠와의 가장 행복한 순간이었다.

그 행복감이 채 가시기도 전, 그해 초겨울에 갑자기 아빠 구석산이 사라졌다. 석산이 사라지고 난 뒤 집안은 지옥으로 변했다. 처음 보는 사람들이 수시로 집에 찾아와 화를 내며 소리를 지르고 엄마 미선을 함부로 대했다. 밤마다 미선은 어린 어진을 안고 알 수 없는 말을 하며 오열했다. 어진은 엄마를 끌어안고 함께 우는 것 외에는 할 수 있는 일이 없었다.

　석산의 친구들 중 '태수 삼촌'이라 불리던 왼손잡이 사내가 있었는데, 미선은 이상할 정도로 태수를 싫어했다. 하지만 석산은 태수가 수완이 좋아 사업에 도움이 된다며 가까이 지냈는데, 결국 미선의 불길한 예감대로 태수가 석산의 사업에 사달을 내고야 만 것이다. 금방 돌아온다던 석산은 연락이 없고 빚쟁이들에게 시달리기를 며칠… 어진은 더는 견딜 수가 없었다. 서울 사는 외삼촌의 은색 포니2를 타고 엄마 미선과 야반도주하던 날, 차창에 비친 미선의 넋 나간 얼굴을 어진은 지금도 또렷하게 기억하고 있다.

　열차 창에 비친 자기 얼굴에 흠칫 놀란 어진은 머리를 가볍게 흔들었다. 침침한 눈을 껌뻑이며 마른세수 한번 하고서 시계를 보니 7시가 조금 넘어 있었다. 절반 정도 왔다. 아직 한 시간 이상은 더 가야 했다.

　60대 노신사는 여전히 잠들어 있었고, 맨 앞자리 젊은 연인은 언제 일어났는지 서로 얼굴을 바라보며 이야기를 나누고 있었다. 먼 하늘에서는 조금씩 아침이 밝아 오고 있었지만, 열차 창밖은 아직 어둠이 짙게 깔려 있었다. 잿빛으로 검게 물든 하늘이 무섭게 열차를 따라오고 있었다.

　곧 마주할 상황을 떠올리며 어진은 생각에 잠겼다. 이제는 정말이지 다 끝난 일이라고 생각했었다. 아버지를 다시 만나고 싶다는 생각이 더 컸던 시절도 있었지만, 엄마 미선의 죽음 이후 완전히 잊고 싶은 기억이 돼 버렸다. 가족을 버린 무의미한 인생에게조차 버림받은 더 무의미한 인생. 이 끔찍한 주홍 글씨는 악령처럼 어진의 인생에 달라붙어 어진을 괴롭혔다.

"훙웅웅웅 훙후웅…"

어디선가 하모니카 소리가 들렸다. 앞자리 남자아이가 조그마한 장난감 하모니카를 불고 있었다. 아이의 아빠가 황급히 아이의 입을 막으며 하모니카를 빼앗았다. 아빠의 나무람에도 아랑곳하지 않고 아이는 아빠에게 하모니카를 달라며 떼를 썼다. 작은 소동은 아이 아버지의 호통으로 이내 사라졌다.

어진은 가만히 주머니에 손을 넣어 하모니카를 만졌다. 주머니에 넣어 두었는데도 금속의 차가움이 느껴졌다. 어젯밤 어진은 참으로 오랜만에 하모니카를 꺼내 들었다. 낯선 하모니카, 낯선 도시, 낯선 이름… 아버지….

아버지를 만나러 간다. 무려 34년 만의 일이다.

***

1986년

"훙웅웅웅 훙후웅…"

    적막한 방 안에 하모니카 소리가 낮게 내려앉는다. 이제 막 초등학교 2학년이 된 어진은 오늘도 불 꺼진 방안에 혼자 누워 하모니카를 불고 있다. 아버지가 남긴 유일한 물건이자, 어느 날 갑자기 사라진 아버지에 대한 유일한 기억인 낡은 하모니카를 불며 어진은 자주 외로움을 달래곤 했다. 동네 친구들과 노는 것보다 혼자 있는 시간이 좋았다. 키는 또래보다 조금 더 컸으나 몸이 약하다 보니, 놀이를 해도 운동을 해도 어진은 늘 핀잔을 듣거나 놀림을 당했다. 동네 형 몇은 그런 어진을 구박하고 괴롭히기도 했다. 어진은 거친 이 동네가 싫었다. 뭔가 맞지 않는 옷을 입고 있는 느낌이 들었다.

    아버지가 갑자기 사라지고, 도망치듯 서울로 상경한 어진과 엄마 미선은 무악재 옆 포방터라 불리는 동네에 자리를 잡고 숨어 살았다. 동네 사람들 대부분이 가난한 노동자와 실업자, 아니면 병자와 불량배들뿐인 말 그대로 오물처리소 같은 곳이었다. 지형 자체가 워낙 비탈진 곳이라 본래 사람이 살기에는 적합하지 않아 버려지다시피 한 땅이었는데, 사회로부터 낙오된 사람들이 하나둘 모여 살기 시작해 지금의 모양을 갖추게 되었다. 동네 앞 실개천 위로 산등성이 성터까지 작고 낡은 집들이 경계를 알 수 없게 붙어 이어져 있어서 얼핏 보면 커다란 쓰레기 산처럼 보이는 동네였다.

남자구실은 제대로 못 하면서 알량한 자존심만 남은 남자들은 늘 술에 취해 시답잖은 일로 주먹다짐을 하거나 아내와 아이들을 때리는 것이 일상이었다. 어진은 저런 아버지를 두느니 차라리 없는 편이 낫겠다는 생각을 하기도 했다. 하지만 비석치기 놀이를 하다가 영철이와 시비가 붙었던 날, 갑자기 나타난 영철이 아버지가 "애비도 없는 호로새끼"라며 날린 주먹에 머리를 얻어맞은 뒤로는 아무리 주정뱅이라도 아버지가 있는 영철이가 부러웠다.

남편들이 이렇다 보니 아내들은 대부분 강인했다. 식당이며 청소며 허드렛일로 생계를 책임지기도 했고, 삼삼오오 모여 인형 눈알 끼우는 일을 하거나, 미싱으로 옷 만드는 일을 해다 번 돈으로 힘든 삶을 이어 가고 있었다. 어진의 엄마 미선도 옆집 효선이 엄마가 소개해 준 고깃집에서 아침부터 밤까지 불판을 닦고 설거지를 하며 근근이 입에 풀칠은 할 수 있었다.

실개천 상류 맨 끝에 있는 어진의 셋집은 한때 꽤 영험한 무당이 점을 보고 굿을 하던 집이었다. 그런데 무당이 살을 맞아 죽은 뒤로는 술집 창녀들이 세를 얻어 살고 있는 집이었다.

"야, 구어진! 너는 진짜 아기가 엄마 배 속에서 나오는 줄로 아는
거야?"

"그럼, 배에서 나오지 어디서 나와요?"

"까르르 까르르…"

　젊은 창녀들은 짓궂은 농으로 어린 어진을 놀리기도 했지
만, "설화"로 불리던 창녀는 고향에 두고 온 자기 동생 같다
며 어린 어진을 꽤 아껴 주었다. 어진은 그런 설화를 의지했
다. 설화는 친구가 없던 어진의 유일한 말동무였고, 천식이
심하고 몸이 약한 어진을 데리고 병원 이곳저곳을 찾아다닐
만큼 어진에게 진심이었다. 항상 혼자였던 어진도 설화와 함
께 있는 동안만은 따뜻한 사랑을 느낄 수 있었다.

　가끔씩 창녀들이 남자 손님을 집으로 들여 거사를 치르기
도 했는데, 어진은 그럴 때면 그 괴상하고 요상한 신음 소리
를 피해 방에 숨어 거사가 끝나기만을 기다렸다. 설화가 남자
손님을 들이는 날은 어진에게 힘든 날이었다. 설화를 빼앗겼
다는 생각이 어린 어진을 괴롭혔기 때문이다. 귀를 막고 이불
을 뒤집어쓰고 있어도 시간은 더디게만 흘렀다. 시간이 너무
길어지는 날에는 방문을 두드리고서 달아나기도 했다.

　어진에게서 설화는 같은 집에 세 들어 사는 친절한 누나
이상의 그 무엇이었다. 설화는 쉬는 날이면 어김없이 학교 마
치고 돌아온 어진을 데리고서 집을 나섰다. 때로는 서울역 근

처에 있는 우동집에 가기도 하고, 때로는 동네 뒷산을 거닐기도 하고, 때로는 오락실에서 함께 시간을 보내기도 했다. 몇 년째 돌아갈 수 없었던, 고향에 두고 온 동생에 대한 그리운 마음을 설화는 어진에게 온전히 쏟아 내고 있었다. 어쩌면 그 시간은 어린 어진에게도 설화에게도 필요한 시간이었는지 모른다.

"나는 나는 갯바위~ 당신은~ 나를 사랑하는 파도~ ♪"

특별히 외출하지 않는 날에는 어진이네 좁은 방 안에 나란히 누워 시간을 보내기도 했는데, 그때마다 설화는 속삭이듯 노래를 불러 주었다.

"누나, 누나는 어떻게 그렇게 노래를 잘해?"
"응, 누나 꿈이 가수였거든~!"

정말 그랬다. 설화는 부산의 초량동 산동네 출신으로 어린 시절 가수가 꿈이었다. 웬만한 남자아이들보다도 키가 한 뼘이나 더 컸고, 그 동네 아이들과는 달리 무척 흰 피부의 소유자였다. 밤무대에서 기타 연주를 하며 노래를 불렀던 아버지를 닮아서인지 춤과 노래가 무척 뛰어나 동네 사람들 모두가 설화는 나중에 커서 꼭 가수가 될 거라고 생각했다.

하지만 아버지가 늦둥이 아들을 낳은 후 갑자기 폐병에 걸려 누워 있는 시간이 길어지자, 집은 급속도로 무너져 내렸다. 자연스럽게 가수의 꿈은 멀어졌다. 여상을 나와 경리로 취업해서 돈을 벌까 생각도 했지만, 그 돈으로는 아버지 병원비를 감당할 수가 없었다.

설화가 고3이 되던 그해 늦가을, 설화는 동네 단짝 친구 희진이와 함께 서울행 기차에 몸을 실었다. 큰돈을 벌기 위해 서울로 가야 했다. 아버지와 함께 가라오케에서 드럼을 쳤던 윤 씨 아저씨의 소개로 서울행을 결심한 것이었는데, 그게 불행의 시작일 줄은 꿈에도 몰랐다.

서울에서 만난 윤 씨 아저씨의 친구 최 실장은 설화를 만난 첫날부터 설화를 범했다. 가수도 되고 큰돈도 벌게 해 준다며 설화를 데려간 곳은 무대가 아니라 '백궁'이라는 룸싸롱이었다. 을지로에 있는 고급 술집으로 꽤 높으신 양반들이 드나드는 곳이었다. 거기서 설화는 매일 밤 노래를 불렀다. 그리고 발정 난 높으신 양반들의 욕정을 채워 주기 위해 몸을 내어 줘야 했다. 험악한 시간들이 이어졌지만, 돈이 필요했기에 설화는 이를 악물고 견뎠다. 그러기를 몇 해, 몸도 마음도 더럽혀진 설화가 결국 내몰린 곳은 서울 변두리 무악재의 싸구려 술집이었다.

"나는 나는 갯바위~ 당신은~ 나를 사랑하는 파도~ ♪ 우린 오늘도 마주 보며 이렇게 서 있네….”

시간이 멈춘 듯 고요한 방 안에서, 어진은 설화의 노래를 들으며 행복을 느꼈다. 가만히 눈을 감고 설화의 풍만한 가슴에 머리를 기대고서 살 내음 맡으며 잠이 들기도 했다. 세상 사람들에게는 손가락질당하는 술집 창녀였지만, 어진에게 설화는 그 무엇과도 바꿀 수 없는 소중한 존재였다. 아버지에게서 버림받아 마음 한쪽이 떨어져 나가 상처 난 어진의 마음을 또 한 명의 상처 난 마음이 치유하고 있었다.

2023년 (2)

아침 8시가 조금 넘어 기차는 목포역에 도착했다. 처음 와 보는 낯선 곳. 불안한 잿빛 구름에 하늘이 완전히 뒤덮여서 가뜩이나 낡은 도시가 더욱 침울해 보였다. 군데군데 아스팔트가 뜯겨 나간 플랫폼을 지나, 아래로 난 긴 계단을 거쳐 개찰구로 나오기까지 두어 번 힐끔 이정표만 봤을 뿐, 어진은 맨 뒤에서 모자를 깊게 눌러쓰고 익숙한 곳인 양 앞만 보고 걸었다. 왠지 낯선 이방인처럼 보이고 싶지 않았다.

아침 장사를 준비하는지 작은 식당 안에서 사람들이 바쁘게 움직일 뿐, 넓은 대합실은 인적 없이 조용했다. 노신사와 젊은 커플, 그리고 하모니카를 불던 아이의 가족들이 출구 밖으로 사라지고 있었다. 다시 어진 혼자 남았다. 어진은 대합실 출구에서 가까운 의자에 어색하게 앉아 피곤한 눈을 잠시 감았다.

"구어진 씨?"

"아… 네…."

"마이 놀랬지라이? 먼 길 오니라고 솔차니 욕봐쏘잉."

"아… 네…."

"어지께 연락드린 박 형산디, 와~따! 얼굴이 완전히 석산이 행님

빼다 박아부렀구마이!"

자신을 박 형사라고 짧게 소개하던 그는 이내 긴장해 굽어 있는 어진의 어깨를 두툼한 손으로 토닥였다. 수화기 너머로 상상했던 이미지보다 훨씬 더 큰 몸집에 어진은 살짝 위축됐다. 빗질하지 않은 푸석한 머리, 서너 개의 비립종이 붙어 있는 검붉은 턱을 감싸고 있는 누렇게 변색된 푸른빛의 와이셔츠 깃에서, 어진은 박 형사가 오랜 시간 자신과 같이 혼자 살아온 남자라는 걸 직감할 수 있었다.

박 형사는 아버지 구석산과 같은 고향 출신이라는 것, 그리고 몇 가지 더 시답잖은 이야기를 늘어놓았다. 하지만 구어진은 듣는 둥 마는 둥 대꾸도 하지 않았다. 시간이 없다며 앞장서는 박 형사의 뒤를 어진은 말없이 따랐다. 큰 눈이라도 내리려는 듯 두터워진 어둠이 도시 전체를 뒤덮고 있었다.

차에 오르자, 알 수 없는 긴장감이 차올랐다. 박 형사도 초초한 듯 핸들을 잡은 오른손 검지 손가락을 쉴 새 없이 까닥이며 핸들을 두드리고 있었다. 역에서 조금 떨어져 작은 도로에 접어들자, 노점이며 낡고 작은 건물이며 촌스러운 무채색 옷 입은 사람들이며 차창 밖으로 펼쳐진 풍경은 어진이 살고 있는 무악재와 너무나도 닮아 있었다. 순간 묘한 안도감이 들기도 했다. 하지만 한편으로 어진은 아버지가 가족을 버리고 정착한 곳이 겨우 이런 곳이라니 아버지의 삶도 참 별 볼일

없구나 하는 생각이 들었다. 버림받은 사람이나 버린 사람이나 결국에는 다 이런 너저분한 곳에서 비루하게 살다 생을 마감한다 생각하니, 갑자기 자신의 인생이 더 초라하게 느껴졌다. 가족을 버린 자는 버린 것에 대한 형벌로, 버림받은 자는 버린 자의 더 중한 형벌을 위해 비루하게 살아가야만 했다. 형벌처럼….

복잡하고 무거운 어진의 마음을 아는지 모르는지, 차는 목포의 무거운 공기를 가르며 낯선 병원 앞에 도착했다. 이제 곧 아버지를 만난다고 생각하니 몰려드는 긴장감에 어진은 깊은 숨을 내쉬었다. 순간 목구멍이 날카로운 것에 찔린 듯한 느낌이 들며 발작하듯 기침을 해 댔다.

"콜록 콜록! 콜록 콜록! 음! 음…! 콜록!
"뭔 기침을 그러고 해 싸요. 석산이 행님도 등치는 산만 헌디, 기관지, 거 기관지 땜시 고상을 마이 혔지…."

어진은 약한 기관지 때문에 어려서부터 기침을 달고 살았다. 돈 한 푼 남겨 주지 못한 것도 모자라 기관지병이나 물려준 아버지라니…. 어진은 간신히 숨을 고르고 벌겋게 충혈된 눈을 껌뻑이며 차에서 내렸다. 거센 바람이 어진의 목을 파고들었다. 옷깃에 목을 숨기고 구부정하게 박 형사의 뒤를 따라 몇 걸음 걷다 보니, 흰 바탕에 붉은 글씨로 각인된 목포 의료원 간판이 보였다.

군데군데 칠이 벗겨진 회벽 담을 지나서 건물 안으로 들어갔다. 인기척에 놀라 길을 비켜 주는 청소 노동자 외에 사람이라고는 찾아볼 수가 없었다. 이른 시간이라 사람이 없는 건지, 원래 이렇게 사람이 없는 건지, 어진은 음산한 기분에 마른침을 삼켰다. 누군가를 기다리는 듯 두리번거리는 박 형사를 따라 어진도 이곳저곳을 흘깃거리고 있는데, 로비 가장 어두운 곳에서 흰 가운을 입은 의사 하나가 왼손으로 머리를 쓸어 넘기며 빠른 걸음으로 다가왔다. 작은 키에 다부진 몸, 구겨진 옷깃, 은색의 안경테를 따라 관자놀이에 땀이 맺혀 있었다. 무얼 먹다 급하게 왔는지, 입 주변으로 벌건 국물 자국이 그대로 남아 있었다.

박 형사와 몇 마디 주고받는 것 같더니 따라오라 손짓하며 지하층으로 향하는 계단으로 앞장선다. 내용을 알아보기 힘든 낡은 홍보물이 빼곡한 계단을 따라 지하층 입구에 다다르자, 병색이 깊은 환자 하나가 해골처럼 앉아 있다. 돈을 아끼려는 것인지, 아니면 관리가 안 되는 것인지 듬성듬성 불 꺼진 조명으로 지하층은 답답하리만큼 어두웠다.

차오르는 긴장감에 어진의 숨소리는 눈에 띄게 거칠어져 있었다. 거친 숨소리를 들키지 않으려 애를 써 봤지만, 그럴수록 숨은 더욱 차올랐다. 얼마나 세게 쥐고 있었는지 주머니 속 하모니카는 이미 땀으로 흥건했다. 복도 끝에, 누가 알려 주지 않아도 아버지가 있을 것만 같은 커다란 방문이 양옆으로 열려 있었다. 방 안에 들어서자, 심장이 더욱 요동치기 시작했다. 알코올 냄새와 향냄새가 뒤섞여 어두운 방 안을 무겁게 채우고 있었다. 두어 걸음 앞서 걷던 박 형사와 은테 안경을 쓴 의사는 걸음을 멈추고 더는 걸어 나갈 생각이 없는 듯 고개를 돌려 어진을 조용히 바라보고 있었다.

떨리는 호흡을 간신히 붙잡으며 아버지가 있는 가장 밝은 곳을 향해 어진 혼자 걸음을 뗐다. 시간이 멈춘 듯 완벽한 적막 속에 요동치는 심장의 박동 소리가 어진의 고막을 세차게 두드렸다. 진공의 공간에서 유영하듯 어진은 소리 없이 아버지 앞에 섰다.

아버지는… 죽어 있었다. 차갑게 식어, 염습실의 빛나는 은색 소반 위에 양손과 배를 덮은 기다란 천 조각만 걸치고서 반듯이 누워 어진을 기다리고 있었다. 큰 키, 강인해 보이는 각진 턱, 넓은 어깨, 앙상하게 마른 길고 곧은 다리…. 비록 늙고 병들어 주름지고 수축되긴 했으나, 어진이 기억하는 아버지의 모습을 대부분 간직하고 있었다.

어진은 굳어 선 채로 한동안 말없이 아버지를 바라봤다. 죽은 아버지 건너편에 서 있던 흰 셔츠를 입은 남성이 염을 시작하려는 듯 뭐라고 나지막하게 중얼거리더니, 아버지의 손과 배를 덮고 있던 천을 천천히 걷어 냈다. 천 밑으로 서서히 드러나는 아버지의 양손…. 그런데…

'오른손이 없다….'

팔꿈치 한 뼘 밑으로 오른손이 완전히 잘려 나가고 없었다. 잘려 나간 팔의 기이한 형상에 어진은 현기증을 느꼈다.

'손으로 그림을 그려 먹고 살아야 했을 텐데…. 그 오른손을 잃고 어떻게 살았을까? 밥벌이나 제대로 할 수 있었을까? 그래서 집으로 돌아오지 않았던 걸까?'

혼란스러운 질문과 의문이 어진의 머릿속을 쉴 새 없이 휘저었다. 얼마나 긴 시간을 저 손으로 살았었는지 잘려 나간 부분은 살결이 느껴지지 않을 정도로 맨들거리고 있었다.

'형벌일까…?'

1993년

"구어진 이 새끼, 앞으로 나와!!"

종례 시간, 삽시간에 분위기는 얼어붙었다. 어진은 앞으로 나와 자세도 채 취하기 전 백수원이 날린 따귀에 벽으로 나가 떨어졌다.

"이런 거지 같은 새끼. 너 같은 새끼 때문에 내가 이런 수모를 당해?!"

넘어진 어진이 가까스로 일어서면 수원은 다시 따귀 날리기를 수차례…. 어진의 유일한 친구였던 반장 이준석이 울먹이며 막아선 뒤에야 구타는 멈추었다. 어진의 중학교 담임 백수원은 체육 선생이었는데, 190이 넘는 거구에다가 자존심이 무척이나 세고 거칠었다. 그런 그에게 '전교에서 딱 한 명 남은 육성회비 미납부자'가 자기 반에 있다는 것은 용납할 수 없는 일이었다.

백수원 역시 가난한 집안 출신으로서, 부모님께 물려받은 유일한 재산인 뛰어난 운동신경과 수완으로 이 자리까지 왔다. 부유한 집안 아이들을 대놓고 편애하던 그는 몇 해 전에

학부모에게 돈 받은 일이 들통나 큰 위기를 겪기도 했으나, 평소 잘 관리해 두었던 이사장의 도움으로 선생질은 이어 갈 수 있었다.

"내일도 육성회비 안 가져올 거면 학교에 나올 생각 마라. 이 거 지새끼야!"

벌겋게 부어오른 양 볼이 따끔거리고 아팠지만, 교문을 나서는 어진은 벌써부터 걱정이 앞섰다. 어차피 내일도 육성회비를 가져올 가능성은 없었다. 엄마 미선이 손을 크게 다쳐 당분간은 일을 할 수가 없었기 때문이다. 미선은 동네 번화가 예식장 앞 고깃집에서 배달 일과 설거지 일을 했었는데, 이틀 전 점심 장사 때 설거지를 하다가 설거지 통 속에 있던 식칼에 오른 손바닥을 크게 베었다. 서른 바늘을 넘게 꿰맸으니, 다시 일하려면 족히 한 달은 기다려야 했다. 고깃집 젊은 사장은 재수 없다며 가불조차 해 주지 않았다. 하지만 다리가 불편한 미선을 써 주는 곳이 여기뿐이었기에 미선은 아무런 원망도 하지 않았다.

아픈 엄마에게 육성회비 이야기를 할 수 없는 상황은 중학생 어진이 감당하기에 너무나도 벅찼다. 엄마 미선은 불쌍했고, 백수원은 두렵고 싫었다. 모든 게 아빠 때문이라는 생각에 증오심은 점점 더 커졌다. 버림받았다는 생각이 또다시 어진을 괴롭혔다.

"어진아! 같이 가자!"

반장 준석이였다.

"많이 아팠지…?"
"으…응…. 괜찮아…."
"오늘 우리 집에 가자. 저녁 먹고 가."

중학교에 올라와 알게 된 준석이는 가난한 어진에게 부러
움의 대상이었다. 높은 담벼락에 커다란 대문이 있는 집. 처
음 준석의 집에 가던 날, 잘 정돈된 잔디가 대문에서 현관까
지 고급스럽게 깔려 있는 모습을 보고서 어진은 충격을 받았
다. 어두운 골목길 끝에 삭아 버린 철 대문을 달고 있는 집이
좁고 길다란 마당 양옆으로 작은 부엌과 셋방들이 따개비처
럼 붙어 있는 자신의 집과는 달라도 너무 달랐기 때문이었다.
어진의 집과 준석의 집은 실개천 상류에 있는 옥천암이라
는 절을 기준으로 가난한 동네와 부자 동네로 나뉘어 있었다.
원래 어진의 동네 아이들은 무악 중학교로, 준석의 동네 아이
들은 복경 중학교로 배정을 받았었는데, 재작년에 행정 구역
이 합쳐지면서 가난한 어진의 동네 아이들이 복경 중학교로

배정을 받게 되어 어진도 이 학교에 다니게 되었다. 백수원을 비롯한 복경 중학교 선생 다수는 그것이 못마땅했다. 그래서 어진의 동네 학생들을 자주 거지 취급했다.

그날도 어진은 준석의 집에서 최신형 486 컴퓨터로 〈페르시아의 왕자〉 게임을 하고, 일본 만화책도 보며 완벽하게 다른 세계 속에서 꿈같은 시간을 보냈다. 알 수 없는 이유로 설화 누나가 어진의 곁을 떠난 후, 표류하던 어진의 마음을 준석이 단단히 붙들고 있었다.

저녁 8시가 넘어서야 어진은 준석의 집에서 나왔다. 완전히 어둠이 깔려 있었다. 사람들이 잘 다니지 않는 실개천 옆길을 따라 옥천암을 지날 때, 절의 낮은 담 너머로 기도하는 사람들의 뒷모습이 보였다. 바위에 그려진 커다란 부처상 앞에서 조금의 흐트러짐도 없이 앉았다 일어서기를 반복하며 쉴 새 없이 무언가를 중얼거리고 있는 사람들을 바라보다가, 어진은 순간 아픈 엄마와 백수원의 얼굴이 떠올라 슬프고 두려웠다.

축 처진 어깨 너머 짙은 어둠 속에서, 실개천 물소리와 이름을 알 수 없는 풀벌레 소리만이 어진의 슬픈 마음에 친구가 되어 주었다. 어진은 이내 고개를 들어 부처상 위로 밤하늘을 바라보았다. 진회색의 옅은 구름 사이로 포근한 반달이 위로하듯 어진을 바라보고 있었다.

"컹컹컹!" 멀리서 들리는 개 짓는 소리에 어진은 발걸음을 옮겼다. 빛바랜 낡은 가로등 불빛이 지저분한 대문을 힘겹게 비추고 있었다. 누가 시키지도 않았는데, 어진은 도둑질이라도 하려는 사람마냥 조용히 집으로 들어갔다. 어둡고 좁은 마당을 지나 방문을 열자, 불을 환하게 켠 채로 엄마 미선이 잠들어 있었다. 미적지근하게 식어 버린 핫팩이 미선의 아픈 두 무릎을 애처롭게 감싸고 있었다.

엄마와 단둘이 서울로 상경한 뒤로 어진은 엄마가 제대로 쉬는 것을 거의 보지 못했다. 손을 크게 다치고서야 쉼 없는 노동을 잠시 멈추게 된 셈이다. 예전에 사진에서 봤던 신혼 시절 엄마의 모습은 정말이지 작고 사랑스러웠다. 큰 눈망울에 하얀 얼굴. 종들을 여럿 둔 과수원집 막내딸이었던 미선의 앞날이 이리 망가진 인생이 될 줄은 그 누구도 예상하지 못했을 것이다. 잠든 엄마의 얼굴을 한참 동안 바라보다가 TV를 끄기 위해 몸을 숙인 어진은 아직 핏물이 배어 있는 붕대 사이로 나와 있는 미선의 오른 손가락을 보고서 얼어붙었다.

'지문이 없다…!'

붕대 밖으로 나와 있는 다섯 개의 여린 손가락 모두 지문이 없었다. 얼마나 닳고 닳았는지 다섯 손가락 모두 살결조차 느껴지지 않았다. 서울에 온 뒤로 손톱을 한 번도 깎아 본 적이 없다는 엄마의 말이 생각났다. 그렇다. 고기 양념이 눌어붙어 재처럼 새카맣게 타 버린 그 많은 고깃집 불판들을 미선은 날마다 닦아야 했다. 철 수세미를 들고 맨손으로 불판을 닦을 때, 눌어붙은 재도, 미선의 손톱도, 미선의 지문도 다 같이 떨어져 나갔던 것이다. 어진은 엄마가 너무 불쌍했다. 핏방울처럼 굵은 눈물방울이 어진의 볼을 타고 맨들거리는 미선의 지문 없는 손가락 위로 쉴 새 없이 떨어져 내렸다.

'아버지가 우리를 그렇게 버리지만 않았어도 엄마는 이렇게 되지 않았을 텐데….'

어진은 엄마의 달아 버린 지문도, 백수원에게 당한 끔찍한 수모도 모두 아버지 때문이라고 생각했다. 자기 아내와 자식을 사지로 내몰고 어딘가에서 밥을 먹고 살고 있을 아버지에 대한 미움과 증오로 어진의 두 눈은 벌겋게 타들어 갔다.

의미 없는 인생에게서 버림받은 더 의미 없는 인생. 그것이 미선과 어진의 비루한 인생인 것이었다. 누군가로부터 버림받았다는 상실감에, 자신이 초래하지 않은 험악한 시간들이 더해져 버림받은 자들의 인생은 그렇게 더 구겨져 가고 있었다. 그들에게 세상은 이미 공정을 잃었다.

미선의 지문 없는 손가락이 낡은 형광등 불 빛 아래 초라하게 맨들거리고 있었다.

* * *

2023년 (3)

"상주님, 고인과 함께하는 마지막 시간입니다. 고인의 얼굴, 마지막으로 보시기 바랍니다."

"……"

"상주님…?"

어진은 미동도 없었다. 타인처럼 보일 만큼 적당한 거리에 우두커니 서서 죽은 아버지를 무표정한 얼굴로 바라볼 뿐이었다. 신기하게 아무런 감정도 올라오지 않았다. 어진 스스로도 이런 자신의 마음이 낯설고 무섭게 느껴졌다. 형벌이 이미 주어졌다는 생각 때문만은 아니었다. 의미 없는 인생의 의미 없는 죽음.

그랬다. 이미 오래전부터 어진의 마음에서 아버지의 인생은 의미를 잃은 인생이었다. 버려진 채 살아야 했던 그 험악한 시간을, 어진은 그런 마음으로 살아왔던 것이다. 그렇게 의미가 지워진 아버지의 죽음은 어진에게 남의 죽음보다 못한 죽음으로 다가왔다. 자신의 마음이 그렇게 차갑게 식어 있었다는 것을 어진은 이제야 알게 됐다.

"상주님, 고인에게 이제 하실 말씀 더 없으신지요…."

"… 네… 없습니다."

어진에게 이 한마디는 복수이자 마침표였다. 죽은 자에 대한 완벽한 무관심으로 자신이 할 수 있는 가장 큰 복수를 한 것이다. 상처와 그리움, 가난과 수모. 아버지가 어진의 인생에 남겨 준 것들은 이런 것들뿐이었다. 언젠가 꼭 한 번은 다시 만나게 될 거라 생각했다. 다시 만나게 된다면 이유를 묻고 싶었다. 도대체 왜 그랬는지. 주검이 되어 다시 만난 아버지에게 들을 수 있는 말은 더 이상 아무것도 없었다. 모든 것이 너무 허무하게 끝났다는 생각에 어진은 맥이 탁 풀렸다.

그렇게 냉정한 한마디를 남기고 돌아서려는데, 염습실 한 구석 어둠 속에서 흐릿하게 빛나는 사람의 눈빛에 어진은 소스라치게 놀랐다. 사람이 더 있었다. 가족으로 보이는 세 명의 사람들. 모두 검은 상복을 입고 있었다. 언제부터 있었는지 얼굴이 이미 눈물과 콧물로 범벅이 되어 있었다. 엄마로 보이는 초로의 여성은 복잡하고 애절한 표정으로 어진과 자신의 아이들을 번갈아 보고 있었다. 30대 정도 돼 보이는 두 남매는 어진과 눈이 마주치자, 주체할 수 없이 차오르는 감정을 참느라 얼굴이 더욱 일그러졌다. 죄인처럼 어두운 구석에 서서 울음을 삼켜 가며 처음부터 지켜보고 있었던 것이다.

"상주님, 이제 다음 가족에게 이별할 시간을 주시길 부탁드립니다…."

다음 가족…. 그렇다. 가족이 또 있었다. 어진을 버렸던 아버지 석산의 새 가족들이었다. 당황한 어진이 한 걸음 물러서며 자리를 조금 내어 주자, 잠시 망설이는 듯싶더니 일제히 달려들어 주검이 된 석산의 얼굴과 몸과 손을 감싸 쥐고서 소리 없이 오열하기 시작했다. 함께한 시간이 얼마나 깊었는지, 함께 나눈 사랑이 얼마나 깊었는지, 이미 온기 잃은 석산의 얼굴을 만지고 자신들의 얼굴을 비비며 그들 아버지의 죽음을 진심으로 슬퍼하고 있었다.
어진에게는 충격이었다. 저 눈물은 어진의 것이어야 했다. 저 슬픔도 어진의 것이어야 했다. 어진이 흘려야 할 눈물, 어진이 느껴야 할 슬픔을 처음 보는 낯선 사람들이 대신하고 있었다. 어진은 굳은 채로 타인들의 이별을 지켜볼 뿐 아무것도 할 수 있는 것이 없었다. 자신들의 아버지와의 마지막 순간, 어진의 눈치를 살피느라 끓어오르는 감정을 억누르며 울음소리조차 제대로 내지 못하는 모습을 보자 어진은 측은한 마음이 들었다. 자리를 비켜 주는 것이 낫겠다고 생각했다. 구어진과 구석산의 시간은 여기까지였다. 그다음은 그들의 시간이었다. 어진은 간단히 목례를 하고서 서둘러 염습실을 빠져나왔다.

"구어진 씨…. 마이 놀랬지라이. 석산이 형님이 여기 온 지 얼마 되도 않았는디, 팔이 저러고 되어 갖고는 고생이 겁나 심했어라."

언제 따라 나왔는지 박 형사가 뒤에서 함께 걷고 있었다.

"……"

"아드님 얘기도 가끔 혔는디, 우짜것소. 팔 빙신 되아 부러 갖고는 어디 자식 새끼 찾아갈 수도 없는 노릇이고, 몇 번이나 죽어 불라고 했는디, 아따 고것도 사람 맴대로 되지가 않더랑께요."

박 형사의 이야기가 궁금하기도 했지만, 어진은 더 묻지 않았다. 염습실에서 조우했던 아버지의 잘려 나간 오른손과 아버지의 새 가족들로 인해 머릿속이 복잡했다. 잠시 생각에 잠긴 것 같았던 어진은 이내 결심한 듯 한마디를 내뱉었다.

"저와는 이제 상관없는 이야기인 것 같습니다…."

단호한 어진의 말투에 박 형사가 살짝 놀라는 눈치다.

"그랑께요이~ 어찌고 맘이 좋을 수가 있겠소. 석산이 행님 팔 빙신 되어 갖고는 반송장처럼 지낼 때, 같은 동네에 애 둘 딸린 과부랑 어쩌다 본께 연이 닿았당께요. 돈은 미용실 하는 애 엄마가 벌고 석산이 형님이 자기 자식들처럼 아그들을 키웠제라. 혼인신고도 안하고는 여태 그러고 살다 가 부렀당께요.”

그랬다. 무슨 이유에서인지 이혼도 혼인신고도 없었기에 법적으로 구석산의 유일한 가족은 어진 뿐이었다.

“쪼까 번거롭겠지만, 여그다가 싸인 몇 개만 해주쇼잉. 그것이 직계가 아니므는 석산이 형님 사망신고도 못허게 법이 되어 있어 갖고 그래요.”

박 형사가 내민 몇 장의 서류에 어진은 굳은 얼굴로 사인을 했다. 아버지와의 인연이 이렇게 서류 몇 장으로 정리된다 생각하니 허탈한 마음이 들기도 했다. 몇 해 전 엄마 미선을 떠나보낸 어진은 이제 완전히 혼자 남게 되었다. 이후의 모든 일 처리는 박 형사와 석산의 새 가족이 맡아 진행한다고 했다. 모든 것이 끝났다는 생각에 잠깐 안도감이 들기도 했지만, 아버지에게 버림받고 엄마와 함께 겪었던 모진 세월의 기억이 어진을 슬프게 했다.

역까지 태워다 준다며 박 형사가 함께 따라 나왔다. 눈이다. 어느덧 매서운 바람은 잦아들어 있었고, 순백의 작은 눈 결정들이 어진을 배웅하듯 드문드문 소리 없이 내리고 있었다. 어진은 아주 잠깐 눈 내리는 거리를 눈에 담고 차에 올랐다. 의료원과 거리가 멀어져 역에 도착할 때까지 두 사람은 아무런 이야기도 하지 않았다. 무겁거나 어색한 침묵은 아니었다. 헤아리기 어려운 세월과 사연을 침묵에 담아 그렇게 서로를 배려하고 있었다. 역에 다다르자 눈이 제법 굵어져 있었다.

"아부지는 염려 마쇼잉. 나랑 그 아그들이 잘 보내 드릴랑께요."

어진은 말없이 허리를 깊게 숙여 정중하게 인사를 하고서 혼자 대합실로 향했다. 이른 아침과 다르게 대합실은 사람들로 생기를 찾았다. 플랫폼에 오르는 계단 앞에서 어진은 뒤를 한번 돌아봤다. 내리는 눈을 맞으며 박 형사가 응원이라도 하는 것처럼 멀리서 세차게 손을 흔들고 있었다. 어진도 손을 들어 짧게 인사했다.

플랫폼에 오르자 눈발은 더욱 굵어져 열차와 역 주변을 하얗게 덮기 시작했다. 역무원들이 경광봉을 들고 분주하게 움직이고 있었다. 작은 매점에서 파는 우동 국물 냄새에 어진은 허기를 느꼈으나 그대로 열차에 올라탔다. 자리에 앉자 몰려드는 피로감과 안도감에 어진은 조용히 큰 숨을 길게 내뱉었다. 그사이 문자가 하나 와 있었다.

"대출이 승인되었습니다."

기다리던 연락이었다. 쉽지 않은 상황이지만 이 대출로 학원 임대를 연장하면 큰 위기는 하나 넘기게 된다. 해 볼 만하다는 생각이 들었다.

거칠고 메말라 황량했던 들판은 어느새 흰 눈으로 뒤덮여 그 끝이 어디인지 분간하기 힘든 아득한 풍경을 입고 있었다. 쌓여가는 눈을 보며 어진은 묘한 감정에 사로잡혔다.

어진은 아까 만난 아버지의 새 가족들을 떠올렸다. 눈물과 콧물이 범벅된 얼굴들, 감추기 힘든 슬픔에 완전히 일그러진 얼굴들, 터져 오르는 슬픔을 제대로 표출하지도 못하고 어진의 눈치를 살피던 그 얼굴들. 피 한 방울 섞이지 않은 생면부지의 절대적 타인인 그들의 얼굴이 자꾸만 떠올랐다. 자신을 버린 아버지의 주검, 너무나 섬뜩하고 낯설어 도무지 만질 수 없었던 아버지의 차고 창백한 얼굴을 매만지고 쓸어내리며 상실감과 슬픔으로 오열하던 그들의 모습을 잊을 수가 없었다.

충격적인 장면이었지만 무의미하게 여겨졌던 아버지의 인생이 의미를 덧입는 순간이었다. 비록 이제야 알게 된 그 의미에 어진과 미선은 철저히 배제되었지만, 남편과 아비를 잃고 방황하던 한 가족의 떨어져 나간 마음에 구석산의 인생이 의미가 되어 주었다. 그렇다. 어진과는 상관이 없는 일, 상관

없는 시간이 되었지만, 아버지 구석산의 인생은 의미를 가지고 있었다. '의미 없는 인생에게서 버림받은 비루한 인생'이라는, 평생을 괴롭혀 온 무서운 명제에 짓눌려 시달리던 어진에게 한 줄기 빛과 같은 깨달음이었다.

'설화 누나… 반장 준석이… 그리고… 엄마….'

소중한 얼굴들이 떠올랐다. 하마터면 의미를 잃고서 삶의 구렁텅이에 빠져 그렇게 망가져 버렸을지도 몰랐을 구어진의 인생에 의미가 되어 준 소중한 얼굴들….

무슨 결심이라도 한 듯, 어진은 주머니 속의 하모니카를 꺼내 들었다. 그리고 이내 열차 밖으로 달려 나갔다. 어깨를 부딪친 역무원이 다급하게 호루라기를 불면서 뭐라고 소리쳤지만, 어진은 멈추지 않고 굵은 눈발을 온몸으로 맞으며 플랫폼 끝으로 달려갔다.

가쁜 숨을 몰아쉬며 플랫폼 끝에 선 구어진은 눈 덮인 순백의 광활한 대지를 향해서 있는 힘껏 하모니카를 집어 던졌다. 눈으로 빽빽한 허공을 가르고, 아버지와 어진의 어긋난 시간을 가르며 하모니카는 날아올랐다. 아름다운 궤적을 그리며 짧은 비행을 마친 하모니카는 눈밭으로 떨어져 나갔다. 두세 번쯤 바닥에서 튕겨 튀어 오르더니, 눈 속에 반쯤 잠긴 채로 구르는 것을 멈추었다.

"삐이익! 삐이익~!"

요란한 경적 소리와 함께 열차가 출발을 알린다. 이제는 떠나야 할 시간이다. 천천히 출발하는 열차 안에서, 어진은 떨리는 두 손을 커다란 차창에 기대고 저 멀리 창밖의 하모니카를 가만히 바라봤다. 이미 절반이 넘게 눈밭에 잠겨 있던 하모니카는 이내 눈으로 덮여 완전히 사라졌다.

눈은 모든 것을 덮었다. 아버지의 하모니카도, 아버지에 대한 그리움도, 증오도, 미움도…. 어진의 마음에 알 수 없는 평안이 찾아왔다. 더 이상 의미 없는 자에게서 버려진 의미 없는 인생이 아니었다. 이제 어진은 자신의 인생을 살기로 굳게 마음먹었다.

흔들리는 열차 의자에 머리를 기대고서 몸을 깊숙이 밀어 넣었다. 어진은 조용히 눈을 감았다. 기분 좋은 잠이 온다.

어진은 아주 오랜만에 깊은 잠에 빠져들었다.

에필로그

세움북스 옴니버스 시리즈를 기획하고 첫 주제를 '아버지'로 정했다. 평소 눈여겨본 다섯 명의 예비 작가들에게 옴니버스 시리즈의 기획 의도를 설명하고 합류를 권했다. 다섯 명의 저자가 다 같이 모인 첫 기획 회의 날, 무슨 용기인지 나는 '소설'로 쓰고 싶다고 이야기했고 결국 이렇게 작품이 되어 독자들의 평가를 받게 되었다. 감격스러움과 두려움이 교차하는 시간이다.

주인공 '구어진'만큼은 아니지만 우리 가족도 여느 가족들처럼 가족사의 굴레에 힘겨워하던 시절이 있었다. 이유를 알 수 없는 상황, 나아지지 않는 환경, 내다볼 수 없었던 미래 앞에서 아버지의 부재는 생각보다 혹독한 시간을 가족들에게 안겨 주었다. 하지만 돌이켜 보면 힘겨웠던 그 시간이 그 시절에는 그렇게 힘겹게 느껴지지만은 않았던 것 같다.

이유는 사랑이었다. 아버지의 빈자리를 사랑이 채우고 있었다. 어머니의 사랑, 형제간의 사랑, 친구들과 교회의 사랑. 떨어져 나가 상처 난 아버지의 빈자리를 사랑이 단단히 부여잡고 있었다. 한참이나 시간이 더 흐른 뒤에 깨달을 수 있었지만, 나는 이것이 병들어 깨어진 관계를 치유하시는 하나님의 섭리 방식이라고 믿는다.

생각보다 많은 사람들에게 아버지는 먼 이름이다. 너무 멀기에 어색하고, 너무 멀기에 의미를 알 수 없었던 아버지와의 시간들이 파편처럼 마음에 박혀 상처 난 채로 살아가고 있다. 이것이 비극의 시작이다. 살면서 봐 왔던 수많은 아버지를 이 작품 속 아버지에 투영했다. 작품에 등장하는 아버지 '구석산'은 우리 시대 모든 아버지의 모형이다.

아버지와의 충격적인 마지막 만남을 통해 주인공 구어진은 아버지를 헤아리게 되었다. 그 헤아림은 이내 어두웠던 과거의 골방에 갇혀 있던 구어진을 이끈 한 줄기 빛이 되었다. 모든 일에는 이유가 있다. 구어진이 찾은 그 이유를 당신도 찾게 되길 바란다. 우리의 인생은 그만큼 소중하니까….

수필

함께 길을 걷다

김민철

*** 아버지가 지나오신 길

어떤 삶의 환경에서도

내가 만나고 경험한 사람 중에 가장 성실한 사람은 우리 아버지다. 아버지는 1991년 취업하신 이후로 2009년 퇴직하실 때까지 한 번도 결근하신 적이 없다. 비가 오나 눈이 오나, 심지어 전날 술이 거나하게 취해서 들어오신 다음 날에도 어김없이 일어나 출근을 하셨다. 처음 취업하신 회사는 집에서 상당히 먼 거리에 있었는데, 한동안 회사 통근 버스를 타지 못하셨을 때는 편도 한 시간 넘게 오토바이를 타고서 출퇴근하기도 하셨다. 그런데 회사만 다니신 것이 아니라 틈틈이 농사일도 하셨다.

퇴직하신 이후에도 아버지는 늘 한결같으셨다. 특별한 일이 없는 한, 동이 틀 무렵이면 일어나서 농사일을 하러 나가셨다. 모를 심고 난 이후에는 물꼬를 확인하기 위해 논으로 나가셨고, 가물 때는 물을 대러 나가셨다. 이렇게 아버지는 늘 부지런히 무언가를 하셨다. 아버지의 머릿속에는 농사 일 정표가 저장되어 있어 그 일정대로 몸이 저절로 움직이는 것처럼 느껴질 정도였다.

아버지는 퇴직 이후 동네 이장을 8년간 맡으셨다. 아버지의 의사가 아닌 동네 분들의 제안에 따라 맡게 되었는데, 첫 번째 임기가 끝나고 동네 분들이 또 요청하셨고, 두 번째 임기가 끝나서도 동네 분들이 또 요청하셔서 결국 8년 동안 이장 일을 하게 되셨다. 아버지는 그 8년 동안 이장 업무를 정말 성실하게 해내셨다. 복잡한 서류 작업도 꽤 있었지만, 처음 해 보시는 일도 척척 해내셨다.

아버지는 1951년생이시다. 6·25전쟁이 한창이던 때, 충남 당진군 석문면의 한 시골 마을에서 3남 4녀의 장남으로 태어나셨다. 아버지는 가난했기 때문에 공부를 하기보다는 부모님 일을 돕는 데 시간을 보내셨다. 당시 국가 재건 사업을 위해 곳곳에 중학교가 세워졌는데, 아버지는 그중에 하나인 고산(재건)중학교를 다니셨다. 한 선생님이 세우셨는데, 안타깝게도 졸업생을 전혀 배출하지 못한 채 폐교되었다. 아버지는 공부를 더 하고 싶으셨지만, 학교 다닐 형편이 전혀 못 되어 어쩔 수 없이 학교를 그만두실 수밖에 없었다. 하지만 아버지는 무언가라도 공부해야겠다고 마음먹으셨고, 독학으로 한자를 공부하셨다. 천자문 책을 구해서 매일매일 공부하셨고, 영어도 최소한 읽을 수는 있어야겠다 싶어 알파벳을 공부하셨다.

옆에서 아버지가 농사일하시는 모습을 종종 지켜본다. 아버지는 단순히 몸으로만 일을 하지 않으시고, 어떻게 하면 일을 효율적으로, 능률 있게 할 수 있을까를 늘 생각하시고서, 그에 따라 용도에 맞게 농기구를 만들어 내기도 하시고 변형하기도 하신다. 그런 모습을 지켜보며 '아버지가 부유한 가정에서 태어났으면 어땠을까?'라는 생각을 해 본다. 역사에 가정은 없다지만, 아버지가 공부할 수 있도록 뒷받침을 충분히 받았다면 아마도 아버지는 국가를 위해 봉사하는 사람이 되었거나 학자가 되었을 것 같다는 생각이 든다.

하지만 아버지는 한 번도 자신의 운명(?)을 불평하지 않으셨다. 때로는 힘들고 지치긴 하셨겠지만, 그렇다고 자신의 처지를 비관하거나 죽겠다고 생각하지는 않으셨다. 아버지 일생에 잠깐의 일탈은 있었어도, 그 주어진 인생을 정말 성실하게 열심히 살아오셨다. 어릴 때는 몰랐다. 하지만 나도 아버지가 되고 그런 아버지의 모습을 보면서 '인생의 무게'라는 것을 생각해 보게 되었다. 그리고 아버지를 더욱 존경하게 되었다.

그 당시의 아버지들이 그러했듯이

아버지의 청소년기는 파란만장했다. 국민학교를 졸업하고 중학교로 진학하셨지만 폐교가 되는 바람에 더 이상 공부를 할 수 없으셨다. 그래서 아버지는 소위 국졸이다. 중학교 중퇴 이후에는 부모님의 농사일을 도우셨다. 열여덟 살이 되어서는 당시 고향에서는 먹고살 것이 없겠다 싶어 돈을 벌기 위해 경기도 부천에 소재한 재봉틀을 제작하는 작은 미싱 회사에 취업하셨다. 동네 사람의 소개를 통해 간 그곳 공장에서 기숙하며 일을 하셨다. 당시 급여는 한 달에 3천 원에서 4천 원 정도밖에 안 했지만, 적은 돈이라도 벌기 위해서는 일을 하실 수밖에 없었다. 하지만 일이 너무 힘들어 결국 2년 만에 낙향하셨다.

집에 돌아오니 할아버지는 아버지에게 갑자기 남의 집 머슴을 살라고 하셨다. 당시에는 계(契)를 많이 들었는데, 계를 들어야 한다는 것이 그 이유였다. 아버지는 어린 마음에, 그리고 할아버지가 하라고 하시니 외할머니 댁에 가서 1년간 머슴살이를 하셨다. 그렇게 1년을 마치고 집에 돌아왔는데, 할아버지는 또 머슴을 살라고 하셨다. 그래서 외할머니 댁과 같은 동네의 이웃집에 가서 1년을 더 머슴살이하셨는데, 이듬해에도 외할머니 댁에서 또 머슴을 살러 오라고 해서 또 다시 그곳에 가서 머슴을 사셨다. 그때도 아버지는 성실하셨던 것 같다. 그렇게 아버지는 총 3년을 머슴으로 지내셨다.

당시 세경(머슴에게 지급하는 1년 연봉)이 쌀 일곱 가마였는데, 아버지가 머슴을 산 덕분에 그 쌀로 계를 들어서 땅을 3마지기 정도 구입하고, 할아버지와 함께 집도 직접 지으셨다. 큰고모의 증언에 따르면, 할아버지는 아버지와 큰고모를 굉장히 구박하셨다는데, 아버지는 그러한 할아버지의 터무니없는 요구도 아무 말 없이 수용하시고 3년이라는 시간을 희생하신 것이었다. 지금 나이로 치자면 고등학생 정도밖에 되지 않았는데, 그 어린 나이에 어떻게 머슴으로 갈 생각을 하셨는지, 머슴을 살면서 얼마나 눈치 보며 사셨을지, 그리고 자기 삶 없이 희생만 하며 살아야 하는 아버지의 인생 등을 생각하니 마음이 먹먹해진다.

그 3년의 머슴 생활을 끝내고 아버지는 젊음을 즐기실 새도 없이 바로 군대에 입대하셨다. 73년도 9월 17일에 현역으로 논산 훈련소에 입소하여 전방(철원) 15사단으로 자대 배치를 받아 34개월을 군에서 보내셨다. 당시 군 생활이 매우 힘들었다고 하셨지만, 그래도 굶지는 않아서 다행이라고 하셨다.

아버지는 군 제대 후 집에 돌아왔지만, 아무것도 할 수 없이 그냥 집에 계실 수밖에 없었다. 할아버지와 할머니가 모두 편찮으셨는데, 할아버지도 할아버지셨지만, 할머니는 심각한 당뇨 합병증으로 간경화를 앓으셨고, 뼈만 앙상하게 남아 있는 상태였기 때문이다. 병원을 수소문해서 할머니를 서울에 모시고 가기도 했지만, 그때는 이미 늦은 상태라 의사는 몇 개월 살지 못한다고 하셨다. 심지어 주사를 놓아도 약이 전혀 들어가지 않을 정도로 매우 좋지 않은 상태인 데다, 그마저도 돈이 없으니 치료를 지속할 수 없는 상태인지라, 두 분을 돌보기 위해 아버지는 집에 계실 수밖에 없으셨던 것이다.

동생이 여섯이나 있었으니 어떻게든 살아야 해서 아버지는 다른 집 농사를 도우며, 바다에 나가 낙지도 잡으면서 생계를 유지하셨다. 그런데 할아버지는 그런 상황을 못 견디셨다. 할아버지의 형과 그 가족은 부유하게 사셨는데, 증조할아버지가 돌아가시면서 큰아들에게는 많은 재산을 물려주셨고, 작은아들인 할아버지에게는 아주 작은 밭 하나를 물려주셨다고 한다. 그런데 계약서로 작성한 것이 아니라 구두로 유산을 분배해서 그런지, 할아버지의 형과 그 가족은 할아버지의 그 작은 땅마저 뺏으려고 할아버지를 엄청 괴롭히셨다고 한다. 게다가 할머니는 오늘내일하셨으니…. 할아버지는 자신의 인생을 한탄하며 자살을 시도하셨는데, 아버지는 처음 두 번은 할아버지의 자살 시도를 직접 보시며 할아버지에게 애원하셨다고 한다. 제발 죽지 마시라고 말이다. 하지만 할아버지가 세 번째 자살을 시도하시던 날, 아버지는 더 이상 말리기를 포기하셨고, 결국 할아버지는 농약을 드시고 스스로 목숨을 끊으셨다. 5개월 뒤, 할머니마저 병환으로 돌아가셨다.

언젠가 아버지께 이렇게 물었다.

"아버지, 아버지는 살면서 언제가 가장 힘드셨어요?"

"음… 아버지와 어머니 돌아가셨을 때가 가장 힘들었어."

대부분의 사람들이 그렇겠지만, 가까운 사람을 떠나보내는 것은 너무나 고통스러운 경험이다. 게다가 아버지께는 이제 7남매의 가장이라는 현실도 무겁게 다가왔을 것이다. 당시 결혼도 하기 전이었고 연애하는 사람도 없었으니, 앞으로 감당해야 할 삶의 무게가 상당하지 않았을까. 그렇게 아버지는 부모 없는 고아가 되셨고, 7남매의 가장이 되셨다.

제육볶음

나는 제육볶음을 정말 좋아한다. 내 인생 최애 음식이라고 할 수 있을 정도다. 집에서도 아내에게 부탁해 자주 먹는 편이고, 어딘가에 초대를 받아 갈 때도 음식 가운데 제육볶음이 있으면 그렇게 좋을 수가 없다. 어느 날 문득 그런 생각이 들더라. '난 제육볶음을 왜 그렇게 좋아하지?' 사실 돼지고기 요리 중에서는 제육볶음만큼 가격이 저렴한 것도 없는데 말이다. 제육볶음을 할 때는 대개 돼지 뒷다리 살, 그나마 조금 더 돈을 들인다면 앞다리 살을 사용하는데, 다들 알다시피 그 부위가 제일 저렴하다. 그럼에도 나는 제육볶음이 그렇게 좋다. 소고기보다도 좋다.

할아버지는 엄청 가난하셨다. 심지어 아버지 결혼 전에 집안의 가난과 할머니의 병환 때문에 스트레스를 너무 받으셔서 51세의 나이에 스스로 목숨을 끊으셨다. 할머니는 당뇨 합병증으로 5개월 뒤에 돌아가셨고 말이다. 그렇게 아버지는 7남매의 장남으로 청년 가장이 되셨으니 그 뒤의 그림은 어떠할까…. 그런데 어머니는 그렇게 가난한 집으로 시집을 오셨다.

그런 상황이니 집안 형편이 어떠했겠는가. 우리 집은 내가 열두 살 때까지도 정말 가난했다. 아버지와 어머니는 일정한 소득이 없었고, 아버지는 심지어 도박까지 하셔서 형편이 늘 좋지 않았다. 그러니 고기를 먹는 일은 상상도 할 수 없었다. 명절 때나 되어야 소고깃국이 올라오는 정도, 그리고 동네잔치가 있을 때나 아주 가끔 먹는 정도였다. 뿐만 아니라 어머니는 가난 때문에 돌아가신 할머니의 속옷을 입기까지 하셨다.

하지만 아주 강렬하게 남는 기억이 하나 있는데, 그렇게 가난했어도 아주 가끔은 어머니께서 고기 요리, 즉 제육볶음을 해 주셨다는 것이다. 손잡이부터 몸통 전부가 검은색인 작은 웍(지금도 고향 집에 있다)에 고기를 넣고 간장과 고추장, 그리고 설탕을 넣어 볶아서 만드신 제육볶음이 얼마나 맛있었는지 모른다. 지금 생각해 보면 당시 가장 저렴하게 만들 수 있는 고기 요리여서 해 주셨겠지만, 나한테는 잊지 못할 음식이 되었다.

아버지는 내가 5학년인가 6학년이 되던 해 무렵 회사에 취직하셔서 세 회사를 거치셨다. 마지막에는 철강 회사의 생산직 노동자로 17년을 근무하시며 20년 가까이 성실하게 일하셨다. 그 덕에 가난은 면할 수 있었다. 물론 두 분은 지금도 생계를 위해 쉬지 않고 농사를 지으신다. 그래도 부모님께 집이 있고, 농사지으실 수 있는 터전이 있으니 감사할 따름이다. 나도 그래서 스물한 살 때부터 수많은 알바를 했다. 대학교에 입학한 후 초기 3년을 제외하고 나머지 학기에는 내가 벌어서 등록금과 생활비를 충당하기도 했다. 그럼에도 한 번도 가난하다는 생각을 해 보지 않은 것 같다. 가난하다고 느꼈던 것도 지금에서야 과거를 돌아보니 그랬다는 것뿐이다. 가난했지만 가난했다는 것을 느끼지 못하게 해 주셔서 부모님께 참 감사하다. 또한 가난했기 때문에 생활력이 강해져서 어떤 상황에서도 버틸 수 있는 지금의 내가 있는 것이기도 하니 그것 또한 감사하다.

지금 우리 가정도 그리 넉넉하지 않다. 사실 국가가 만들어 놓은 통계 기준에 따르면 하위 20%에 속하는 것 같다. 즉, 가난하다고 할 수 있다. 하지만 우리 아이들도 나중에 지금 이 시기를 추억하며 결핍을 안 느끼면 좋겠다. 주어진 상황에서 자족할 수 있는 아이들이 되기를 바랄 뿐이다. 내 바람일 뿐이겠지만 말이다. 부모님의 삶을 보며 내가 그렇게 느꼈다고 아이들도 그렇게 느낀다는 보장은 없으니까….

아버지의 결혼

현실은 아버지를 내버려 두지 않았다. 아버지는 상실을 애도할 시간도 없이 사셔야만 했다. 본인과 동생들의 생계가 자신에게 달려 있었으니 살 방도를 찾으셔야만 했다. 아버지는 땅을 임대해 감자도 심고 논농사도 하셨다. 하지만 현실은 나아질 리가 없었다. 게다가 이듬해에는 너무 가물어서 흉년까지 찾아왔다. 심지어 너무 가물어서 벼도 6월에 심으셨고, 그해 수확은 50%밖에 되지 않았다.

요즘 이런 상황에 처해 있는 남자라면, 결혼은 꿈도 꾸기 어려울 것이다. 물론 과거에도 그랬다. 아버지도 마찬가지였다. 결혼은 생각도 못 하고 계셨는데, 아버지의 집안 할머니가 중매를 서 주셨다. 본인의 조카(친조카는 아니지만 자신이 친오빠 이상으로 여겼던 분의 딸)인 어머니를 소개해 주셨다. 아버지는 당시 소개를 받았을 때 소개받은 그 여성에게 분명 장애가 있거나 어딘가 문제가 있을 거라고 생각하셨다고 한다. 그럼에도 만나야겠다고 마음을 먹으셨다니 참 신기하다. 당시 실제로도 어머니가 살고 있던 마을에 후천적으로 장애가 생긴 아가씨가 있었는데, 아버지는 그분이 본인의 맞선 상대인 줄 아셨다고 한다.

어머니는 중학생 때 집안에서 예수님을 처음으로 영접하고 신앙생활을 열심히 하셨다. 하루는 먼 거리에 있는 교회에서 열린 부흥회에 참석했다가 집에 늦게 들어오셨는데, 외할아버지에게 크게 혼이 나셨다. 그때 어머니는 부모님께 이렇게 이야기하셨다고 한다.

"나중에 아빠 엄마가 짝지어 주는 사람과 결혼할 테니 제가 신앙 생활 하는 것에 대해서는 아무 말씀 말아 주세요."

시간이 지나 고모에게서 아버지를 소개받으시고는 당신이 어떻게 그 집에 시집가서 부모 노릇을 할 수 있겠냐며 손사래를 치셨다. 어머니의 입장에서는 너무나도 당연한 상황이었다. 하지만 외할머니는 어머니를 설득하셨다.

"지인을 통해 그 사람을 알아보니 사람은 괜찮은 것 같더라. 그리고 네가 그 사람에게 시집을 안 가면 그 사람은 장가도 못 가고 홀아비가 될 텐데, 네가 그 사람에게 시집가면 처음에는 힘들겠지만 나중에는 꼭 복 받고 살 거야."

어머니는 결국 부모님과 한 약속 때문에 맞선에 응하셨다. 그날이 1978년 4월 6일이었다. 그리고 두 분은 40일 뒤인 5월 16일에 약혼을 하셨고, 5개월여 뒤인 11월 28일에 결혼을 하셨다. 결혼 전인 11월 3일(음력 10월 3일)은 할머니의 첫 기일이었는데, 어머니는 결혼도 하기 전이었음에도 불구하고 첫 기일을 위해 제사 음식 준비까지 하셨다. 물론 제사는 드리지 않으셨지만….

한편 외할머니는 무당이 굿을 할 때 옆에서 방울을 흔드시던 분이었는데, 어머니의 전도로 예수님을 영접하셨다. 그 후 외할머니도 신앙생활을 열심히 하셨고, 나중에는 외가 친척 모두가 예수님을 영접하게 되었다. 그러다 보니 외할머니는 아버지를 만난 자리에서 이렇게 말씀하셨다.

"자네, 내 딸과 결혼하려면 조건이 하나 있네. 다른 건 아니고…
예수를 믿어야 하네. 약속… 하겠나?"

아버지는 외할머니의 제안을 받아들이셨고, 그렇게 어머니와 결혼을 하셨다.

아버지의 방황

아버지에게도 방황의 시간은 있었다. 아버지는 결혼 직후부터 내가 열한 살, 열두 살 무렵일 때까지 노름을 하셨다. 노름만 하신 것이 아니라 술도 많이 드셨고, 가정을 잘 돌보지 않으셨다. 당연히 예수님을 믿겠다는 할머니와의 약속도 지키지 않으셨다.

하루는 늦은 밤, 부엌에서 달그락 소리가 계속 났다. 아버지는 노름하러 가셔서 집에 안 계셨고, 어머니와 동생, 그리고 나는 사랑방에서 불안감에 떨고 있었다. 당시 집은 한옥이었는데, 집 내부로 들어올 수 있는 문은 다섯 개였다. 대문, 집 외부로 통하는 안방 쪽문과 사랑방 쪽문, 대청마루와 외부를 연결하는 창, 그리고 부엌과 뒤란을 연결하던 쪽문. 대문이나 방에 있는 쪽문, 그리고 대청마루의 창 등은 그래도 잠금이 잘됐는데, 문제는 부엌과 뒤란을 연결하던 쪽문이었다. 나름 그곳을 잠근다고 했지만, 너무나 허술해 항상 불안해하던 참이었다. 또한 방에는 잠금장치 같은 것도 없었고, 문고리에 숟가락을 걸어 방문을 잠글 수 있을 뿐이었다. 이런 상황에서 부엌에서 계속 달그락 소리가 나니 얼마나 무서웠을까. 게다가 아버지가 계실 만한 곳에 전화를 했음에도 아버지에게 연락이 도무지 닿지 않아 불안감은 극을 향했다. 너무무서우니 부엌으로 가서 확인해 볼 엄두도 나지 않았다. 결국어머니는 당숙에게 전화를 하셨고, 당숙은 낫을 들고 우리 집으로 달려오셨다. 당숙은 바로 부엌으로 향하셨는데, 그곳에서 정신이 이상한 한 여성이 음식을 뒤져 먹고 있는 게 아닌가! 당숙은 그 여성을 쫓아내셨고, 우리는 그제야 방에서 나와 안도의 한숨을 쉬었다.

그뿐만이 아니다. 아버지가 술을 많이 드시고 집에 돌아오실 때면 아버지는 술주정을 그렇게나 많이 하셨다. 했던 이야기 또 하시고, 했던 이야기 또 하시고…. 당시에 나는 부모님과 한방에서 생활했기에 나와 동생은 그 자리를 피할 수가 없었다. 그래서 아버지의 인기척이 느껴지면 나와 동생은 이불을 덮어쓰고 귀를 막은 채 자는 척을 했다. 그렇게 아버지가 잠이 드실 때까지 불안에 떨며 밤을 보내곤 했다. 그래서 어렸을 때는 아버지가 싫었다. 아주 가끔 아버지와 씨름을 했던 것, 아버지가 자전거를 가르쳐 주셨던 것이 기억나기는 하지만, 아버지와 관련된 어릴 적 기억은 대부분 좋지 않은 것들이다. 어머니는 그때를 회상하며 이렇게 말씀하셨다.

"엄마는 아빠를 좋아해서 결혼한 게 아니야. 그런 데다 시집와서 보니 생각했던 것보다 훨씬 가난하고, 아빠는 속만 썩이더라고…. 아주 속이 터지더라. 처음에는 정도 없었어. 그러다 너도 생기고 3년쯤 돼서야 정붙이고 살았다. 그래도 너무 힘들어서 이혼하고 싶은 마음이 굴뚝 같았지만, 할머니와의 약속도 있고, 무엇보다 예수님 때문에 헤어지지 않고 살았던 것 같아. 그때는 너무 힘들었는데, 그 시기를 지나고서 지금은 감사하며 살고 있네."

지금 생각해 보면, 그때가 아버지 나이 20대 후반에서 30대 후반까지의 시기였는데, 태어나서부터 아버지 사랑도 받지 못했고, 가난한 집에서 태어나 하고 싶은 것도 하지 못하며 살았던 한 청년이 그런 시기를 보냈다는 게 한편으로 이해되기도 한다. 아버지의 사랑을 받은 적이 없었기에 아버지로서 어떻게 살아야 할지도 모르셨을 것이고, 삶의 무게가 상당하니 술과 도박으로 도피하고 싶은 마음도 있지 않았을까….

아버지의 회심(?)

아버지는 결혼 후에 달래 농사, 담뱃잎 농사 등을 하셨고, 배추 농사를 지으시고는 7년간 도시로 직접 팔러 다니기도 하셨다. 그 외에도 틈틈이 바다에 나가 낙지를 잡아 간신히 생계를 유지하셨는데, 너무나 힘드셨다고 한다. 아버지와 어머니는 배추를 도시로 팔러 다니시던 때를 이야기하시며 당시의 설움을 토로하기도 하셨다.

"달래, 감자, 배추 농사지어서 청량리, 가락동 시장에 직접 싣고 가서 판매했어. 배추 같은 경우는 송림동 이모할머니 댁에 차로 싣고 가서 한 7년 정도 소매했고. 그때 당시는 김장을 많이 했잖아. 처음에는 적게 하면 30포기, 50포기고 대개는 70포기, 100포기 했으니까. 그런데 해가 갈수록 김장 양이 줄더라고."

"7년째 되던 해였어. 어떤 아줌마가 카트를 끌고 와서 배추를 다섯 포기 사더니 그것을 5층까지 배달해 달라는 거야. 그런데 그 소리 듣고 그 일을 그만둬야겠다고 마음먹었어. 그때는 엘리베이터도 없었고, 다섯 포기면 충분히 자기가 갖고 갈 수 있잖아? 그런데도 배달을 해 달라고 하니 얼마나 어이가 없던지! 그 다섯 포기 배달하고 나오면서 엄청 울었어. 세상에나 어떤 사람은 이 다섯 포기도 직접 가져가지 않고 갖다 달라고 하는 반면, 나는 5층까지 배달하면서까지 이렇게 고생하고 살아야 하나 싶은 생각이 들어서 마음이 우울해지더라고. 그래서 그 뒤부터는 직거래를 안 하고 장사꾼한테 넘겼어."

그 뒤로도 형편은 썩 나아지지 않았다. 정확히 언제인지 기억이 나지는 않지만, 내가 11살인가 12살 즈음 아버지는 갑자기 노름을 끊으셨다. 그러시고는 갑자기 회사에 취직을 하셨다. 당시 생계유지를 위해 했던 일로는 돈도 벌 수 없고, 커 가는 자식들 먹여 살리기도 쉽지 않았기 때문이다.

아버지는 처음에 막노동을 하셨다. 동네에 있는 어르신들이 함께 막노동 일을 하자고 해서 시작하게 되셨다. 대산에 있는 OO건설 현장으로 일을 다니셨는데, 당시는 故 정주영 회장이 대선에 출마했던 해였다. 막노동 현장에서 한 달 정도 일하셨을 즈음 집안 형님의 소개로 아버지는 그 회사의 양수장 경비 면접을 보게 되셨다. 그리고 그 자리에서 아버지는 술 잘 먹게 생겼다는 이유만으로 OO석유화학에 취업이 되셨다. 심지어 정규직 직원으로 채용되셨다. 지금이라면 말도 안 되는 일이지만, 당시에는 그런 일이 비일비재했다고 한다. 아버지가 양수장 경비 일을 하실 때 명절이 되어 방문하셨던 큰고모부, 삼촌과 함께 그곳에 가서 1박을 했던 기억이 난다.

하지만 2년여 뒤 경비 업무가 용역업체로 이관이 되었고, 아버지의 신분도 정규직 직원에서 용역업체 소속으로 바뀌었다. 그렇게 되니 당연히 월급도 줄었고, 일의 강도도 세졌다.

경비 업무 초기에는 회사 통근 버스를 이용해 당진에서 대산까지 이동하셨지만, 나중에는 왕복 두 시간이 넘는 거리를 오토바이로 출퇴근하셨다. 그럼에도 아버지는 성실하게 그 자리를 지키셨다.

어느 날, 어머니는 교회에 갔다가 동네에 이사 오신 지 얼마 안 된 분과 대화를 하게 되셨다. 그분의 남편은 동네 근처에 생긴 지 얼마 안 된 철강 회사의 부장이셨는데, 그분과 이런저런 대화를 하다가 어머니께서 아버지 이야기를 하셨다.

"남편이 지금 대산으로 오토바이 타고 출퇴근하고 있어요. 오토바이 타고 다니는 것이 위험해서 늘 걱정이 되네요. 게다가 정규직으로 근무하다가 용역업체 직원이 되면서 힘들어하는 것 같아 너무 안쓰러워요."

그분은 그 말씀을 듣자마자 자기 남편에게 말해 보겠다고 말씀하셨고, 어머니는 바로 다음 날 아버지 이력서를 제출하라는 연락을 받았다. 아버지는 급하게 이력서를 작성해 제출하셨고, 놀랍게도 아버지는 그곳에 채용이 되셨다. 심지어 아버지는 그 회사에서 굉장히 중요한 역할, 즉 철강 회사로 들어오는 철 등급을 매기는 '검수자'로 취직이 되셨다. 정말 생각지도 못했던 때에, 생각지도 못한 방식으로 아버지는 그곳에 취직을 하시게 되었고, 17년간 근속을 하셨다. 중간에 의

도치 않았던 불미스러운 일로 '검수'에서 '생산직'으로 업무가 변경되기는 하셨지만, 쇳가루가 날리고 굉음이 가득한 그곳에서 한 번의 무단결근 없이 근속하시고서 2009년 퇴직하셨다. 그 덕분에 우리 집은 과거의 혹독했던 가난에서 벗어날 수 있었다.

* * *

아버지가 보여 주신 길, 따라가고 있는 아들

혼자서는 못 사는 거야

아버지에게는 집안에 형님이 한 분 계신다. 지금은 돌아가시고 안 계시는데, 그 형님은 생전에 염전을 운영하셨었고, 결혼식장도 운영하시는 등 꽤 잘사셨다. 그 형님은 아버지가 성실하게 사시는 모습을 지켜보셨고, 무엇보다 살기 어려운 김 서방네(아버지)에 시집을 온 어머니를 안쓰러워하면서도 좋게 생각하셨다.

아버지가 결혼하고 나서 몇 년 지나지 않아 먹고살기 힘들어 다른 사람 논을 빌려 농사를 지을 때였다. 논에 씨를 뿌려 못자리를 만들어 모를 심을 때였는데, 집안 형님 댁에서 사초를 하고 있었고, 아버지는 집안 형님 일이니 못자리를 만들다 말고 그 일을 도우러 가셨다. 평소에도 아버지를 좋게 보셨던 그 형님은 그 모습을 보며 고마워하셨다.

　나중에 시간이 꽤 지난 어느 날, 그 형님은 아버지에게 서류를 하나 내미시며 이 서류를 작성해 인감을 떼서 함께 가지고 오라고 하셨다. 내용을 알고 보니 당시 한 철강 회사(나중에 아버지는 이 회사에 취직을 하시게 된다)가 그 형님이 운영하던 염전을 포함하여 그 일대를 매입해 공장을 짓기로 했는데, 그 회사에서 염전 직원들에게도 보상을 해주기로 했고, 그 형님은 아버지에게 도움을 주고 싶어 보상을 받을 수 있도록 조치해 주신 것이었다. 당시 아버지와 어머니는 동생들 가르치고 먹이느라 생긴 빚 때문에 힘들었는데, 그 형님의 도움으로 당시 돈 130만 원을 보상받아 빚도 어느 정도 갚을 수 있었고, 숨통이 트여 살아갈 동력을 얻으실 수 있었다.

　그 이후로도 형님은 아버지에게 이런저런 도움을 주셨다. 아버지는 장남으로서 동생들을 모두 시집 장가 보내셨는데, 결혼식장을 직접 운영하셨던 형님께서 그 결혼식장에서 결혼을 하게끔 해 결혼식장 비용도 많이 들지 않게 해 주셨고, 둘째 작은아버지 결혼식 때에는 지역 국회의원이 주례를 서도록 주선까지 해 주셨다. 나도 둘째 작은아버지 결혼식 때 지역 국회의원이 주례를 서 주셨던 게 기억난다. 그런데 그 형님의 직접적인 도움으로 아버지는 큰 덕을 봤지만, 무엇보다 아버지가 얻은 가장 큰 소득은 이것이었다.

"그 형님과의 일을 통해서 무슨 생각이 들었냐면, 인덕이 아니고 그만큼 신임을 얻었다는 자신감을 얻게 됐어. 혼자는 못 사는 거야. 남이 도와줘서 살게 된 거지."

아버지와 단둘이 여행을 다녀온 적이 있는데, 그때 나는 아버지의 전체 인생 여정을 듣게 되었다. 아버지의 인생 여정을 들으며 느끼게 된 것은 그 형님뿐만 아니라 아버지 주변에는 좋은 분들이 참 많이 있었다는 점이다. 물론 스물일곱 살의 나이에 청년 가장이 되어 사시느라 정말 힘드셨겠지만, 아버지는 고비마다 도움을 주신 분들 덕분에 위기를 넘기며 지금까지 살아오실 수 있었다.

그래서인지 아버지와 어머니는 다른 분들의 도움으로 살아온 것을 지금도 기억하며 감사하고 있고, 없는 사람의 마음을 공감하시며 도움이 필요한 사람을 보게 되면 그때의 기억을 떠올리며 나누려고 하신다. 나는 그 모습을 보며 두 분께 감사해하고 있다. 그 은혜를 잊고서 우리 가족만을 위해서 사셔도 누가 뭐라 하지 않을 텐데, 이웃과 더불어 살기 위해 나누시는 모습이 내게도 귀감이 되고 있다. 나 또한 그러한 아버지의 모습을 보고 자라서인지 나누며 살려고 애쓰고 있다.

속지도 말고 속이지도 말자
사람들은 아버지를 보며 법 없이도 살 사람이라고 한다.

물론 아버지가 완벽해서가 아니다. 아버지도 사람이기에 부족한 부분이 있고, 살아오면서 알게 모르게 잘못을 저지르기도 하셨다. 그럼에도 아버지는 항상 정직하게 살려고 애쓰셨다.

아버지는 철강 회사에 취직해서 검수하는 일을 하실 때 많은 유혹을 받으셨다. 당연한 일이었다. 예를 들어, 아버지는 회사에 들어오는 고철의 등급을 매기셨는데, 아버지가 매기는 등급에 따라 한 차에 몇십만 원이 왔다 갔다 했다. 그래서 고철 검수를 꼼꼼히 하지 않고 좋은 물건이 아니어도 눈 감고 넘어가 주는 대가로 뇌물을 주려는 사람이 굉장히 많았다. 하지만 아버지는 그 어떤 뒷돈도 받지 않으셨다. 그리고 들어오는 고철을 꼼꼼히 검수해서 기준에 통과하지 못하면 되돌려 보내기까지 하셨다. 아버지는 본인의 이익을 구한 것이 아니라 회사의 이익을 위해 성실하게 그 일을 하셨다. 그 일을 성실히 하기 위해 이곳저곳을 다니시며 연수도 받으셨다.

퇴직하시고 8년 동안 이장 일을 하실 때에도 아버지에게는 많은 유혹이 있었다. 시골 마을 이장에게는 큰 권한이 있다. 예를 들어, 어떤 기업이나 회사가 그 마을에서 어떤 사업을 시행하려고 하면 이장의 도장에 따라 사업이 진행되기도 하고, 사업이 막히기도 한다. 그러니 해당 기업이나 회사는 이장을 매수해서 자기 사업을 진행하려고 뇌물을 제공하려고 한다. 또는 이장이 그 사업을 통해 발생하는 이득을 취하게 하기도 한다. 아버지가 8년 이장을 하시는 동안 함께 일했던 다른 동네 이장 몇 분이 이권에 개입한 일로 불명예스럽게 그만두거나 심지어 구속되는 일까지도 있었다. 그런데 아버지는 8년간 이장을 맡아 하시면서 그 어떤 뇌물도 받지 않으셨다. 뇌물을 제공하려는 개인이나 업체가 많았지만, 아버지는 그 모든 뇌물을 거절하셨다. 그리고 모든 일을 투명하고 공정하게 진행하려고 애쓰셨다. 그 덕분인지 아버지는 마을 주민들의 권유로 이장을 맡은 이후 두 번의 재신임을 받아 3년, 3년, 2년, 이렇게 8년 동안 이장을 맡아 봉사하시고 명예롭게 그만두셨다.

하지만 아버지에게도 뼈아픈 일이 있었다. 검수 일을 하실 때였다. 회사에서 체육대회를 하는데, 아버지는 고철을 납품하는 업체가 체육대회 때 쓰라며 주는 30만 원을 받으셨다. 물론 그것도 본인이 직접 받으신 것은 아니고, 본인 밑에 있는 직원이 받은 것을 건네받으셨다. 아버지는 체육대회에서 다른 직원들과 함께 회식 때 쓰려고 하셨다고 한다. 그런데 어떤 이유 때문인지 모르겠지만, 나중에 그 돈을 건네준 직원이 아버지를 신고했고, 아버지는 그 일로 회사에서 그만둘 뻔하셨다. 하지만 아버지는 사장님과의 면담에서 그 상황을 정직하게 이야기하셨고, 자기가 책임질 일이 있으면 책임지겠다고 말씀하셨다. 그럼에도 평소 아버지가 어떻게 일하셨는지를 보셨던 사장님의 제안에 따라 아버지는 생산직으로 업무를 변경하신 후 맡은 일을 성실하게 감당해 나가셨다.

또 한번은 내가 결혼한 지 1년도 안 된 때 일어난 일인데, 이것 또한 아버지의 의사와 상관없이 일어난 일이다. 내가 결혼했을 당시 장인어른과 장모님은 어떤 사업을 하고 계셨다. 어머니와 나는 두 분이 사업하시는 것을 보며 사업도 돕고 그 수익으로 생계유지도 할 겸해서 그 사업에 출자(出資)하기로 결정했다. 물론 나와 어머니에게는 자본이 없었기에 아버지를 설득했다. 하지만 아버지는 출자하는 것에 반대 의사를 피력하셨다. 그때 이 말씀을 하셨다.

"속지도 말고 속이지도 말아라. 그리고 많은 수익을 준다는 것은 사기일 가능성이 많으니 정직하게 일해서 벌어라."

아버지는 이 말씀이 할아버지가 생전에 남긴 유언과 같은 말씀이라고 하셨다. 아버지는 이 말씀을 좌우명처럼 붙들고 사신 듯했다. 하지만 나와 어머니는 아버지의 반대를 무릅쓰고 아버지의 퇴직금 중 일부를 출자했다. 분명히 좋은 결과가 있을 것이라는 큰 기대와 함께….

몇 개월이 지나고서 나와 어머니의 마음은 욕심이었던 것으로 드러났고 아버지의 말씀이 옳았다는 것이 증명되었다. 그 사업은 당시 대한민국 전체를 들썩이게 했던 다단계 사기였다. 그 사업으로 아버지는 마음의 큰 상처를 입으셨다. 그때 아버지께 얼마나 죄송했는지 모른다. 아버지가 쇳가루를 마시면서, 귀가 먹을 정도의 굉음을 들으시면서 버신 돈의 일부를 우리의 욕심 때문에 날렸으니 말이다. 하지만 시간이 지나면서 아버지는 마음을 누그러뜨리셨다. 장인어른과 장모님도 사기를 치려는 의도가 전혀 없었고 오히려 서로 잘살아 보자고 하신 것이었기에, 아버지는 시간이 지나면서 그 마음을 헤아려 주셨다. 과거는 과거이니 앞으로 잘 지내자고 하시며 그 사건을 잊어 주셨다.

그 뒤로 아버지의 그 말씀이 계속 귀에 남는다. 사실 당시 나도 그 사업에 투자하는 것이 꺼림칙하기는 했었다. 하지만 당시 전도사로서 받는 사례도 적었고, 아내와 머지않아 태어날 첫째를 부양해야 할 부담이 있어 생계를 위해 과감히 투자했던 것이다. 지금 돌아보면 아버지의 입술을 통해 하나님께서 내 욕심을 보게 하신 것이 아닐까 싶기도 하다.

아버지가 싫었다

어릴 때는 아버지가 싫었다. 술을 드시면 술주정을 하시며 어머니와 동생, 그리고 나를 괴롭히셨고, 때로는 물건을 집어 던지기도 하셨다. 또한 노름을 하신다고 집에도 잘 안 들어오시는 등 가정을 돌보지 않으셨다. 아버지의 그런 모습을 보며 어린 마음에 이런 생각까지도 했다.

'나는 크면 절대로 술, 담배, 도박은 안 할 거야!'

나는 부천에 있는 고등학교에 진학했다. 국민학교, 중학교 때 공부를 제법 잘해서 주변에서는 도시에 있는 고등학교로 진학하라고 많이들 권유했다. 내가 다녔던 중학교에서는 매년 타 지역으로 고등학교 진학을 시키려고 했기에, 결국 나도 부천으로 진학해서 타향살이를 하게 되었다. 고등학교 3년 동안 첫 1년은 인천 외삼촌 댁에서, 다음 2년은 큰고모 댁에서 학교를 다녔다. 외삼촌, 외숙모, 큰고모는 내게 정말 잘해 주셨다. 심지어 매일 아침 도시락을 두 개씩이나 챙겨 보내 주셨다. 그런데도 내 상황에서는 부모님 품이 아니다 보니 어려움이 있을 수밖에 없었다.

대학을 서울로 진학하고 나서부터는 완전히 독립해 살았다. 대학교 앞에서 하숙을 하고, 하숙비 아낀다고 선후배 집에서 얹혀살기도 했다. 알바 하던 당구장 쪽방에서 몇 개월을 살기도 했고, 여관에서도 3개월, 친구가 사는 고시원에 얹혀서 2개월을 살기도 했다. 그 이후에는 돈을 벌면서 자취방을 구해 살았다. 그렇게 20살부터 27살까지는 누구의 간섭도 받지 않고 제멋대로의 삶을 살았다.

그런 시간들을 보내면서, 어릴 때 아버지를 보며 다짐했던 것을 잊고 살았다. 절대로 술, 담배, 도박을 안 할 것이라 다짐했지만, 8년간의 내 생활은 술, 담배, 도박을 빼고 설명하

기 어려웠다. 대학에 입학하자마자 술을 배웠고, 그 이듬해에
는 여사친(여자 사람 친구)에게 담배를 배웠다. 무엇보다 대학에
입학한 지 4년째 되던 해에 시작했던 일이 술을 파는 일이었
기에 거의 매일 술을 마시다시피 했고, 그 일을 하면서 스트
레스를 많이 받아 내내 줄담배를 폈다. 게다가 고스톱, 세븐
포커, 하이로우, 내기 당구, 스크린 경마 등 다양한 도박을 하
며 스트레스를 풀곤 했다.

또한 술을 파는 일을 했기 때문에 내가 상대했던 사람들은
전부 술을 마시려고 나를 찾아왔다. 그런데 그분들 중에는 정
말 술을 마시고 싶어 온 사람도 있었지만, 술을 마시고 싶지
않아도 회사 일 등 여러 불가피한 이유로 온 사람도 있었다.
그 과정을 통해서 사람들이 왜 술을 마시는지, 왜 담배를 피
는지, 왜 도박을 하는지 조금은 이해할 수 있게 되었고, 성인
남자로서 살아가는 것이 어떤 것인지 조금씩 알아 가게 되었
다. 그러다 문득 아버지 생각이 났다.

'아버지도 젊으실 때였으니 혈기가 왕성하셨겠구나. 결혼을 하
고 자식을 낳기는 했지만, 아버지도 어떻게 살아가야 할지 모르
셨겠구나. 그리고 당신을 지켜봐 줄 사람이 없으니 스스로도 막
막하셨을 것 같고⋯. 그러니 술을 마시고 도박도 하고 현실의 고
됨을 잊으려 하셨을지도 모르겠다.'

나는 성인으로서 독립해 살아가면서 서서히 아버지를 이해하고 있었다.

아버지, 저도 차 사 주세요!

나는 살면서 부모님께 한 번도 반항한 적이 없다. 믿기 어려울 수 있지만, 나는 어렸을 때도 필요한 것을 사 달라고 떼를 써 본 적도 없다. 어머니는 나 때문에 속 썩은 적이 한 번도 없다고 말씀하신다. 하지만 딱 한 번 후회스럽고 죄송했던 일이 있다.

나는 신학대학교를 가고 싶었다. 하지만 아버지와 고3 때 나를 데리고 사시던 고모와 담임 선생님의 반대로 신학대학교 진학을 포기하고서, 일반대학교에서 영어영문학을 전공한 후에 신학대학원에 입학하기로 계획을 변경했다. 하지만 입학한 지 3개월 만에 목회자가 되겠다는 꿈을 접었고, 심지어 신앙생활 자체를 하지 않았다.

꿈이 사라지니 공부하는 게 너무 싫었다. 게다가 영어를 좋아해서 영어영문학과를 선택한 것이 아니라 신학대학원 진학을 위해 영어를 배우겠다고 그 학과를 선택했기에, 영어는 거들떠보기도 싫었다. 그래서 1학년 2학기부터는 들어야 하는 수업도 중간에 드롭(취소)을 해서 학점도 못 채웠고, 아예 공부를 포기하다시피 하고서 돈을 벌기로 마음먹었다. 그래서 2학년 1학기 때 당구장 알바를 시작했다.

그리고 2학년 2학기 때 휴학을 결정하고 본격적으로 돈을 벌기로 했다. 6개월 뒤에는 동생이 대학교에 입학해야 했기에 아버지가 둘 모두 대학에 보내는 건 힘들겠다고 판단했기 때문이다. 장남으로서 당연히 그래야 한다고 생각했다. 그 뒤로는 휴학과 복학을 반복하는 사이 내가 돈을 벌어 생활비를 조달했고, 입학한 지 3년 뒤부터는 내가 돈을 벌어 생활비뿐만 아니라 졸업할 때까지 등록금도 직접 해결했다. 가능한 부모님께 손 벌리지 않고 나 스스로 모든 것을 해결하며 살았다.

한편 동생은 대전에 있는 2년제 대학교에 입학했다. 동생은 1년간 알바를 하며 일부 생활비를 벌긴 했지만, 부모님의 도움으로 큰 어려움 없이 대학교를 다녔다. 대학교를 졸업한 후에는 고향 집으로 돌아와 농협 계약직으로 취직을 했다. 동생은 버스로 출퇴근을 해야 했는데, 문제는 시골이라 버스가 30분마다 한 대씩 왔다는 점이다. 아버지는 고민하시다가 동생 출퇴근용 겸 집에서 사용하실 목적으로 결국 동생에게 아반떼 XD를 사 주셨다. 그때가 2002년 9월이었다.

당시 나는 시청역 근처에서 일했는데, 오후 4-5시쯤 출근해서 새벽 4-5시에 퇴근했다. 당시 하던 일의 특성상 염리동에서 시청역까지 택시로 출퇴근했다. 사실 마음만 먹으면 시간이 들더라도 대중교통으로 출퇴근할 수 있었는데, 대중교통을 이용하는 것이 귀찮기도 하고, 대중교통에서 버리는(?)

시간이 아깝기도 하고, 돈을 꽤 벌 때이기도 해서 주로 택시를 이용했다. 그러다 보니 한 달에 택시비로만 30만 원이 넘게 들었다.

그러던 어느 날, 그런 방식으로 살아가던 시간이 길어지다 보니 돈도 아까웠고, 나와 같은 일을 하던 동료들이 좋은 차 타는 것을 보면서 차 없는 내 신세가 조금 처량해졌다. 외제 차를 타는 동료들이 부러웠던 것이다. 마침 당시 여자 친구가 내게 바람을 넣었다.

"아니, 아버님이 네 동생은 차를 사 주셨는데, 너는 왜 안 사 주시는 거야?"

여자 친구의 말이 나를 자극했고, 갑자기 부모님이 원망스러워졌다.

'그러게. 난 아빠와 동생을 위한다고 학교도 휴학하고(정작 공부하기 싫어서 그런 것이었지만), 이렇게 힘들게 돈을 벌고 있는데, 왜 아빠는 동생만 차를 사 주시고 나한테는 안 사 주시는 거지?!'

시간이 갈수록 원망은 계속 쌓였다. 결국 나는 고향 집에 내려갔다. 그러고는 태어나서 처음으로 부모님께 큰 소리로 따졌다.

"아빠! 엄마! 정말 너무하신 거 아니에요? 동생에게는 차를 사 주시면서 왜 저한테는 안 사 주시는 거예요?! 저도 차가 필요하다고요! 차 사 주세요! 안 사 주시면 평생 원망할 거예요!"

부모님은 당황해하시며, 또한 미안해하셨다. 두 분은 내게 차를 사 주기 싫어서 안 사 주시는 것이 아니라 형편이 안 돼서 못 사 주시는 것이라고 말씀하시며, 나중에 꼭 사 주시겠다고 하시며 나를 달래셨다. 그 말씀이 내 귀에 들릴 리 만무했다. 나는 더욱더 큰소리로 부모님께 따졌다. 그렇게 부모님께 화를 내고 그 자리를 박차고 나와 서울로 돌아왔다.

생각해 보면, 당시 차를 사 달라는 내 요구는 지나친 욕심이었다. 당시 거의 매일 술을 먹었기에 차를 타고 출퇴근할 수도 없었을 것이고, 자취를 하고 있었기에 차를 세워 둘 공간도 없었다. 차량을 유지할 능력이 될는지도 미지수였다. 그럼에도 불구하고 주변과 비교하면서 내 마음속에 시기와 탐욕이 자라기 시작했던 것이다.

나중에 회심하고 나서, 그때 그렇게 부모님께 떼를 쓰고 화를 냈던 것이 얼마나 죄송했는지 모른다. 아버지는 떼를 쓰는 아들을 보며 얼마나 마음이 안쓰러우셨을까. 사 주고 싶어도 사 주지 못하는 아버지의 마음은 오죽하셨을까…. 그 뒤로 두 분, 특히 아버지께 몇 번이나 그때의 일에 대해 용서를 구했다. 아버지는 괜찮다고 하셨지만, 내게는 지금까지도 죄송한 마음이 남아 있다.

목회자가 되면 속 썩이지는 않겠지

나는 고3 여름방학 때 수련회에 갔다가 소위 은혜를 받고
서 목회자가 되겠다고 서원했다. 그리고 감사하게도 수능에
서 좋은 성적이 나왔다. 이제 계획했던 대로 신학대학교에 지
원하면 되겠다고 생각했다. 하지만 아버지와 당시 나를 데리
고 사시던 큰고모가 크게 반대하셨다. 당시에는 왜 반대하시
는지 전혀 이해할 수 없었다. 그런데 시간이 지나고서 생각해
보니 아버지와 큰고모 입장에서는 충분히 그러실 수 있겠다
싶었다. 아버지는 중학교를 중퇴하셨고, 집안의 장손인 내가
집안에서 처음으로 대학을 가다 보니, 게다가 공부를 조금 하
는 편이다 보니, 부모님도 친척들도 나에게 거는 기대가 있었
던 것이다. 더불어 담임 선생님도 학생을 어느 대학교에 보내
느냐가 학교의 명예와도 연결되어 있었기에 신학대학교에 원
서를 써 주지 않으셨다. 그래서 나는 서강대학교 문학부로 진
학했다. 대학교 졸업 후 신학대학원에 진학하겠다는 계획으
로 말이다. 그러나 나는 대학교에 입학한 지 불과 3개월 만에
목회자가 되려는 꿈을 접었다. 그러고는 공부와 담을 쌓고 살
았다.

1학년 2학기 때였다. 졸업을 위해서는 144학점이 필요했
기에 한 학기에는 적어도 18학점을 들어야 했다. 그리고 해

당 학기에는 교양 필수 수업으로 독후감을 써야 하는 '작문과 독해' 수업을 수강해야 했는데, 그 수업이 너무 싫어 중도 포기를 했다. 거기에 더하여 다른 한 과목도 너무 듣기 싫어서 18학점이 아닌 12학점(4과목)만 들었다. 공부해야 할 분량이 상대적으로 적었으니 성적이 잘 나왔어야 했는데, 그렇지도 못했다.

중간고사를 보고 나서 성적표가 나왔는데, 한 과목은 C+(2.3점), 한 과목은 C-(1.7점), 한 과목은 D0(1점), 그리고 또 한 과목은 F(0점)를 맞았다. 전체 평점은 1점이었고, 학사 경고에 해당하는 성적이었다. 기말 때는 1.48점으로 조금 나아지기는 했지만, 역시나 학사 경고를 받았다.

문제는 성적표가 고향 집으로 갔다는 점이다. 당시 학교에서는 성적표를 집으로 보냈다. 고향 집으로 성적표가 가지 않도록 중간에 나름대로 방도를 찾아보았지만, 결국 수포로 돌아가고 성적표는 아버지 품에 들어갔다. 부모님께 혼날까 봐 걱정스러웠다. 하지만 두 분은 아무 말씀도 하지 않으셨다.

방학이 되어 고향 집에 갔다. 아버지는 나를 보시고는 조용히 안으셨다. 아버지는 평소 스킨십을 잘하시는 편이 아니었다. 그래서 나는 그런 아버지를 보면서 조금 놀랐다. 그런데 잠시 후, 나는 더욱 놀랐다. 아버지가 흐느끼시는 것이 아닌가! 생각지 못한 아버지의 반응에 나는 어찌할 줄을 몰랐다. 나는 그 순간을 모면하기 위해, 아버지께 실망시켜 드려

죄송하다고 말씀드렸을 뿐이다. 물론 당시에는 말로만 죄송하다고 했을 뿐 마음으로는 그렇지 않았고, 한참 지나고서 아버지가 어떤 마음이셨을지 헤아렸을 뿐이다.

나는 아버지의 그런 모습을 보고도 정신을 못 차렸다. 아마 다른 사람이라면 공부하는 척이라도 했을 텐데, 나는 대학교를 졸업할 때까지 공부를 멀리했다. 8학기에 한 학기를 더해서 9학기를 다니는 동안 한 번도 평점 3점을 넘지 못했고, 심지어는 졸업도 못 할 뻔했다. 하지만 나름대로는 돈을 벌어 스스로 등록금을 내면서 학교를 다닌다고 합리화를 했다. 부모님이 원하시는 것은 그것이 아니었겠지만 말이다. 게다가 대학교에 다니는 동안 두 분이 서울에 못 올라오시게 했고, 내가 사는 모습을 철저히 숨겼다.

그러나 감사하게도 졸업을 앞두고는 당시 하던 일을 그만두어야겠다고 생각했다. 그리고 2006년 2월에 극적인 회심을 경험했다. 그러고 다시 신앙생활을 하면서 사돈 누나와 사업을 하게 되었는데, 고3 여름방학 때 소위 은혜를 받아 목회자가 되겠다고 생각했던 것이 계속 마음에 걸리는 게 아닌가. 그래서 작정 기도를 시작했고, 결국 나는 목회자가 되겠다고 마음을 다잡았다. 목회자가 되겠다고 마음을 먹고 나니 아버지가 마음에 걸렸다. 아들에게 기대하셨을 텐데, 그래서 신학대학교에 가겠다고 했을 때 반대하신 것을 알고 있는데, 그럼에도 나를 부르시는 하나님의 부르심이 확실하다고 생각했기에 아버지께 목회하고 싶다고 말씀을 드렸다. 그때 아버지는 이렇게 말씀하셨다.

"그래, 알았다. 목회자가 되면 속 썩이지는 않겠지."

아버지는 그 8년이라는 시간 동안 당신 친구들과 지인들의 자녀 소식을 많이 들으셨던 것 같다. 특히나 좋은 소식이 아닌, 속 썩이는 자녀들 때문에 고생하고 있는 지인들의 소식을 말이다. 게다가 아버지는 내가 20대의 삶을 어떻게 살았을지 대략 눈치채고 계신 것 같았다. 그래서 아버지가 목회자가 되려는 나의 길을 허락해 주신 것 같다. 그 뒤로 아버지는 지금까지 내가 가는 길을 묵묵히 지켜봐 주시고 응원해 주고 계신다.

아버지와 아버지

나는 2007년 10월에 결혼했다. 그런데 신혼여행에 가서 첫째가 생기는 바람에, 나는 아빠가 될 준비를 할 겨를도 없이 아빠가 되었다. 첫째가 태어나고서도 내가 하는 일은 별로 없었다. 당시 신학대학원에 다니면서 교회 사역까지 하느라, 심지어 새벽 차량 운행 포함 교회의 모든 차량 운행을 병행했기에 첫째를 돌볼 여력이 없었다. 그렇게 바쁘게 살아가던 도중 둘째도 찾아왔다. 첫째도 키우기 버거웠는데 둘째까지 생기니 뭐가 뭔지 정말 몰랐다. 아빠가 되는 것을 배우지도 못하고, 들어보지도 못했으니 무엇을 알았겠는가.

2011년 4월, 둘째가 돌이 막 지났을 무렵 전남 고흥으로 첫 목회를 나갔다. 전남 고흥은 연고가 없는 지역이었고, 심지어 내가 이사 간 마을은 편의점도 없는 시골이었다. 그러다 보니 만날 사람도 거의 없었고, 마을에서 자리를 잡아야 하니 오롯이 마을에서 시간을 많이 보냈다. 자연스럽게 아이들과 함께하는 시간이 늘었다.

덕분에 첫째를 등하원시키고(어린이집 차가 오는 곳까지 바래다주었다가 하원 때 데리고 오거나) 아이들과 함께 노는 등 아이들과 함께하는 시간이 늘면서, 아빠가 되는 것이 어떤 의미인지는 잘 몰라도 점점 아빠가 되는 것 같다는 느낌은 들었다. 그럼에도 기능적인 역할을 하는 것일 뿐, 아빠로서 어떤 마음의 자세를 가지고서 아이들을 키워야 하는지는 전혀 몰랐다.

고흥에서 1년 반 목회를 하고서, 이천으로 임지를 옮긴 후에 셋째가 태어났다. 첫째와 둘째를 키웠으니 셋째는 좀 수월할 줄 알았는데, 그것은 오산이었다. 셋째는 셋째대로 양육하기가 쉽지 않았고, 셋을 양육하는 것은 차원이 달랐다. 일 더하기 일 더하기 일은 삼이 되어야 할 것 같지만, 삼이 아니라 그 이상이었다. 게다가 아내와 내가 한 명씩 맡아도 한 명이 남았기에 어려움은 더욱 크게 느껴졌다. 그래도 '아이들이 크면 조금 나아지겠지'라는 희망으로 하루하루 버텼다.

하지만 아이들이 크면 크는 대로 문제는 발생했다. 첫째는 유치원에, 둘째는 어린이집에 맡기고, 셋째는 집에서 양육할 때였는데, 등원 시간이 전부 달라 아내는 아침부터 정신없이 분주했다. 나는 나대로 일을 해야 했기에 밤늦게 자는 경우가 많았고, 그러다 보니 아침에는 늦게까지 자거나 아내가 하라는 대로 하는 것이 대부분이었다. 나름대로는 이런 아빠가 되어야겠다는 환상을 가지고 있었지만, 닥친 일을 해결하는 것도 버거웠다.

또한 어려웠던 것은 자녀 양육의 선, 즉 기준을 설정하는 것이었다. 아이들에게 어느 선까지 허용과 통제를 해야 하는지, 아이들을 훈육할 때도 어느 선까지 해야 하는지 등 선을 정하는 것은 너무나도 어려웠다. 이런 주제로 지인들과 대화를 나누기도 하고, 때로는 조언도 구했지만, 딱히 답이 있는 것도 아니었다. 다만 아내와 상의하며 나름대로의 답을 구해 양육할 뿐이었다. 게다가 나는 집안의 가장으로서 외벌이로 가정을 부양하고 아내는 집에서 살림과 육아를 담당하기로 결정했기에, 목회를 하면서 생계를 유지하는 것도 정말 버거운 일이었다. 그렇게 아무것도 알지 못한 채 주어진 하루하루를 살아 나갔다.

나는 종종 부모님 농사를 도우러 고향에 내려간다. 부모님은 여러 농사를 병행하시는데, 아버지에게는 운전면허증이 없고 어머니는 2종 보통 운전면허증만 소지하셨기에, 1톤 트럭이 필요할 때면 이모님께 트럭을 빌려 내가 그 트럭을 운전했다. 주로 모내기를 하거나 감자를 수확할 때 그 트럭이 필요하다. 몇 년 전, 만으로 나이 40이 넘었을 때, 모내기를 위해 고향에 내려가서 차 뒤에 모판을 가득 실어 놓고 옆 좌석에는 부모님을 모시고서 논으로 향하고 있었다.

"아버지, 어렸을 때 아버지를 보면 아버지는 모든 것을 통달하신 것처럼 느껴졌어요. 그만큼 아버지가 크게 보였어요. 그래서 저도 '어른이 되면 아버지처럼 되겠지?'라고 막연하게 생각했는데, 막상 사십이 넘어서도 아무것도 모르겠더라고요. 앞으로 어떻게 살아야 할지 갈피도 못 잡겠고요. 아버지는 그때 저희를 어떻게 키우셨어요?"

그 질문에 아버지는 가볍게 미소를 지으며 말씀하셨다.

"그냥 열심히 살려고 애썼지 뭐."

생각해 보면 아버지도 아버지가 되는 것을 배우지 못하셨고, 심지어 할아버지로부터 사랑은커녕 오히려 구박만 받고 자라셨으니, 어떻게 사랑을 주는지 모르시는 것이 당연하게 느껴진다. 그래서 그런지 아버지는 내가 아버지 손을 잡거나 아버지를 안으려 하면 굉장히 어색해하신다. 그럼에도 지금까지 가장으로서 가정을 부양하고 나와 동생을 키워 주셨으니 참 감사할 따름이다. 그리고 시간이 지나며 '그것 또한 아버지의 사랑이구나'라는 생각이 든다. 나도 아버지가 되면서 아버지의 마음을 아주 조금이나마 공감하게 된다.

역지사지

이것저것 하는 일이 많다 보니, 나는 늘 피곤함에 찌들어 산다. 사실 고등학교 때부터 지속된 피로이긴 하다. 고등학교 다니는 내내 하루 수면 시간이 평균 5시간 정도였고, 대학교 입학 후 5년간은 야간에 일하고 낮에 학교를 다녔기에 하루 수면 시간이 4시간 미만일 때가 많았다. 신대원 재학 중일 때도 새벽 차량 운행과 학업을 동시에 감당하느라 수면 시간이 굉장히 적었다. 특히 그때는 신혼이었는데, 그때 아내는 과제를 하는 내 뒷모습만 내내 본 것 같다며 아쉬움을 토로하기도 한다. 이천에 와서도 목회와 생계를 위해 여러 일을 병행하다 보니 여전히 피곤한 상태에 있다. 내 인생에서 그나마 여유가 있던 때는 고흥이라는 시골에서 목회했던 1년 반 정도의 기간뿐이다.

이렇게 늘 피곤한 상태이다 보니 마사지를 받고 싶을 때가 많다. 그렇다고 마사지 샵 같은 곳에 가자니 비용이 만만치 않다. 그래서 종종 아내에게 부탁하곤 한다. 손으로 마사지하는 것은 악력이 필요하고 힘이 드니까 손 대신 발로 밟아 달라고 부탁하는데, 이제 그렇게 밟은 시간이 제법 되다 보니 내가 아내를 마사지(밟기) 전문가로 만든 게 아닌가 싶은 생각이 들기도 한다.

그런데 최근에는 아내 대신 아이들에게 부탁할 때가 많다. 주로 아들에게 부탁을 하고, 아주 가끔 딸들에게 부탁하기도 한다. 이렇게 아이들에게 본격적으로 밟아 달라고 부탁한 것은 얼마 되지 않았다. 몇 년 전 아이들에게 몇 번 시켜보았는데, 아이들 몸무게가 가볍다 보니 그때는 밟아도 전혀 시원하지가 않았다. 그런데 어느 순간부터 아이들의 몸무게가 꽤 나가고 있음이 느껴지기 시작했고, 특히 아들은 요령 있게 내가 요청한 대로 잘 밟기 시작하면서 부탁한 보람을 느끼게 되었다.

한번은 너무 피곤해서 아내에게 밟아 달라고 부탁하려 하는데, 아내도 할 일이 많아 보여서 차선으로 아들에게 부탁해서 시원하게 밟히고 있었다. 그런데 문득 아버지 생각이 났다. 내가 국민학교 다닐 때 아버지는 종종 내게 무릎을 주물러 달라고 말씀하셨다. 그때는 아버지가 주물러 달라고 말씀하시는 것이 귀찮게만 느껴졌다. 물론 아버지가 부탁하시는 것이니 거절은 하지 못했고, 주물러 드리기는 했지만 최선을 다해서 주무르지는 않았던 것 같다. 그리고 그 당시 내게 힘이 있어 봐야 얼마나 있었겠는가.

그런데 아들에게 밟히면서 '그때 왜 나는 아버지 무릎을 열심히 주물러 드리지 않았을까?'라는 아쉬움과 후회가 들었다. 아버지는 분명 고된 농사일로 피곤하셔서 내게 주물러 달라고 부탁하셨을 것이다. 하지만 나는 그 당시 아버지의 고됨을 전혀 이해하지 못했다. 어쩌면 아버지의 고됨을 그 어린 나이에 이해하지 못하는 것이 당연할 수 있겠지만, 그때의 내 모습을 생각하면 아버지께 죄송할 따름이다. 이렇게 사람은 당사자의 입장이 되어 보지 않으면 공감하지 못하는 존재인가 보다. 아버지의 입장이 되고 나서야 아버지의 고됨과 아픔을 조금이나마 이해하게 된다. 그래서 요즘에는 고향에 내려가면 아버지가 주물러 달라고 말씀하실 때 열심히 주물러 드리고 있다. 어릴 때는 무릎을 주물러 달라고 하셨는데, 요즘에는 종아리를 주물러 달라고 하신다. 고된 농사일을 많이 하시다 보니 하지정맥류가 심해지셔서 그런 것 같다.

한편 아들은 나를 밟으면서 어떤 생각을 할까? 아들도 나 어릴 때처럼 내가 밟아 달라고 하면 귀찮아할까? 아들에게 물어봐야겠다.

부모님도 저 어릴 때 그러셨잖아요

아버지는 젊었을 때부터 최근까지 술을 꽤 즐기셨다. 아버지가 처음 정규직 경비원에 채용되실 때를 이야기해 주셨는데, 면접관은 아버지에게 술을 잘 마시냐고 물으셨고, 아버지는 술을 꽤 잘 마신다고 답변하신 후 바로 그 자리에서 채용

되셨다고 한다. 아버지는 그 정도로 술을 좋아하셨다. 60대 초반에 정년퇴직하시고 본격적으로 농사를 지으시면서부터는 거의 매일 술을 드셨다.

나는 어릴 때 아버지가 술을 드시는 것이 너무 싫었다. 그런데 어쩌면 아버지 인생에서 술은 필수 불가결한 요소였을지도 모르겠다. 그 모진 세월을 사시면서 술 없이 견디실 수 있었을까? 어쨌든 아버지는 그 술 때문에 몇 년 전 간경화 판정을 받으셨다. 물론 그 외에 다른 지병도 생겼다.

그것 때문에 현재 정기적으로 아버지를 모시고서 서울에 있는 병원에 가고 있다. 이렇게 1년에 서너 차례 내가 고향 당진으로 내려가서 부모님을 모시고 서울에 있는 병원에 와서 진료 후 다시 당진으로 모셔다 드린 후 이천으로 복귀하거나, 부모님과 서울 터미널에서 만나서 병원 진료 후 서울 터미널에서 헤어지기도 한다. 어느 날 어머니는 내게 이렇게 말씀하셨다.

"아들, 너도 많이 바쁠 텐데 이렇게 아빠랑 엄마 때문에 고생해서 어떡하니?"
"엄마, 무슨 말씀을요. 아버지랑 엄마도 그렇게 하셨잖아요. 저 어릴 때 무릎 다쳐서 저 데리고 안 가 보신 데 없는 거 알고 있어요."

나는 국민학교 저학년 때 무릎을 다쳤다. 친구와 방에서 놀고 있었는데, 친구가 다락 올라가는 높은 턱에서 점프를 했고, 그 친구는 불행히도 내 무릎에 착지를 하고 말았다. 나는 그때 "악!!!" 외마디 비명과 함께 고통에 몸부림쳤다. 어머니는 밭에서 일하시다 말고 나를 엎고서 당진 병원으로 향하셨다. 당시 고향 병원에서는 관절염이다, 류마티스 관절염이다 이런저런 진단을 내리고서 나름 치료해 주었지만, 전혀 차도가 없었다. 오히려 다친 쪽 다리에 근육이 다 빠져 버려서 안 다친 무릎과 다친 무릎의 굵기 차이가 꽤 많이 났다. 그 이후로 나는 뛰기는커녕 제대로 걷지도 못했다. 그러니 부모님은 아들 걱정도 되고, 얼마나 조바심이 나셨을까. 그래서 아버지와 어머니는 나를 데리고 천안과 대전에 있는 대학 병원에 가기도 하셨고, 침 맞으면 낫는다는 말에 침 잘 놓는다는 분을 소개받아서 서울에 가기도 하셨다. 또한 남양주에도 침을 잘 놓는다는 분이 있다고 소개받아 그곳에 다니는 분들과 함께 봉고를 대절해 가다가 사고가 나서 죽을 뻔한 적도 있다. 그 덕분인지는 모르겠지만, 나는 국민학교 6학년 때쯤 되어서야 거의 회복이 되어 생활하는 데는 별문제가 없게 되었다.

어머니께서 그런 말씀을 하시니까 과거 그때 생각이 났다. 부모님이 나 때문에 얼마나 고생하셨을지 생각하게 되었다. 지금이야 내게 차도 있고, 도로망도 잘 뚫려 있어서 병원을 오가는 데 그리 힘들지가 않지만, 내가 국민학생이었을 당시만 해도 집에는 차가 없었고, 도로망도 부족해서 시계(市界)를 벗어나 시외로 이동하려면 시간이 매우 오래 걸렸다. 당일치기가 힘들 때는 1박 2일, 2박 3일 걸려 다니기도 했다. 그러니 지금 내가 아버지를 모시고서 병원에 다니는 수고는 그에 비하면 수고도 아니다.

아버지는 최근에 술을 끊으셨다. 몇 년 전 간경화 판정을 받으시고도 그 이후로 계속, 정확히는 매일 술을 잡수셨는데, 최근 어떤 이유 때문인지 아예 술을 끊으셨다. 이제는 술 생각도 안 나신다며 너스레를 떨기도 하신다. 덕분에 혈액 검사 결과도 좋아졌고, 초음파상에서도 악화되지 않고 있다. 올 1월 정기 검진차 병원에 갔을 때는 의사 선생님이 2-3개월에 한 번씩 오라고 하던 것에서 6개월 뒤에 오라고 하시기까지 했다. 얼마나 감사한지….

물론 아버지 연세도 적지 않은 연세이다 보니 앞으로 어떻게 될지 모르겠다. 병원에 자주 안 가시면 좋겠지만, 그것이 또 아버지나 내 마음대로 되는 것도 아니기에, 앞으로도 지금처럼 지역 병원이 아닌 타 지역 병원을 가야 할 때는 내가 모시고 다니려고 한다. 내가 어릴 때 부모님이 기꺼이 그러셨던 것처럼, 지금은 내가 기꺼이 해야 하는 일이니 말이다.

노인들을 너무 무시하지 말라

코로나가 한창일 때였다. 부모님과 15분 동안 영상 통화를 했다. 아버지가 부스터샷을 맞으신 후 접종 확인서를 발급받기 위해서였다. 아버지도 스마트폰을 사용하긴 하시지만 오직 통화하는 데만 사용하시고, 아주 가끔 사진 찍는 용도로만 쓰신다. 그 흔한 카톡도 안 하시고, 유튜브도 안 보시다 보니 스마트폰 사용에 익숙하지 않으시다. 따라서 이렇게 스마트폰으로 무언가를 하셔야 할 때면 내게 연락을 주곤 하신다.

아버지의 연락을 받고 처음에는 음성으로만 알려 드리려 했다. 하지만 음성으로 설명해 드리기 어려워 1분 만에 영상 통화로 전환했다. 어머니 폰으로 영상 통화를 건 다음, 어머니 폰으로 아버지 폰을 비추게 해서 필요한 내용을 알려 드렸다. 그런데 중간중간 어머니 폰으로 비출 때, 초점이 안 맞아서 글씨도 안 보이고 폰이 화면에서 벗어나기도 해서 애를 좀 먹었다.

사실 아버지는 플레이 스토어에서 앱을 설치해 본 적도 없으셨기에 그것부터 하다 보니 15분 정도나 걸렸다. 쿠브 앱을 깔고, 문자로 본인 인증하고, 접종 확인서 발급까지…. 젊은 사람들이야 5분도 안 걸려 끝낼 수 있는 일이지만, 어르신들이 하기에는 참 쉽지 않은 일이었다. 화면을 보면서 일일이 알려 드렸음에도 불구하고 부모님은 몇 번이나 헤매셨다. 그래도 우여곡절 끝에, 15분 정도가 넘어서야 앱 설치를 마쳤다. 그 덕분에 아버지는 백신 패스 적용되는 곳을 자유롭게 다니실 수 있었다.

나는 호기심이 많은 편이었다. 내가 아버지께 호기심으로 물어볼 때마다 아버지는 분명히 내게 이것저것 친절하게 가르쳐 주셨을 것이다. 내가 몇 번을 물어도 몇 번을 대답해 주셨을 것이다. 그런데 이제는 역할이 바뀌었다. 이제는 내가 아버지께 가르쳐 드리고 있다. 그날뿐 아니라 전에도, 그리고 이후에도 종종 이런 일이 있었다.

지금 생각 같아서는 내가 아무리 나이가 들어도 지금처럼 모든 것을 스스로 할 수 있을 것 같지만, 아마 시간이 지나면 상황은 바뀌어서 나 스스로 하지 못하는 일도 많을 것이다. 지금처럼 시대가 급변할 것이고, 그 급변한 시대에 적응하기 쉽지 않을 테니 말이다. 스마트폰이 이렇게 보급된 것이 불과 15년 정도밖에 안 된 것을 보면 어느 정도 가늠이 되지 않을까. 그때 나도 내 아이들에게 물어보고 도움을 청하지 않을까? 사람이 태어나서 성인이 되기 전까지는 부모의 도움을 받지만, 나이가 들어 노인이 되면 그때는 도움을 주었던 자녀의 도움을 받는 것이 인생의 이치가 아닐까 생각이 든다. 예전에 이런 문구를 어디선가 봤다.

"어린아이들을 너무 나무라지 말라. 네가 걸어온 길이다. 노인 너무 무시하지 말라. 네가 갈 길이다."

전과 다르게 내가 농사일을 도우러 가면 무척 좋아하시고, 내게 도움도 많이 요청하시고, 마음으로도 나를 의지하시는 것을 보면, 이제 확실히 아버지께서 나이 드셨다는 것이 느껴진다. 그럼에도 아버지께 참 감사할 따름이다. 아버지는 당신 아버지의 부재로 힘드셨을 텐데, 내게는 든든히 내 옆에 계셔 주시니까…. 아버지가 오래오래 강건하시면 좋겠다.

*＊＊

아버지와의 여행길

아버지와의 여행

목회를 시작하고 나서 술을 끊으니 아버지 생각이 많이 났다. TV를 봐도 그렇고, 주변 사람들의 이야기를 들어도 그렇고, 일반적으로 아버지들의 로망은 성인이 된 자식과 술 한 잔하며 살아가는 이야기를 하는 것이었기 때문이다. 나도 드라마에서 그런 모습을 볼 때면 조금 부럽기도 했고, 아버지께 죄송하기도 했다. 아버지께 그런 즐거움을 드릴 수 없었으니 말이다. 그래서 딱 한 번 아버지와 그런 시간을 보낸 적이 있다. 어머니와 아내의 동의하에 아버지와 나는 '처음이자 마지막으로' 술상을 마주했다. 아버지는 소주를 드시고 나는 막걸리를 마시며 아버지와 대화를 나누었다. 그때 아버지는 그 시간을 보내신 것에 너무나도 좋아하셨다.

아버지가 칠순을 맞으시던 해, 나는 나름 야심 차게 이벤

트를 준비했다. 나와 단둘이 함께했던 그 시간을 좋아하셨던 아버지를 생각하며 아버지와 단둘이 여행을 가려 했다. 하지만 그해 2월 코로나가 발발했고 이후 크게 확산되면서 아버지와 여행 가려던 계획을 접을 수밖에 없었다. 코로나가 너무 야속했다. 그런데 그해 여름, 아버지는 간경화 진단을 받으셨다. 진료를 마치고 나오는데, 문득 이런 생각이 들었다.

'아버지와 함께할 수 있는 시간이 이제 얼마나 남았을까?'

마음이 조급해졌다. 아무래도 아버지와 빨리 여행 갈 날짜를 잡아야 할 것 같았다. 하지만 아무리 1박 2일 일정이라고 해도 농번기에 자리를 비우는 것은 쉽지 않았다. 나 또한 새로운 일을 시작하게 되면서 시간을 내기가 쉽지 않았다. 그렇게 시간은 흘러갔다.

아버지는 당시 간경화 진단을 받으시고도 술을 계속 잡수셨다. 농사지으시는 일의 그 힘듦과 고됨을 술기운으로 이겨내시는 것 같았다. 그래서 옆에서 그 모습을 보면서도 쉬이 술을 끊으시라 말씀드릴 수가 없었다. 하지만 아버지는 벼 수확이 끝나고 어느 정도 한 해의 농사가 끝났을 때 비로소 술을 끊으셨다.

2021년 1월, 아버지와 서울에 있는 병원에 방문했다. 혈액 검사와 함께 초음파, 그리고 CT 촬영을 했다. 걱정되는 마음으로 결과를 기다렸는데, 술을 끊으셔서 그런지 신기하게도 병원에서의 검사 수치가 모두 좋아졌다. 아버지의 간경화는 알코올로 인한 것이었기에 그런 듯했다. 그럼에도 아버지는 지속적으로 관리를 받으셔야 했기에 3개월 뒤로 병원 내방을 예약하고서 병원을 나왔다. 병원을 나오면서 불현듯 아이디어가 떠올랐다.

'그럼, 다음번 4월에 서울 오실 때 병원 진료를 마치고 바로 아버지와 여행을 가면 되겠구나.'

당시 코로나가 다시 확산할 때여서 조심스럽긴 했지만, 그때가 아니면 안 될 것 같았다. 게다가 4월 중순부터 본격적인 농번기가 시작되기에 그때 아버지와 여행을 가기로 마음을 먹었다. 그때에 맞춰 내 일정도 조정했고, 3월 말쯤에 아버지께 말씀드렸다. 그랬더니 아버지가 굉장히 좋아하셨다. 별로 내색은 안 하셨지만 좋아하시는 것이 느껴졌다. 어머니도 아버지가 매우 좋아하시며 기대하신다고 전해 주셨다. 그렇게 아버지와의 첫 번째 여행이 시작되었다.

군산에서

첫 번째 여행지는 군산이었다. 아버지와의 첫 여행이라 어디를 가야 할지 몰랐다. 아이디어가 떠오르지도 않았다. 결국 서울 병원에 들렀다 가야 했기에, 고향에서는 떨어져 있지만 서울에서는 너무 멀지 않은 군산으로 정했다. 여행 전날 부모님 댁에서 1박을 하고 아침 일찍 아버지를 모시고 서울 병원으로 향했다. 병원에 도착해서 채혈한 후 결과가 나오기까지 두 시간 정도 걸렸기에, 근처 카페에서 커피와 빵을 사 드렸다. 아버지와 단둘이 카페 가는 것도 처음이었다. 그 후에는 아버지가 좋아하시는 초밥을 사 드렸다.

검진 결과는 매우 좋았다. 당시 아버지는 술을 끊으셨는데, 노력하신 결과를 보시고는 매우 흡족해하셨다. 무엇보다 간 수치가 정상 범위 내에 있어서 얼마나 감사했는지 모른다. 혈당 수치가 조금 높긴 했지만, 노력하시면 개선이 가능한 부분이었기에 감사했다. 덕분에 기분 좋게 여행을 시작할 수 있었다. 하지만 바로 군산으로 출발하지는 않았다. 큰외삼촌께서 2,000년대 초반 간 이식을 받으신 후 매달 서울대병원에 오시는데, 마침 그날이 병원에 오시는 날이어서 내려가는 길에 서산에 모셔다드리자고 아버지와 이미 이야기를 나누었기 때문이다. 서울대병원에 들러 큰외삼촌을 모시고 1시 30분경 출발했다. 세 명의 '아버지'가 내려오면서 두런두런 이런저런 대화를 하며 내려왔는데, 큰외삼촌과 아버지가 대화를 나누시는 모습을 보며 울컥했다. 두 분 다 건강은 안 좋으시지만, 그럼에도 이렇게 살아갈 수 있다는 것이 감사했다.

서산에 도착하니 3시 40분경이 되었고, 바로 군산으로 출발해서 5시경 숙소에 도착했다. 숙소는 친구가 아버지와의 첫 여행을 응원하는 의미로 조식과 함께 예약해 주었다. 짐을 풀고 숙소 바로 앞에 있는 은파호수공원을 산책했다. 여섯 시에 지인들과 저녁 식사를 함께하기로 했기에 30분 정도를 걸었다. 호수 크기가 어마어마했는데, 호수 주변을 돌며 아버지와 서로 사진도 찍어 주고 즐거운 시간을 보냈다. 시간이 되어 군산에 사는 지인, 그 지인이 출석하는 교회의 담임 목사님과 함께 저녁 식사를 했다. 지인 아버지께서 3년 전에 돌아가셨는데, 내 SNS 글을 보고 아버지 생각이 나셨다면서 식사를 대접해 주셨다. 일식을 대접받았는데, 생애 처음으로 랍스터를 먹어 보았다. 게다가 근처 카페에서 커피도 대접해 주셨다. 그 후 숙소에 들어와 아버지는 일찍 주무셨고, 나는 해야 할 일이 있어 늦게까지 깨어 있었다.

다음 날, 조식을 먹고 바로 지인이 추천해 준 장항 송림산림욕장으로 출발했다. 장항 송림산림욕장에 가는 길에 장항 제련소가 보였는데, 아버지는 옛날 교과서에서 보았던 곳이라며 신기하게 여기셨다. 그곳에서 두 시간 정도 산책하며 스카이워크에도 올라가 보았다. 아버지는 여름에 오면 좋겠다고 하시면서 가족들과 또 오고 싶다고 하셨다. 스카이워크 입장권이 2,000원이었는데, 예매하면 서천사랑 상품권 2,000원짜리를 주었다. 사실상 무료 입장인 셈이었다. 그래서 지인이 추천해 준 근처 카페에 들어가서 차 한잔 마시며 대화를 이어 갔다. 시간이 되어 대화를 마치고 나오는데, 아버지는 카페 사장님께 1박 2일 여행 이야기를 하시며 내 자랑을 하셨다. 조금 민망하기도 했지만, 한편으로는 아버지께서 만족하신 것 같아 보람을 느꼈다.

점심 때가 되어 맛있는 식사를 대접하고 싶었는데, 아버지는 배가 고프지 않으시다며 아침에 산 빵을 한 개 먹고 출발하자고 하셨다. 가는 길에 서산 큰외삼촌 댁에 다시 들르기로 했다. 전날 큰외삼촌께서 가방을 두고 내리셨기 때문이다. 그런데 큰외숙모께서 점심을 준비해 주셨다. 집에 있는 음식을 전부 꺼내 주신 듯해 보였다. 점심을 안 먹으려 했지만 너무 맛있어서 배부르게 식사를 하고 당진으로 돌아왔다.

여행 내내 아버지가 이번 여행을 매우 기대하고 계셨다는 것을 느낄 수 있었다. 여행이 끝나고 나서 어머니께 들은 이야기로도 아버지께서 매우 만족하셨음을 알 수 있었다. 게다가 아버지께 숙소를 예약해 준 친구, 식사를 대접해 주신 지인, 군산까지 와 준 지인 목사님, 그리고 아버지께 맛있는 것을 사 드리라며 봉투를 보내 주신 지인들의 존재를 말씀드렸는데, 아버지는 아들이 잘살고 있다고 느끼셨는지 미소를 지으시며 고개를 연신 끄덕이셨다.

1박 2일의 짧은 시간이었지만, 오가는 길에 아버지와 많은 대화를 나누었다. 아버지 인생에서 제일 힘들었던 때의 이야기도 들을 수 있었고, 지금까지 어떤 마음으로 살아오셨는

지도 들을 수 있었다. 평소에도 늘 존경했던 아버지의 인생을
조금 더 알 수 있어 의미 있는 시간이었다. 사실 그때의 이야
기 덕분에 오늘의 이 글도 세상에 나올 수 있었다.

철원으로

첫 번째 여행을 끝내고서 아버지께 가능한 한 1년에 한 번
씩은 단둘이 여행을 가자고 말씀을 드렸다. 하지만 아버지도
그렇고 나 역시 사느라 바빠 시간을 내기가 어려웠다. 무엇보
다 내가 너무 바빠져서 시간을 내기가 쉽지 않았다. 그래도
아버지 모시고 다시 한번 여행을 가야겠다는 생각은 확고했
다. 하지만 시간은 빠르게 흘러갔다. 그러던 어느 날, 어떻게
든 시간을 만들어 아버지와 두 번째 여행을 가야겠다고 마음
먹게 된 일이 있었다. 부모님 농사일을 도와드리러 고향에 갔
을 때였는데, 농사 일을 하다가 점심 식사를 하러 식당에 갔
다. 아버지는 첫 번째 여행 이후 몸이 좋아졌다고 판단하셨는
지 다시 술을 잡수시기 시작하셨는데, 그날도 반주로 소주 한
병을 주문하셔서 식사와 함께 잡수셨다. 식사가 끝날 무렵,
아버지는 약간 술에 취하신 채로 계산대로 가 사장님께 갑자
기 이런 말씀을 하셨다.

"저기 앉아 있는 사람이 내 아들인데, 아들이 숙소도 예약하고
준비해서 나랑 단둘이 여행을 갔었어요. 오늘도 아들이 일하러

와서 같이 밥 먹으러 왔네요."

아버지는 그 뒤로도 몇 번 주변 분들에게 그날의 여행 이 야기를 하셨다. 어머니를 통해 아버지가 그날 여행을 좋아하 셨다는 이야기를 듣기는 했지만, 이렇게 내 눈으로 그 모습을 목격하니, 게다가 평소 그런 표현을 잘 안 하시는 아버지가 비록 술기운이었지만 이렇게 말씀을 하시는 모습을 직접 보 고 나니 감회가 남달랐다.

그래서 두 번째 여행을 계획했다. 아버지나 나나 둘 다 시 간을 내기는 힘들었지만, 그래도 아버지께서 조금이나마 시 간을 내실 수 있을 때를 파악했고, 나도 시간을 내서 아버지 께 강력하게 제안하여 계획을 밀어붙였다. 물론 아버지는 끝 까지 망설이셨다. 나는 두 번째 장소를 물색해야 했다. 어디 를 가면 아버지께서 좋아하실까를 고민하는 중에 친한 형이 SNS에 올린 글을 보게 되었다. 형은 장인, 장모님을 모시고 장인께서 군 복무하신 곳으로 여행을 간다는 글을 게시했다. 그 글을 보는 순간 불현듯 아이디어가 떠올랐다.

'바로 이거다!'

그 즉시 아버지께 연락을 드렸다. 아버지가 군 복무하셨던 곳으로 가자고 말이다. 그랬더니 아버지의 목소리가 조금 다르게 들렸다. 아버지는 어디서 군 복무하셨는지, 그곳의 지명, 에피소드 등을 말씀하시며 너무나 좋아하셨다.

아버지는 철원 15사단에서 군 복무를 하셨다. 철책 근무도 하셨고, 헬리콥터가 오면 물통을 거는 일도 하셨다. 이런저런 이야기를 하시며 재건촌에 가 보고 싶다고 하셨다. 군 복무 당시에 고된 훈련을 마치고 그 마을에 내려와 막걸리를 마셨던 기억이 있다시며 그 마을이 어떻게 변했는지 보고 싶었다고 하셨다. 언젠가는 와 보고 싶었는데, 운전을 하시지 못해 올 수가 없었다고도 말씀하셨다.

나도 철원에는 한 번도 가 보지를 못해서 철원에서 무엇을 봐야 할지, 무엇을 먹어야 할지 등 정보를 얻기 위해 SNS에 도움을 청했다. 몇 분께서 맛집을 소개해 주셨고, 나름 머릿속으로 코스를 그렸다. 무엇보다 아버지가 재건촌을 가 보고 싶다고 하셔서, 나는 그와 관련된 정보를 얻기 위해 검색을 해 보았다. 그러나 검색으로는 충분히 알 수가 없었다.

그렇게 고민하고 있을 때, 아이디어를 떠올리게 해 주었던 바로 그 형에게서 연락이 왔다. 형의 막냇동생이 15사단에서 장교로 복무하고 있다고 말이다! 형의 동생이 군인인 것은 알았지만, 15사단에서 근무하는지는 전혀 몰랐는데, 놀라운 소식이었다. 그래서 형의 도움으로 아버지가 말씀하신 곳이 대략 어디쯤인 줄 알게 되었고, 어디를 검색하고 가야 하는지를 알 수 있었다. 형은 만약을 대비해서 동생의 연락처도 내게 전해 주었다.

아버지의 추억이 서려 있는 지명들

여행 당일, 아버지를 성남 터미널에서 만났다. 고향 집까지 내려가서 모시고 올라오려고 했지만, 전날 늦게까지 일이 있었기에 고민 끝에 시간을 고려하여 성남 터미널에서 만나 철원으로 이동하기로 했다. 그런데 웬걸! 아버지 손에는 아무것도 들려 있지 않았다. 가벼운 짐 가방이라도 있을 줄 알았는데, 어머니께 확인해 보니 아버지는 칫솔 하나만 챙기셨다고 한다. 하하!

바로 미리 알아 둔 지점으로 내비게이션 목적지를 설정했다. 가는 길에 하늘이 어두워지더니 비가 오기 시작했다. 두 시간 반 정도 운전한 끝에 철원에 들어섰고, 내비게이션을 따라가다 보니 '와수리'라는 곳이 나왔다. 철원을 검색하다 보니 '와수리'가 유명하다고 했는데, 막상 들어서 보니 중소 도시의 읍내처럼 보였다. 지인들이 소개해 준 식당들은 꽤 떨어져 있었기에 그곳에서 순대전골로 식사를 해야겠다고 생각했다. 순댓국이 아니라 가격이 두 배 정도 비싼 순대전골로 주문했고, 소주도 한 병 주문했다. 아버지는 소주 한 병과 함께 아주 만족스럽게 식사를 마치셨다.

식사를 마치고 나왔는데, 비가 여전히 내리고 있었다. 어디로 가야 할지 고민하다가 아버지께서 말씀하셨던 '육단리'

에 잠시 들렀고, 이후 형의 동생이 알려 준 지점으로 다시 설
정했다. 어디인지도 모른 채 그냥 내비게이션을 따라가다 보
니 검문소가 나왔다. 알고 보니 그곳은 민통선(민간 통제 구역)
이었다. 초소 군인은 방문 목적을 물었고, 아버지는 50년 전
이곳에서 군 복무를 했는데 다시 와 보고 싶어서 왔다고 말씀
하셨다. 하지만 그 군인은 그런 이유로는 들어갈 수 없다고
하면서 이 사단에 아는 사람이 있으면 출입이 가능하다고 했
다. 그래서 급히 그 사단에서 원사로 복무 중인 형의 동생에
게 전화를 드렸다. 다행히도 그분 덕분에 신분증을 맡기고 임
시 방문증을 발급받아 들어갈 수 있었다.

　아버지는 '대성산'을 보고 싶어 하셨다. 철원에 간다고 말
씀드렸을 때부터 아버지는 대성산을 계속 언급하셨다. 아마
도 대성산 산 정상을 보시면 아버지가 가고 싶어 하신 장소를
찾으실 수 있을 것이라 생각하신 것 같다. 하지만 여전히 비
는 내렸고, 산은 구름으로 덮여 있었다. 게다가 10년에 한 번
씩 강산이 바뀐다고 하는데, 50년 만이니 얼마나 많이 바뀌
어 있었겠는가. 시설 하우스도 많다 보니 마을도 잘 보이지
않았다. 또한 나도 초행길이라 그냥 내비게이션을 따라, 길을
따라 앞으로 전진할 뿐이었다. 10여 분쯤 지났을까. 우측에
마을이 보이는 것 같았지만, 앞으로만 가다 보니 그냥 지나쳤
고, 얼마 지나지 않아 우리는 산길로 들어섰다. 산길을 따라
계속 올라가다 보니 '말고개'라는 이정표가 나왔다. 아버지는

그 표지판을 보시고는 옛날이야기를 하셨다. 이 말고개를 수도 없이 넘으셨다고 말이다.

그렇게 말고개를 넘어 내려가는데, 몇 개의 군부대만 보일 뿐 마을은 보이지 않았다. 다만 버스 정류장에 써 있는 글자로 조금 더 내려가면 '마현리'가 있다는 것을 알게 되었다. 아버지는 '마현리'라는 글자를 보시고는 재건촌이 '마현리'였던 것 같다고 말씀하셨다. 그래서 '마현리' 마을이 언제 나오나 산길을 계속 내려가는데, '적근산'이 보였고, 아버지는 그 적근산도 기억하셨다. 그리고 곧 마주하게 된 다른 검문소…. 되돌아가야 하나 싶었지만, 재건촌을 가 보고 싶다는 아버지 말씀에 계속 내려가 보기로 결정했다.

그렇게 한참을 내려가니 마을이 보였다. 내비게이션상에는 '마현리'라는 글씨가 보였다. 아버지께서 담배 한 대 피우시겠다고 하셔서 나는 차를 세우고 검색을 했다. 그런데 아버지는 건너편에 마을 주민들이 계신 곳으로 가셨고, 잠시 후 소식 하나를 들고 오셨다.

"아주머니들께 물어봤는데, 여기가 '마현리'는 맞아. 다만 재건촌 '마현리'는 온 곳으로 되돌아가야 한다네. 여기는 화천군 상서면 마현리이고, 재건촌은 철원군 근남면 마현리라고 하더라."

그러고 보니 올라오면서 지나친 마을 비석에 한문으로 '마현리'라고 써 있던 것이 기억났다. 하마터면 훨씬 더 지나칠 뻔했다. 아버지가 물어보신 덕분에 차를 돌렸고, 검문소를 지나 말고개를 넘었다. 또 그렇게 한참을 가다 보니 왼쪽에 마을이 보였다. 올라오면서 본 마을은 아니었고, 말고개에서 내려가면서 보게 된 첫 번째 마을이다. 길에서 약간 먼 곳에 교회당도 보였고, 공소도 보였다. 그래서 우리는 그곳으로 향했다.

우연한 만남

아버지는 간단하게 요기라도 하자며 슈퍼에 가자고 하셨다. 마을로 들어가니 종점이라고 써 있는 작은 가게가 있었는데, '슈퍼'라고 할 수도 없고 '편의점'이라고도 할 수 없는 작은 가게였다. 아버지와 함께 가게로 들어가니 마스크를 쓰신 어르신이 응대하셨다. 아버지는 캔 커피 하나를 고르시고는 그 어르신께 말씀하셨다.

"제가 여기 15사단에서 군 생활을 했는데, 50여 년 만에 와 봤슈. 한 번 와 보고 싶었는데, 아들이 가자고 해서 왔네유. 여기서 오래 사셨슈?"

그렇게 이어진 대화는 10분 넘게 이어졌다. 그 어르신은 아홉 살 때 그 마을로 이사를 오셨다고 했다. 정확히는 당시 정부 정책에 따라 입주를 했다고 하셨다. 아버지는 여행 전에

'재건촌'에 대해 언급하시며 당시 태풍 사라가 부산, 경북 지역을 덮쳐 수많은 사상자와 재산 피해가 생겼는데, 그때 경북 울진 지역 이재민들을 철원으로 이주시켜 재건촌이 만들어졌다고 하셨다. 아버지는 그 사실을 확인하기 위해 어르신께 여쭤보았는데, 어르신은 이렇게 말씀하셨다.

"재건촌은 다른 목적으로 만들어진 마을로 마현2리이고, 여기는 '민촌'으로 마현1리예요. 당시 태풍 사라로 큰 피해를 입어서 아홉 살 때 가족과 함께 이주해 지금까지 살고 있습니다. 당시에 66가구가 입주했는데, 지금은 130여 가구가 넘게 살고 있네요."

이야기를 듣다 보니 아버지가 오고 싶어 하셨던 곳은 재건촌이 아니라 민촌이었다. 아버지는 기억이 정확하지는 않지만, 어느 정도는 맞다는 것에 굉장히 반가워하시는 눈치였다. 그래서 그런지 더 신나게 그 어르신과 대화를 주고받으셨다. 알고 보니 그 어르신은 아버지와 나이도 같으셨다. 게다가 아버지가 복무 중에 잠시 나와 그 마을에서 막걸리 마시다 군헌병(?)에게 걸린 이야기, 헬리콥터에 물통을 걸어 두는 일을 하셨던 이야기 등 아버지가 해 주시는 군 생활 관련한 에피소드를 전부 알아들으셔서 대화는 더욱 무르익었다.
대화 중에 아버지는 아들 자랑을 하셨다. 아들이 목사인데, 아들이 아버지와 단둘이 여행을 가자고 해서 두 번째로 이곳에 오셨다고. 그런데 그 어르신께서 말씀하시길 본인은 동네 교회의 장로라고 하시는 것이 아닌가! 거기에 더해 아버지께 예수 잘 믿는 것이 제일 중요하다는 말씀까지 하시고…. 어쩐지 마스크 위로 보이는 눈매가 너무 선해 보이신다 했다.

나는 그 말씀을 듣자마자 얼른 차로 가서 내 책 『성도는 우리 가족뿐입니다』를 한 권 집어 들고서는 어르신께 선물을 드려도 되겠냐고 말씀드렸다. 어르신은 흔쾌히 받아 주셨다. 펜을 꺼내 사인을 해서 선물해 드렸더니 좋아해 주셨다.

그 사이 아버지와 어르신은 계속 대화를 이어 가셨고, 대화하다가 아버지 담배 한 갑과 맥주 한 캔, 그리고 땅콩 한 봉과 빵 두 개도 함께 구입했다. 뭐라도 사야 할 것 같았다. 그렇게 10여 분간의 대화를 마치고 나오는 아버지의 모습은 너무나 행복해 보였다. 덩달아 나도 좋았다. 우연히 들른 곳에서 너무도 좋은 추억을 만든 것 같다.

그 마을에서 나와 검문소 쪽으로 조금 더 내려오니 올라오면서 보았던 마을 비석이 보였다. 그 비석에는 마현2리라고 쓰여 있었는데, 바로 그곳이 '재건촌'이었다. 그냥 지나치려다가 그래도 한 번은 들어가 봐야 할 것 같아 핸들을 돌려 마을로 들어갔다. 비가 여전히 내리고 있어서 차에서 내리지는 않았지만, 아버지는 옛 기억을 떠올리시는 것처럼 보였다.

재건촌을 둘러보고 나와 어디로 갈지 아버지와 의논했다. 아버지께 철원에서 하루 더 계시고 싶은지 여쭤보았는데, 아버지는 당신의 목적을 전부 성취하셨다며 다른 곳으로 가도 좋다고 하셨다. 그래서 아버지께 무엇을 드시고 싶은지 여쭤보니 '밴댕이회'가 먹고 싶다고 하시며 강화로 가면 어떻겠냐고 말씀하셨다. 시간을 보니 3시쯤이어서 강화에 도착하면 시간이 너무 늦을 것 같았다. 그래서 나는 인천 연안 부두에 있는 밴댕이 회 센터를 제안했다. 예전에 아버지, 어머니를 인하대 병원에 모시고 갔을 때 가 본 기억이 있기 때문이었다. 아버지는 그 제안을 수락하셨고, 우리는 인천으로 향했다. 나오는 길에 검문소에서 맡겨 두었던 신분증도 찾았다.

동생과 함께

아버지와 인천 연안부두로 가는 길에 동생에게 전화를 걸었다. 동생이 인천에 살기에 동생에게 연안부두로 나올 수 있냐고 물었다. 그런데 동생은 본인이 재택근무를 하고 있긴 하지만 6시에 퇴근을 해야 하므로 시간을 맞추기 힘들다고 했다. 그래서 생각해 보니 철원에서 인천까지 가는 데 3시간 정도 걸려서 퇴근 시간을 맞출 수 있겠다 싶어, 우리는 동생 집 앞까지 가기로 했다. 당시 동생이 이사한 지 얼마 되지 않았기에, 아버지께 동생이 이사한 집도 보여 드리고 싶었다.

저녁 6시가 조금 넘어 동생 집에 도착했다. 아버지가 이렇게 따로 동생 집에 오실 일은 거의 없는데, 마침 모시고 올 수 있어서 기뻤다. 평소 아버지는 동생을 조금 걱정하셨는데, 동생이 사는 모습을 보시고는 조금은 마음이 놓이신 듯했다. 동생을 태우고 연안부두로 향했다. 먼저 숙소에 짐을 풀고 나서 식당으로 향했다. 저녁 8시도 안 된 때였지만, 모든 상점에 불이 꺼져 있었고, 다행히도 한 군데 불이 켜져 그곳에서 식사를 할 수 있었다.

사실 동생은 아버지를 그렇게 좋아하지 않았다. 나는 고등학교 1학년 때 집을 떠나 살아서 그 시절 아버지의 모습을 가까이에서 보지 못했지만, 동생은 20대 중반까지 고향집에서 살았었기에 아버지의 모습을 가까이에서 보며 지냈다. 그때 동생은 아버지의 모습을 보면서 아버지를 많이 원망했었는데, 그 이후로도 그때의 안 좋은 감정을 오랫동안 가지고 있었다. 아버지도 동생을 못 미더워하셨다. 동생은 동생 나름대로 열심히 산다고 했지만 자기 인생을 규모 있게 살지는 못했다. 본인 스스로도 이야기할 만큼 정신 차린 지가 얼마 안 되었다. 아버지는 동생의 그런 모습을 보면서 내게 동생 타박을 하기도 하시고, 나는 동생 편에 서서 아버지께 이야기하다가 서로 살짝 안 좋았던 적도 있었다.

그래도 시간이 더 지나면서 동생도 철이 들어 아버지를 이해하는 마음이 커졌고, 아버지 생각도 많이 했다. 아버지도 동생의 상황을 이해하시는 것이 느껴지니 참 좋았다. 그래서 그날 서로 한 잔 기울이며 식사를 나누는 자리가 더욱 의미 있게 다가왔다. 게다가 동생을 버스 정류장에 데려다주고 그곳에서 셋이서 셀카를 찍었는데, 아버지는 기분이 좋으셨는지 활짝 웃으셨다. 나도 그 모습을 보며 행복했다.

다음 날은 부천에 사시는 큰고모와 함께하기로 했다. 부천으로 바로 가려다가 조금 아쉬워서, 그리고 약간의 시간이 있어서 근처 월미도로 향하는데, 빗발이 거세지기 시작했다. 월미도로 가는 길에 모노레일이 보였다. 이거다 싶어 타려고 승강장에 올라갔는데, 시간이 맞지 않아 탈 수가 없어 안타까웠다. 빗발이 거셌지만, 그래도 월미도 바다는 봐야겠다 싶어 운전대를 돌렸는데, 그때부터 갑자기 폭우가 내리기 시작했다. 앞도 잘 보이지 않을 정도였다. 그래도 핸들을 돌리지 않고 월미도에 와서 차를 주차한 후 우산을 쓰고 바다 앞으로 갔다. 빗발이 너무 세서 바다가 거의 보이지 않았다. 빗발이 약해질 기미도 보이지 않았다. 그래도 나중에 오늘을 추억하기 위해 기념으로 아버지와 사진은 찍었다. 아침이라 아버지와 내 얼굴이 말이 아니었지만 말이다. 하하하.

월미도를 떠나기 전에 아버지께서 담배를 태우셨다. 서서 태우신 것이 아니라 쪼그려 앉으셔서 담배를 태우시는데, 왠지 모르게 울컥거렸다. 아버지 인생의 무게가 느껴졌다고 해야 할까? 술담배를 많이 하시고 일을 많이 하셔서 살이 많이 빠지셨는데, 저 몸으로도 그 많은 일들을 감당하신다고 생각하니 마음이 무거웠다.

아버지와 큰고모

오전 11시 조금 넘어서 우리는 고모를 뵈러 부천으로 향했다. 고모는 부천에서 치킨집을 운영하시는데, 새벽까지 영업하시니 아직 오픈 전일 것 같아 여겨 댁으로 간 것이다. 사실 아버지는 이렇게 따로 고모 집에 방문할 기회가 없으셨다. 그래서 일부러 부천 고모 집에 가자고 제안한 것이다. 아버지가 처음 방문하신다고 하니 고모도 매우 반가워하시는 것 같았다.

우리는 고모 집에서 한 시간 정도 시간을 보낸 후 점심 식사를 위해 식당으로 향했다. 전날 고모를 만나기로 계획하고서 고모님에게 전화를 드려, 아버지와 함께 갈 것이고 내가 식사를 대접하고 싶다고 말씀드렸더니 고모는 이렇게 말씀하셨다.

"민철아, 아직 내가 너보다 많이 벌거든? 그러니 당연히 고모가 살 거야."

역시 큰고모였다. 고모는 내가 고등학교 2, 3학년 때 2년 동안 나를 데리고 살아 주시며 매일 도시락을 두 개씩 싸 주셨고, 조카인 나를 아들처럼 대해 주셨다. 심지어 당시 고모와 고모부는 싱크대 가게를 운영하셨는데, 고모 집은 그 싱크대 가게와 붙어 있었고, 방도 두 개밖에 없었음에도 그 두

개 중 하나를 나에게 허락해 주셨었다. 시간이 흘러 어느 날 문득 그 당시 고모의 나이가 30대 후반이었음을 깨닫게 되었다. 내 나이보다 어릴 때 큰 조카를 데리고 사시다니! 얼마나 힘드셨을까. 정말 너무 감사해서 자주는 아니어도 가끔 전화를 드리기도 했고, 부천에 갈 때마다 꼭 고모님께 인사를 드리러 갔다. 그런데 고모는 내가 갈 때마다 아이들 주라며 치킨을 두 마리씩 튀겨 주곤 하셨다.

그렇게 식당에서 한 시간가량 식사하며 대화를 나누었다. 그 후 사촌 동생은 자기 매장으로 갔고, 나는 매장 키를 받아 고모 매장으로 향했다. 고모는 그날따라 납품받은 닭이 부족해서 이웃 매장에 아버지와 함께 닭을 빌리러 가셨는데, 매장에 돌아오시자마자 가져오신 닭을 손질하기 시작하셨다. 닭 다리에 있는 피를 빼기 위해 닭다리에 있는 힘줄을 가위로 일일이 자르시고 가지런히 소쿠리 안에 담아 정리해 나가셨다. 개수가 엄청 많았는데, 그것을 정말 빠르게 손질해 나가셨다. 이 일을 10년 가까이 하고 계시다니! 이 일뿐만 아니라 그동안 고모가 살아온 인생을 옆에서 보고 있으면 정말 존경스럽다. 얼마나 고생하셨는지 모른다. 덕분에 지금은 안정을 찾으셨다. 물론 이 일을 그만두고 싶으셔서 가게를 내놓으셨지만, 경기가 안 좋아서 그런지 가게가 나가지를 않아서 더 고생하고 계신다.

고모는 손질을 끝내고 닭을 튀기기 시작하셨다. 주문이 들어오지 않았는데도, 닭을 튀기시길래 여쭤보니 엄마 갖다 드리라고 하시는 고모…. 어머니는 육 고기를 별로 좋아하지 않으시지만, 양념치킨은 좋아하신다. 그걸 아시는 고모는 이렇게 기회가 있을 때마다 어머니께 양념치킨을 튀겨 보내신다. 나는 치킨을 튀기시는 고모 옆에서 이런저런 대화를 나눴고, 아버지는 건물 밖에서 담배 한 대 태우시면서 주변을 구경하셨다.

고모는 치킨을 다 튀기신 후 가게 안 테이블에서 아버지와 대화를 나누셨다. 손을 잡고 대화하시는데, 그 모습이 얼마나 좋아 보이던지! 대화를 마치고 갈 시간이 되어서 나오려는데, 고모가 아버지를 다시 한번 붙잡으셨다. 그러시더니 (비록 봉투에 담지는 않았지만) 아버지에게 용돈을 주시는 게 아닌가! 아버지는 극구 사양하셨다. 하지만 고모의 이 말씀에 아버지는 고마워하시며 끝내 용돈을 받으셨다.

"오빠, 내가 언제 이렇게 오빠한테 용돈을 드려요. 오빠가 이렇게 있어서 얼마나 고마운데요. 그러니 받으세요."

아버지는 3남 4녀의 장남이시자 첫째시고, 큰고모는 넷째이자 장녀시다. 그런데 정말 찢어지게 가난한 집에서 태어나셔서 아버지나 고모 두 분 모두 교육도 제대로 못 받으시고 고생이란 고생은 엄청 하셨다. 게다가 이상하게도 할아버지가 7남매 중에서도 아버지와 고모만 그렇게 미워하셨다고 한다. 언젠가 고모와 깊은 대화를 나눌 기회가 있었는데, 그렇게 이야기해 주셨다. 물론 아버지에게도 여쭤보았다. 그럼에도 두 분이 정말 성실하게 사신 덕분에 이렇게 살아가시는 모습을 보니 너무 감사했다.

아버지와 장인, 장모님의 만남에서

여행을 마무리하며 당진으로 가기 전 인천에 들렀다. 아버님(장인어른)을 만나기 위해서였다. 아버님은 경비 일을 하시는데, 철원에서 인천으로 오는 다음 날이 아버님 쉬시는 날이어서 오는 길에 아버님께 전화를 드렸었다.

"아버님, 내일 점심 어떠세요? 저희 아버지랑 같이 가려고요."

하지만 아쉽게도 아버님은 마침 그날 함께 일하시는 경비원들과 점심 약속이 있다고 하셨다. 한 분이 새로 오셔서 식사를 대접하신다고…. 그런데 한 달 전부터 약속을 잡기도 했고, 그날만 모두 참석 가능하다고 해서 그 약속을 뺄 수가 없다고 하셨다. 그래도 이번이 아니면 아버지와 함께 아버님을 뵙기 쉽지 않기에 점심 이후에 차라도 한잔하자고 말씀드렸다. (덕분에 큰고모와 점심을 함께할 수 있었다.)

부천에서 출발하면서 아버님께 전화를 드렸다. 우리는 처갓집 근처에 있는 빵 맛집에서 뵙기로 했다. 30분 정도 걸려서 도착했는데, 어머님(장모님)도 함께 나와 계셨다. 반갑게 인사를 하고 음료를 주문한 후 어르신들끼리 대화하는 동안 나는 빵을 골랐다. 아버님과 어머님 드릴 빵, 어머니 드릴 빵, 우리 집으로 가져갈 빵을 고르고 계산하는데, 빵값이 꽤 나오는 게 아닌가! 하하하.

사실은 결혼한 지 1년 안 돼서 처가에 큰 어려움이 생겼었다. 당시 국내 최대 다단계 사기 사건으로 전국이 들썩였는데, 장인, 장모님도 그 일에 참여하셨던지라 그 충격은 어마어마했다. 그런데 더 충격적인 건, 그 일로 처가에만 어려운 일이 생긴 것이 아니라 그것에서 파생된 문제로 우리 부모님 댁에도 어려움이 생긴 것이다. 아버지가 힘들게 일하셔서 받게 되실 퇴직금의 일부를 손해 보시게 됐기 때문이다. 그 일로 우리 부모님, 특히 아버지가 처갓집에 크게 실망하셨었다. 그때의 분위기로는 아버지가 다시는 아버님과 어머님을 안 볼 수도 있겠다는 생각이 들 정도였다. 만약 그때 나와 아내가 중심을 잡고 있지 않았다면, 나와 아내가 마음을 모아 양가 부모님께 잘하지 않았더라면, 우리 부부는 어쩌면 이혼하게 되었을지도 모른다. 그런 상태로 꽤 시간이 지났는데, 어느 날 아버지가 이런 말씀을 하셨다.

"그래, 돈은 있다가도 없을 수 있지. 사돈 어르신들이 일부러 그러신 것도 아니니까 이제 잊어야겠다."

그 뒤로 아버지는 노여움, 서운함, 안타까움 등을 다 내려
놓으셨고, 아버님과 어머님을 다시 이전처럼 대해 주셨다. 감
자나 쌀 등 농산물을 수확하면 보내 드리기도 하고, 애경사
가 있으면 찾아가서 인사도 하는 등 지금까지 양가가 왕래하
며 잘 지내고 있다. 얼마나 감사한지 모른다. 그날도 어르신
들 옆에서 대화하는 걸 들으며 얼마나 감사하던지! 분위기도
화기애애했고, 아버지도 기분이 좋으셨는지 또 아들 자랑을
하셨다. 아버님과 어머님도 사위 자랑을 하셨고, 본의 아니게
대화의 중심에 서게 됐다. 하지만 그날 나에게 일정이 있어서
당진에 갔다가 다시 부천으로 와야 했기에 오랜 시간을 함께
할 수는 없었다. 40분 정도의 대화를 마치고 헤어질 수밖에
없었지만, 그래도 이렇게나마 서로 얼굴 뵙고 인사를 나눌 수
있어 참 행복했다.
    그 후 당진으로 향했다. 다행히 차가 밀리지 않아 1시간
20분 정도 걸려 당진에 도착했는데, 어머니가 우리를 마중
나와 계셨다. 아버지는 내리시자마자 큰고모님께 보내야 한
다고 가지와 고추를 따셨고, 어머니는 우리와 고모에게 줄 김
치를 챙기시며 아주 분주히 움직이셨다. 나도 주신 것들을 부
지런히 차에 실었다. 바로 출발해야 했기에 집 안에도 들어가
지 못했다. 그래도 나는 그날을 기념하고 싶어 아버지, 어머

니와 함께 기념사진을 찍었다. 그러고는 바로 출발하려고 하는데, 왜 그리도 울컥하던지!

그렇게 아버지와의 두 번째 여행이 끝났다. 운전을 오래 했고, 다양한 일정 등을 소화하느라 피곤했지만, 마음만큼은 보람으로 가득 찼다. 게다가 아버지, 큰고모, 아버님, 어머님, 그리고 동생까지도 모두 좋아하니 너무 행복했다. 무엇보다 아버지가 가 보고 싶었던 곳에 가실 수 있어서, 그리고 아버지께 좋은 추억을 만들어 드릴 수 있어서 너무나 행복했다. 앞으로 이런 시간들이 또 얼마나 주어질는지 모르겠다. 매년 어떻게든 시간을 내어 아버지와 단둘이 시간을 보낼 수 있으면 좋겠다.

철이 든다는 것은

우리는 "결혼을 해야 철이 든다, 부모가 되어 봐야 철이 든다, 힘든 일을 겪어 봐야 철이 든다" 등 종종 '철이 든다'라는 말을 하곤 한다. '어른스러워졌다'를 의미하는 것 같기도 하고, '무언가를 깨달았다'를 의미하는 것 같기도 하다. 표준국어대사전에서 '철'을 검색하면 다음과 같이 나온다. "규칙적으로 되풀이되는 자연 현상에 따라서 일 년을 구분한 것. 한 해 가운데서 어떤 일을 하기에 좋은 시기나 때. 알맞은 시절." 이를 볼 때 '철이 든다'라는 말은 어떤 '때'와 관련이 있는 용어 같다.

나는 목사로서 성경을 가르치는 일을 하고 있다. 창세기부터 요한계시록까지 각 권을 개관하면서 그 안에 담긴 메시지를 성도들에게 전한다. 이때 무엇보다 강조하는 것은 하나님께서 왜 이 글을 우리에게 보내셨는지를 생각해 보는 일이다. 다시 말해 성경에 담긴 '하나님의 마음'을 알자고 강조한다.

이렇게 하나님의 마음을 아는 것과 철이 든다는 것이 비례하지 않나 싶다. 많은 경우 신앙생활을 처음 시작할 때는 하나님께 이것저것 바라는 것이 많다. 가령, "하나님, 이것 주세요. 하나님, 저것 주세요"라고 기도한다. 그러다가 기도가 응답(?)되면 하나님께 정말 잘할 것처럼 감사해하고, 기도가 응답(?)되지 않으면 하나님께 삐치거나 하나님을 원망하기도 한다. 하지만 신앙생활 연수가 길어지면서 성경을 알아 가고, 강단에서 선포되는 설교를 들으면서, 또는 신앙 서적이나 신학 서적 등을 읽어 가면서 하나님을 조금씩 더 알아 가고, 하나님의 섭리를 시나브로 깨닫는다. 그러면 어느 순간 우리의 신앙생활은 성숙해져서 어느덧 초기의 모습과는 달라져 있는 자신을 발견하게 된다. 그리고 나 같은 죄인을 향한, 본질상 하나님의 진노의 대상이었던 자신을 향한 하나님의 크나큰 사랑을 더 깊이 깨달을수록 하나님께서 자신에게 무언가를 해 주지 않으셔도 하나님의 존재만으로도 만족하며 감사하게 된다.

하나님의 말씀을 읽으면 읽을수록, 하나님께서는 우리가

점점 더 성숙해져 독립적으로 살기를 원하시는 것 같다. 하나님께서는 이미 성경을 통해 우리에게 어떻게 살아가야 할지를 가르치셨으니 우리는 날마다 그 말씀을 마음에 새기고, 현실에서는 그 말씀에 의지하여 하나님의 자녀답게 독립적으로 살아가기를 바라시는 것 같다. 이는 마치 부모가 자신이 살아온 인생과 신념을 자녀에게 전수하고, 그것을 바탕으로 자녀가 독립적으로 살아가기를 기대하는 것과 같지 않을까. 그리고 이렇듯 신앙 안에서 성숙해지는 과정이 바로 신앙적으로 철이 드는 것이 아닐까 생각한다.

성경을 읽으며 이러한 하나님의 사랑과 뜻을 알아 가면서, 언제부터인가 아버지를 바라보는 관점도 바뀌었음을 깨달았다. '하나님께서 나를 사랑하시듯이 아버지도 나를 사랑하시겠구나'라고 생각하게 되었다. 물론 아버지도 사람이기에 아버지의 사랑을 감히 하나님의 사랑과 비교할 수는 없다. 인간이기에 아버지의 사랑은 왜곡될 수도 있고, 이기적인 형태로 나타날 수도 있고, 서툴렀을 수도 있다. 그럼에도 시간이 지나면서, 나도 아버지가 되어 가면서 그 속에는 사랑이 있었음을 깨닫게 되었다.

나도 어릴 때는 아버지께 이것저것 요구를 많이 했다. 물론 기억은 잘 안 나지만 아기 때는 배고프면 울고, 똥을 싸도 울고, 조금만 불편해도 울고, 필요한 것이 있어도 울었을 것이다. 당연히 부모님의 어려움은 헤아리지 않았을 것이다. 내 아이들이 그랬던 것처럼 말이다. 하지만 커 가면서, 초등학교, 중학교, 고등학교, 대학교에 진학하면서, 결혼하고 아이들을 키우면서, 무엇보다 회심 후 성경을 읽으면서, 나의 입장에서 사고하던 것들이 아버지의 입장에서 사고하는 것으로 무게 추가 기울어지고 있는 것 같다.

그래서 솔직히 지금은 아버지께 바라는 것이 거의 없다. 아버지가 건강하셔서 오래오래 내 곁에 계시기를 바랄 뿐이다. 오래오래 아버지의 얼굴을 보고 아버지의 목소리를 듣고 싶을 뿐이다. 지금은 그냥 아버지가 살아 계신 것만으로도 감사할 뿐이다. 그 존재만으로도 내게 힘이 된다. 하나님이 내게 아무것도 해 주지 않으신다 해도 그 하나님의 존재만으로 내게 큰 힘이 되는 것처럼 말이다.

에필로그

작년 여름, '아버지'와 관련한 글을 함께 써 보자는 제안을 받았다. 그 제안에 어떠한 고민도 하지 않고 알겠다고 대답했다. SNS에 아버지와 관련한 에피소드를 쓴 적도 여러 번 있었기에 금세 글을 쓸 수 있을 줄 알았다. 하지만 머지않아 그것이 착각이었음을 자각하며 큰 후회를 했다. '내가 왜 이 제안을 받아들였을까…. 글감도 없고, 심지어 글재주도 없는데….'

혹시나 싶어 과거 SNS에 포스팅한 글들을 찾아보았다. 그런데 생각보다 아버지와 관련한 에피소드가 적었다. 게다가 아버지가 생존해 계시니 적절한 글감을 찾는 것도 쉽지 않았다. 어떻게 해야 할까, 몇 개월을 고민한 것 같다. 분명 작년 9월 말이 1차 마감 시한이었는데, 진도를 거의 못 나간 채 1차 마감 시한을 넘겼고, 2차 마감 시한이었던 10월 말도 넘겼다. 다른 분들은 이미 원고 작성을 마치셨는데, 나 때문에 출간이 미뤄지는 것 같아 너무 죄송했다. 그래도 이왕 늦은 것, 잘 써 보고 싶다는 마음이 들었으나 글을 쓰면 쓸수록 역량의 한계를 느낄 뿐이었다.

다시 마음을 가다듬었다. 언어의 한계도 있고 글재주도 없으니 진솔하게 아버지와의 이야기를 전달하자고 마음을 먹었다. 그랬더니 조금은 편해졌다. 그러고 나서 아버지와의 추억을 복기해 보았다. 아버지의 과거 이야기도 들어보고, 때로는 아버지와 어머니의 이야기를 녹음도 했다. 그 기록들을 토대로 글을 써 내려갔다. 아버지가 어떻게 살아오셨는지를 정리했고, 과거에 아버지에게 어떤 감정이었는지, 지금은 아버지에게 어떤 감정인지, 그리고 그 감정은 어떤 계기로 변하게 되었는지 돌아보았다. 그 과정에서 '내가 정말로 아버지를 사랑하고 있구나. 이제는 아버지를 그 모습 그대로 수용하려 하는구나'를 느꼈다.

참 행복한 시간이었다. 글을 함께 쓰자고 제안받았을 때부터 에필로그를 쓰고 있는 지금까지의 시간들이…. 때로는 웃고, 때로는 괴롭고, 때로는 눈시울이 붉어지고, 때로는 울기도 했지만, 아버지와 함께했던 시간들을 돌아보는 것만으로도 힐링이 되었다. 아버지는 어떻게 이 글을 읽으실지 모르겠다. 다만 아버지를 사랑하고 존경하는 아들의 마음이 아주 조금이나마 전달되기를 바랄 뿐이다.

"아버지, 사랑하고 감사하고 존경합니다. 아버지께 이 글을 바칩니다."

수필

먼 이름

카라

*** 수련회와 장례식

'콩당콩당…'

수련회에 갈 때마다 마음을 졸였다. 아빠 몰래 가야 했기 때문이다. 며칠 동안 나는 어디를 간다고 해야 할까 적당한 구실을 찾아야만 했다. 대학 졸업을 앞둔 그해 겨울 수련회, 그때도 나는 아빠에게 거짓말로 둘러댔다.

"아빠, 친구들과 졸업 여행 가기로 했어요."
"그러냐? 잘 다녀와."

그렇게 허락이 떨어지면 나는 안도의 한숨을 내쉬었다.
우리 아빠는 기독교를 싫어하셨다. 크리스천들을 '예수쟁이', '사기꾼'이라고 하셨다. 이유는 모르겠다. 특별한 계기가 있다기보다는 기독교가 가진 유일신 사상이 싫었던 것 같다. 아니면 예수 믿는 사람들을 싫어했는지도…. 아빠는 예수를 서양 귀신이라고도 했다. 한 집안에 다른 종교가 생기면 안 된다고도 하셨다. 불교라고 하셨지만 그리 열심이신 건 아니었다. 새해 첫날이나 가끔 절에 가셨고 집안에는 누렇고 긴 종이에 '입춘대길(立春大吉)'이라고 쓰인 부적과 달마도 그림과 불상이 있었다. 해마다 토정비결을 보았고 엄마가 점을 보러 갔었다. 가끔 할머니가 '나무아미타불' 하시며 합장을 하시던 기억이 난다.

내게 교회는 낯선 곳이었다. 그러다가 중학교를 미션 스쿨에 가게 되었다. 행정상의 오류였는지 집 근처 5분 거리에 있는 공립 중학교를 놔두고 버스를 타고 가야 하는 사립 학교에 배정받았다. 동네 친구들은 가까운 곳에 가는데 나만 혼자 멀리 다녀야만 했다. 하나님의 섭리였겠지만 그때는 나만 멀다고 투덜거렸던 기억이 난다. 이대 병설 중학교였는데, 우리는 토요일마다 이대 강당에서 예배를 드렸다. 그때 들었던 찬양, 신앙 이야기를 다룬 공연, 각종 다양한 행사들이 세월이 흘러도 좋은 추억으로 남아 있다. 처음 입학하고 학교에서 모두에게 작은 성경책과 찬송가를 나누어 주었다. 그걸 책상 위에 올려놓았는데 아빠가 내 방에 왔다가 보시고는 화를 내시며 던져 버리셨다.

"누가 이걸 가지고 왔냐? 교회에 갔었냐?"

나는 아빠가 왜 그렇게 화를 내는지 알 수 없었다. 그냥 교회에 가면 안 되는구나, 두려운 마음이 들었다. 내가 배정받은 중학교가 이화여대 소속 학교라서 좋아하셨던 아빠였다. 기독교는 싫어하면서 기독교 학교인 이대는 좋아하다니, 그게 참 이상하긴 했다. 아빠는 학교에서 받았다는 말에 화를 누그러뜨리셨다. 대신 교회는 절대 가지 말라고 하셨다. 그 당시 내게 신앙심이 있었던 것도 아니고 아빠 때문에 무서워서라도 교회는 가면 안 되겠다는 생각만 들었다.

내 기억 속의 아빠는 무뚝뚝하고 권위적이셨다. 평일에는 칼퇴근하는 공무원이라 5시 전에 집에 도착하시고 한숨 주무신 후 저녁 드시고 TV 조금 보시고서 잠드시는 게 아빠의 하루 일과였다.

아빠가 늦는 날은 술을 드시고 오시는 날이었다. 그런 날이면 나는 이불을 뒤집어쓰고 빨리 잠들려고 애를 썼다. 얼른 잠이 들고 싶었지만, 그럴수록 잠은 안 오고 온통 귀가 바깥을 향해 커졌다. 골목 어귀부터 소란한 소리가 들리면 심장이 쿵쾅거렸다. 심장 박동은 점점 커지고 나중에는 내 심장 소리도 튀어나와 귀에까지 들려왔다. 그 시간이 얼마나 길게 느껴졌던지! 브레넌 매닝(Brennan Manning)이 그의 회고록에서 아이의 공포는 시간이 아니라 '숨'으로 센다고 했는데 나도 그랬다. 그 '숨'이 나에게는 '쿵! 쿵!' 울리는 심장 소리였다. 아빠는 주로 엄마랑 싸우셨고 자녀들을 때리거나 괴롭히지는 않으셨다. 딱 한 번 고등학교 때 어디서 그런 용기가 났는지 아빠에게 대들었다가 뺨을 맞은 적이 있었다. 처음 아빠한테 맞은 거라 놀랐지만 많이 아프지는 않았다. 아빠가 그렇게 힘껏 때리지는 않았다는 느낌이었다. 술이 깬 다음 날 아침 아빠는 미안한 얼굴로 내 방에 오셨다. 후회가 가득한 표정으로 내 얼굴을 만지시며 괜찮냐고 물어보셨다. 나는 대답하기 싫어서 자는 척을 했다. 아빠가 무섭고 싫었다. 술 드시고 화를 내는 그 모습이 내게는 늘 공포였다. 늘 술에 취하신 건 아니었는데도, 술을 드시는 날보다는 평온했던 날이 더 많았는데도, 내게 아빠의 모습은 화가 난 얼굴로 떠오른다. 내 기억 속에 남아 있는 아빠의 이미지는 술에 취하고 무서운 얼굴이다. 따스하고 편안한 모습도 있었을 텐데 말이다.

십 대가 되고 나서는 아빠와 더욱 서먹해졌다. 게다가 내가 고등학생이었을 때 아빠 직장이 대전으로 이전하게 되었다. 그때 아빠는 가족들이 함께 가길 바랐었다. 그러나 우리는 서울에 남길 바랐고, 아빠 혼자 가길 원했다. 사랑하는 이들은 대부분 오래 못 만나면 보고 싶어서 더 애틋한 관계가 되지만, 안 보면 더 멀어지는 관계도 있다. 그나마 매일매일 보면서 가졌던 익숙함마저 사라지고 낯설어진다. 엄마를 따르는 두 딸은 아빠랑 멀어져 갔고 아빠를 좋아했던 막내 남동생만은 아빠를 더욱 그리워했다. 당시 우리 집 풍경은 아빠가 오시면 다들 각자 자기 방으로 도망가 버렸고, 아빠가 주일 밤에 대전으로 내려가시면 그제야 거실로 나와 편하게 TV를 보거나 자유로운 분위기가 되었다.

문제는, 내가 대학에 가서 예수님을 만나 믿음을 갖게 되면서부터였다. 나에게 예수님을 믿는데 가장 큰 장애물은 아빠였다. 안 그래도 아빠를 무서워하는데 예수쟁이라면 치를 떨고 싫어하는 아빠에게 차마 교회에 가겠다는 말을 할 수가 없었다. 그래서 주일에는 친구 만난다고 하고서 몰래 교회에 갔다. 수련회 갈 때마다 거짓말을 했다. 아빠가 주말에만 오시니 얼마나 다행인지 몰랐다.

그해 수련회는 대학을 졸업하기 전 마지막 겨울 수련회였다. 나는 졸업반이라 수련회 자원봉사자로 지원했다. 가서 이틀 정도 지났을까? 수련회장으로 나를 찾는 전화가 왔다.

"카라야! 너희 엄마한테 연락이 왔어. 아버지가 교통사고가 나서 많이 다치셨대. 얼른 가 봐야 할 거 같아."

전날 밤에 사고가 났다고 했다. 엄마는 아빠가 있는 대전으로 내려가면서 친구에게 부탁을 했다. 핸드폰이 없던 시절이라, 친구가 수소문해서 수련회장 사무실에 연락을 해 왔다. 친구 말로는 아빠가 응급실에 계시다고 했지만, 나는 어쩐지 아빠가 돌아가셨을 것만 같았다. 그래서 114를 통해 대전 병원을 찾아 전화를 걸었다. 간호사에게 이름을 대며 확인을 부탁했더니 아버지가 계신 곳은 응급실이 아니었다. 아빠는 이미 영안실에 계셨다.

그다음부터는 기억이 흐릿하다. 누가 나를 역까지 데려다주었는지, 기차표를 내가 끊었는지 아니면 누가 끊어 주었는지 잘 모르겠다. 그렇게 나는 아빠가 계신 대전을 향해 기차에 올랐다. 이상하게 아무런 느낌이 없었다. 가는 동안 무슨 생각을 하면서 갔는지 모르겠다. 그러는 사이 기차는 대전역에 도착했고, 대합실에서 나오자마자 나는 화장실부터 먼저 달려갔다. 밖에 나오면 화장실에 잘 못 가는데 그날따라 급하게 신호가 왔다. 그러고는 수련회 동안 못 가고 누적된 것까지 다 배설하고 말았다. 시원했다. 후련함을 느끼는 내가 잘못된 거 같았다. '뭐지?' 그때로부터 26년이 흘렀는데 그 시간들 가운데 화장실에 갔던 기억만 선명하다. 아빠가 영안실에 누워 있다는데 전혀 서두르지 않는 나의 모습, 그리고 배설의 시원함, 홀가분함이 마치 아빠의 죽음을 대하는 나의 마음 같았다. 부정하고 싶지만, 그때 내가 느낀 것은 안도감이었다. 그리고 죄책감…. 내가 아버지의 죽음을 바랐던 건 아닐까? 그랬던 걸 아닐까?

* * *

기억 속으로

빛바랜 사진 속 아빠는 지금의 나보다 젊다. 아빠를 따라 갔던 보라매공원인가, 커다란 비행기가 있는 배경 앞에 서 있 는 사진, 바가지 머리를 한 통통하고 귀여운 아이가 아빠 손 을 잡고 있다.

어릴 때 나는 고집이 셌고 한 번 삐지면 심통을 오래 부리 는 아이였다. 어느 날 아침, 무엇 때문인지 엄마한테 화가 나 서 방문을 잠그고 있었다. 방구석에 숨어 있는데 창문 사이로 아빠의 얼굴이 보였다. 막 출근하시려는 길이었다.

"카라야, 아빠 시계 좀 이쪽으로 줄래?"

창문 틈으로 아빠의 손이 보였고 나는 시계를 찾아 건네 드 렸다. 아빠가 뭔가 달래는 말을 하시고 웃어 보이셨다. 그때의 다정한 표정, 목소리는 아직도 기억이 난다. 당시에는 카세트 테이프에 녹음을 많이들 했었다. 지금이야 영상을 찍지만, 그 때는 공테이프를 넣고 녹음해서 나만의 테이프를 만들곤 했었 다. 라디오 방송이나 음악을 녹음해서 라벨을 붙여 보관했다. 거기에는 어릴 적 우리들의 목소리가 녹음된 것들도 있었다. 카세트에 넣어 플레이 버튼을 누르면 테이프 중심에 작은 톱

니바퀴 같은 두 개의 원이 테이프를 감으면서 빙글빙글 돌았다. 처음 한두 바퀴 돌아가면 그때부터 소리가 들려오기 시작한다.

"퍼얼 펄 눈이 옵니다. 하늘에서 눈이 옵니다.
 하늘나라 선녀님들이 하얀 가루 떡가루를
 자꾸자꾸 뿌려 줍니다. 자꾸자꾸 뿌려 줍니다~ ♪"

동생이랑 같이 부르다가 웃다가 갑자기 "앙~" 하고 울더니 아빠를 조른다.

"아빠~ 새우깡 사 줘. 새우깡 먹고 싶어. 새우깡~!"

새우깡을 사 달라는 동생의 소리, 웃는 소리 우는 소리, 달래는 소리….

세월이 흐르고 중학생 때인가, 그 테이프를 꺼내 몇 번이고 반복해서 들었던 기억이 난다. 들을 때마다 간지럽기도 하고 낯설었다. 녹음된 가족들의 목소리는 행복해 보였지만 이상하게 비현실적이기도 했다. '예전에 우리는 그렇게 다정하고 정겨웠었나?' 중학생이 된 나에게는 그게 벌써 낯설고 오랜 기억이 되었다. 그 녹음 테이프는 더 이상 유효하지 않은, 낯선 유년의 추억 같았다.

나는 지금 아빠의 '좋았던' 기억들을 떠올리는 중이다. 없었던 건 아니다. 내가 대학에 떨어졌던 날, 아빠는 내가 본 얼굴 중에 가장 너그럽고 자애로운 표정으로 나에게 말씀하셨다. 실패해도 괜찮다고, 다시 하라고, 힘내라는 응원을 하셨다. 사실 나는 혼날 거라고 생각했다. 시험에 떨어지고 대학도 못 가게 되어 절망하고 있을 때 괜찮다고 하시다니… 의외였다. 기대하지 않았던 순간에 부드러워지신 아빠, 내가 아빠에 대해서 잘 몰랐던 걸까?

사람에게는 여러 면모가 있다. 술 먹고 화내고 무서운 모습도 있지만 따스하고 다정한 모습도 있다. 똑같은 사람이라도 상황에 따라 상대에 따라 다양한 모습이 나타난다. 내 안에 있는 좋은 걸 끌어내는 사람이 있다. 그런 사람을 만나는 건 축복이다. 그게 가족이라면 얼마나 좋을까. 아쉽게도 많은 가족들이 서로 자신 안에 있는 나쁜 것들을 끄집어내면서 살고, 나쁜 것들을 기억하게 되는 것 같다. 기억해 내야 할 좋은 것들이 많을 텐데 말이다.

우리 가족

내가 일곱 살 때 남동생이 태어났다. 딸 둘에 아들을 바라던 우리 집의 경사였다. 할머니는 덩실덩실 춤을 추시고 아빠는 밤늦게까지 술을 드시고 왔다. 그날은 그래도 술주정을 가장 기분 좋게 하셨다. 누구도 괴롭히지 않으시고 아무것도 부수지 않으셨다는 뜻이다. 남동생의 탄생은 집안의 기쁨이었다. 더구나 나랑 2년 터울 여동생 이후 5년 만에 태어난 동생이었다. 엄마는 동생이 태어나기까지 몇 차례 낙태를 하셨다. 딸이라서, 혹은 딸인 줄 알고 죽어야 했던 동생들을 생각하면 끔찍하다. 그때만 해도 나라에 인구가 많다고 산아 제한을 하던 시기라 낙태가 참 쉬웠다고 한다. 그래도 그렇지, 너무하다. "아들딸 구별 말고 둘만 낳아 잘 기르자!"라는 두 자녀 정책도 모자라 "하나씩만 낳아도 삼천리는 초만원"이라는 그 당시 가족 캠페인 표어를 보면 사회적 분위기가 어땠는지 알 수 있다.

2024년 인구 절벽의 위기 앞에 선 지금, 과거 그 정책이 얼마나 어리석었는지 보여 준다. 많은 자녀를 낳으면 환영받지 못하던 시절, 그럼에도 우리 부모님이 자녀를 더 낳아 키우셨다는 건 감사한 일이다. 하지만 그건 아들을 바랐기 때문이었다. 그 사이로 몇 명인지 모를 딸들이 죽어 갔다. 안타까운 일이다. 나도 유산을 한 적이 있다. 하지만 내가 원했던 게 아니었다. 네 아이를 낳기 전 첫 임신이었는데, 초음파를 보러 갔던 날 아이의 심장이 뛰지 않았다. 계류 유산이라 마취를 하고 긁어내는 수술이었다. 의식이 없었지만 깨어나서 알았다. 내 온몸이 울고 있었다. 남편은 그 장면이 충격이었다고 한다. 나는 눈을 감은 채 어깨를 들썩이며 통곡하면서 깨어났다. 내 무의식 가운데 아이의 죽음을 슬퍼하고 있었던 걸까.

기껏해야 1cm, 작은 생명이었지만 나는 그게 생명을 위한 애도였다고 생각한다. 나의 눈물이자 하나님의 눈물 같았다.

기다렸던 아들이라 그런지 아빠는 남동생을 무척 예뻐하셨다. 그렇다고 그게 불만스러웠던 건 아니었다. 남동생은 나와 일곱 살 차이가 나는 데다가 내가 봐도 정말 귀여웠다. 하지만 부모의 편애는 가족 관계를 깨뜨린다. 그게 아쉬운 점이다. 내가 아빠에게 별 애정이 없었던 게 아빠의 술버릇 때문만은 아니었다. 언제부터인가 아빠를 보면 데면데면하고 어색해졌다. 같은 공간에서 산다고 해서 저절로 친밀해지는 건 아니다. 아빠와의 정서적 교류가 점점 사라졌다.

반면 남동생은 달랐다. 그래서인지 아빠가 돌아가시고 나서 동생은 심적인 타격이 컸던 것 같다. 아빠를 닮아 말수가 적은 아이지만 그 아이 마음에는 아빠가 그립고 보고 싶었을 것이다. 그런 동생이 부럽기도 했다. 사랑해야 할 대상을 사랑하지 못하는 건 슬픈 일이다. 나는 아빠를 사랑하지 않아서, 아빠의 죽음이 슬프지가 않아서 괴로웠다.

나는 아빠 때문에 우리 가정이 불행하고 아빠가 술을 많이 먹고 엄마를 괴롭혀서 집안을 힘들게 한다고 생각했다. 그래서 아빠만 바뀌면 모든 문제가 해결되는 줄 알았다. 일곱 살 때인가 그날도 아빠가 술을 드시고 와서 엄마랑 싸우고, 엄마는 울면서 밖으로 나갔다. 캄캄한 밤 엄마를 따라갔던 골목길 어귀 작은 상가 건물 계단에서 쪼그리고 앉아 우는 엄마가 보였다. 엄마는 울면서 이렇게 말씀하셨다.

"엄마는 황금의 노예로 살고 있다. 이렇게 살기는 싫구나…."

그때는 '황금의 노예'가 무슨 뜻인지 잘은 몰랐지만, 엄마가 힘들고 불행하다는 건 알았다. 나는 아빠가 술을 많이 마시고 엄마가 많이 울어서 슬펐다. 이 모든 일이 아빠 탓인 것 같았고, 그래서 더욱 아빠가 싫어졌다. 나에게 엄마는 좋은 사람, 아빠는 엄마를 힘들고 괴롭게 하는 사람이었다.

부부가 서로 사랑하지 않으면 아이들도 서로 갈라진다. 엄마랑 아빠 중 하나를 선택해야 한다. 우리 집의 경우는 나와 여동생은 엄마를 따랐고, 아빠는 남동생을 편애했다. 아빠는 딸들과 갖지 못하는 특별한 정과 유대감을 아들과 나누었다. 그러다 보니 엄마와 딸들 사이에는 아빠가 비집고 들어올 자리가 없었다. 엄마가 직장에서 퇴근하면 나는 조르르 달려가 엄마를 붙들고 하루 일과를 조잘조잘 떠들었다. 아빠는 남동생, 나는 엄마, 여동생은 어중간한 위치였고, 할머니는 우리 가족의 살림을 도와주는 도우미 같았다.

그런데 아빠가 돌아가신 이후, 뜻밖에도 엄마의 평가가 달라졌다. 엄마는 아빠의 좋은 점을 말하기 시작했다. 죽은 사람에게는 너그러워지는 걸까?

"그놈의 술이 웬수였지! 네 아빠가 얼마나 양순하고 반듯한 사람인지, 밖에서는 별명이 '공자'였고 법 없이도 사는 사람이었다니까!"

아빠는 생각보다 더 좋은 분이었나 보다. 엄마가 아빠를 좀 더 좋게 말씀해 주셨더라면 나았을까? 살아 계실 때 아빠 편 좀 들어 주시지 말이다.

나중에야 알았다. 아빠의 나쁜 술버릇은 할머니의 죽음에서 시작되었다. 어느 날 집에 도둑이 들었는데 어둠 속에서 도둑과 맞닥뜨린 할머니가 그만 너무 놀라 쓰러져 심장 마비로 돌아가셨다고 한다. 우리와 함께 살았던 할머니는 아빠의 새엄마셨다. 할머니의 죽음이 한이 되었던 건지, 아빠는 어린 나이에 슬픔과 분노를 술로 풀기 시작했다. 첫술부터 나쁜 버릇이 생겼다. 평소에는 순하셨지만, 술의 힘을 빌리면 맺힌 한을 폭발하셨던 것 같다. 일단 술이 들어가면 아빠는 고주망태가 될 때까지 마셨고 인사불성이 되었다. 술이 잔뜩 취해서는 집안사람들을 깨워 괴롭히다가 새벽까지 바깥을 배회하고 다녔다. 아빠가 돌아가시던 날도 퇴근 후 늦게까지 회식을 하며 술에 취했다. 왜 그랬는지, 아빠 혼자 계룡산 드문 곳을 배회하고 다녔나 보다. 그러다가 인적 드문 도로에서 트럭에 치었다는 것이다. 사람들은 이 점을 이상하게 생각했지만, 우리는 아빠가 술을 드시고 새벽에 거기까지 갔다는 사실에 놀라지 않았다. 오히려 사고를 낸 그 트럭 운전사가 딱하다고 생각했다. 그 아저씨도 새벽 컴컴한 도로에 사람이 있을 거라고 어디 생각이나 했을까.

아빠는 우리를 사랑했을까? 당연히 사랑하셨을 것이다. 그걸 의심하지는 않는다. 그러나 나는 그게 와닿지가 않았다. 와닿지 않는다는 건 생각보다 큰 문제다. 사랑이 닿지 않으면 마음이 열리지 않는다. 그래 놓고 상대가 사랑이라 우기면 불편해질 뿐이다. 아빠는 선물을 주고 용돈을 주며 애정을 표현했다. 가끔 아빠를 쳐다보기만 해도 지갑에서 돈을 꺼내 주셨는데, 아빠는 그게 사랑이었겠지만 나는 그렇게 느끼지 못했다. 내게 아빠는 무섭고 불편하고 어려운 분이었다.

아빠는 뭔가를 주는 식으로 사랑을 표현했다. 퇴근하시면서 가끔 제과점에서 예쁜 상자에 담긴 수제 초콜릿을 사 오셨다. 달콤한 초콜릿, 그것 역시 아빠가 어렸을 적 너무나 먹고 싶었던 간식이었을까? 용돈을 주고 뭔가를 사 주는 아빠, 그러나 그것만으로는 관계가 형성되지 못했던 것 같다. 아이들은 부모의 사랑을 받으면서도 사랑받지 못한다고 느낀다. 슬프지만 그렇다.

풍요 속 빈곤

"너희 어릴 때 너희랑 함께 있었어야 했어. 돈 번다고 나가지 말고 시간을 함께 보낼걸. 그게 후회된다."

엄마가 종종 하시는 말씀이다. 그러나 삶은 선택이 아닐까? 내가 택한 것과 택하지 않은 것 중 어느 것도 100% 만족을 주지는 못한다. 그래서 어렵다. 그 당시 두 분 다 일을 하셨기에 우리 가족이 좀 더 안정되고 풍족한 삶을 살 수 있었다. 우리 부모님은 맞벌이를 하며 열심히 돈을 버셨다. 내가 열 살 때 서울 한복판에 집을 사셨고, 우리에게 부족함 없이 원하는 것들을 채워 주셨다. 지금도 엄마는 가끔 이런 말씀을 하신다.

"우린 그때 아이 도시락 반찬에 소시지 해 주고 맛있는 거 싸 주면 그게 최고인 줄 알았다. 그냥 맛있는 거 많이 해 주고 돈 많이 벌어서 갖고 싶은 거 사 주면 다인 줄 알았지."

그랬다. 그때는 학교 급식 대신 도시락을 싸 들고 다녔던 시절이다. 공교육도 지금처럼 무상교육이 아니었다. 가끔 주변 지인들 중에 어떤 이는 어릴 적 집안이 어려워 도시락이 빈약해서 주눅 들고, 학용품을 못 사서 힘들었다는 말을 한다. 그런데 나는 한 번도 그래 본 적이 없었다. 어릴 때 가난했던 우리 남편은 준비물을 못 챙겨 가서 선생님께 맞았다고 한다. 그 얘기를 듣고 깜짝 놀랐다. 납부금을 못 내면 선생님께 불려 가서 혼이 난다는 것도 몰랐다. 내가 경험하지 않으니 관심이 없었고, 그런 게 보이지 않았다. 학교 다닐 때 친구들이 돌아가며 생일에 한턱내고 선물을 주고받았는데, 굳이 자기는 빠지겠다는 친구가 있었다. 왜 그런지 나는 잘 몰랐다. 그 친구랑 같이 분식집이나 매점에 가면 내가 늘 계산했지만, 내가 좋아서 산 거지 친구의 주머니 사정을 배려해서가 아니었다. 부유한 사람들은 같이 놀고 즐기는 데는 선뜻 주머니를 열지만, 상대방의 어려운 속사정은 보지 못한다. 몰라서 그렇다. 말해 주면 모를까(그런데 그걸 어떻게 말로 하나?) 당장 돌아갈 차비는 있는지, 상대방에게 생필품이 얼마나 절실한지, 있어도 그만 없어도 그만인 선물보다 현금이 더 요긴하다는 걸 모른다. 겉은 멀쩡해 보여도 그 너머에는 당장 먹고살 걱정에 얼마나 전전긍긍하는지를 모른다. 그걸 아는 사람은 대개 가난이 뭔지 경험해 본 사람이다.

내가 그랬던 것 같다. 부족한 게 없고 용돈이 풍족했던 나는 학교 끝나면 군것질이나 문방구에 들러 사고 싶은 걸 샀다. 읽고 싶은 책이 있으면 동네 서점에 들러 사 오고, 듣고 싶은 음악이 있으면 테이프나 CD를 사서 모았다. 그런데 이상한 게 있다면 그러면서도 우리 집이 부유하다는 생각은 안 들었다는 점이다. 딱히 무엇이 부족하거나 결핍을 느껴서가 아니었다. 우리 부모님의 삶에 여유가 느껴지지 않았다. 그 당시에는 다들 그랬겠지만, 부모님은 더 풍족한 미래를 향해 달려가느라 바쁘셨다. 열심히 사셨지만, 가족끼리 오붓하게 시간을 보내거나 함께 놀고 대화할 시간이 없었다. 너무 가난하면 삶의 여유를 누리기 힘든 게 사실이다. 하지만 돈이 많다고 해서 삶에 여유가 저절로 생기는 건 아니다. 삶을 여유롭게 누리는 건 마음의 여유에서 나온다.

정신적 풍요로움은 다른 문제이다. 물론 외적인 결핍이 삶을 고단하고 힘들게 하는 건 사실이다. 하지만 어느 정도 충족되고 물질적 여유가 있어도 사람들은 만족하지 못한다. 그것을 누리고 나누기보다는 더 많은 것을 향해 달려가느라 바쁘다. 가족을 돌아보고 같이 시간을 보내며 그 관계 속에서 즐거움을 만드는 일은 돈으로 만들어지지 않는다. 간혹 "어렸을 때 가난하고 힘들게 살았는데 그때는 가난을 잘 느끼지 못했다, 우리 집이 가난하다는 생각을 못했다"라고 회상하시는 분들을 만난다. 반대로 집이 살 만하고 꽤 부자였는데도 부유하다는 느낌을 갖지 못했다는 사람도 있다. 아이의 시선은 부모의 시선을 따라가기 때문이다. 가난 속에서 행복을 찾아내고 가족 간에 애정을 누리며 살았던 아이는 가난이 의식되지 않는다. 커 가면서 집안 사정을 알게 되지만 적어도 그 유년만큼은 풍요롭고 따뜻한 기억을 가질 수 있다.

아이의 필요를 돈으로 해결해 주다 보면 아이가 가진 정서적 결핍을 알아채지 못한다. 옷과 음식, 장난감이 없으면 채워 줄 수 있지만 보이지 않는 필요들은 무심하게 된다. 나의 어린 시절과 청소년기는 물질적으로는 부족함이 없었으나 정신적으로는 채워지지 않았다. 그런 상태에서 물질적 풍요는 만족감을 주지 않는다. 정신적 충족이 결여된 풍요는 삶을 따분하고 지루하게 만든다.

그래서 나는 엄마가 안 가 본 길을 택했다. 엄마가 그 당시로는 드물게 '일하는 엄마'를 택한 것처럼, 반대로 나는 '집에 있는 엄마'가 되었다. 경제적으로는 쪼들렸지만 아이들과 함께 있기로 했다. 그들에게 비싸고 좋은 것들을 사 주기보다는 내 시간을 주기로 했다. 그게 내 사랑, 내가 가장 좋다고 생각해서 선택한 사랑의 방식이었다.

그렇다고 부모님의 삶의 방식을 완전히 부정하는 건 아니다. 그 당시는 가난을 면하고 안정된 삶을 사는 게 더 중요했다. 가난이 한이 되는 시절이었기에 엄마가 선택한 것도 사랑이었다. 가족들에게 좋은 것을 제공하려고 노력했던 부모님의 삶 역시 사랑과 희생이었다. 지금도 그렇지만 그때는 더욱 자기실현과 꿈보다는 먹고 살기 위한 생존의 직장이었다. 요즘은 아이들이 학교에서 급식을 먹으니 집에서 도시락을 싸줄 필요가 없다. 가끔 체험 학습 갈 때 김밥 몇 번 싸주면 된다. 더구나 요즘은 현장에서 단체로 사 먹기도 해서 도시락 싸는 일이 거의 없다. 그런데도 아침, 저녁 밥하기가 얼마나 귀찮은지, 이것도 만만치가 않다.

문득 그 옛날 우리 엄마는 매일매일 도시락을 어떻게 싸셨을까 궁금하다. 고등학교 때는 도시락을 두 개씩 가져갔으니 얼마나 큰 수고인가? 엄마는 반찬에 신경을 많이 썼다. 고기 반찬, 계란, 소시지는 돌아가며 늘 있었고 가끔 햄버거 같은 맛있는 추가 요리도 넣어 주셨다. 엄마는 우리와 함께 있지 못하는 미안함을 음식으로 만회하려고 하셨던 것 같다. 우리 집은 과일이나 라면 같은 부식품들도 떨어지지 않게 박스째 쟁여 놓았다. 당연한 줄 알았던 그 수고가 사랑이며 헌신이었다. 새벽부터 일어나 도시락 싸고 직장에서 하루 종일 일하고 돌아와서도 집안일 하느라 엄마가 얼마나 고생하셨는지 그때는 잘 몰랐다. 보이는 사랑이 전부가 아니다. 보이지 않는 수고, 가정을 지키기 위해 짊어지셨던 삶의 무게가 모두 사랑이고 헌신이다.

그럼에도 아쉽다. 그때는 모르고 나이 들어서야 깨닫는 게 무슨 소용일까? 사랑은 현재여야 하지 않을까? 사랑은 같이 있을 때 서로에게 전해지고 같이 경험하고 누리는 것이어야 하지 않은가.

* * *

아빠의 사생활

아빠의 장례식에 오신 분 중에 기억에 남는 조문객이 있다. 두 사람이었는데 한 분은 어떤 아저씨였다. 그 아저씨는 아빠의 영정 앞에서 정말 많이 우셨다. 아빠를 은인이라고 하셨다. 일전에 교통사고를 당했고 내장이 파열되어 길바닥에 흘러내렸는데도 아빠가 그걸 하나씩 다 주워 담으셨다고 한다. (들은 얘기라 정확한 상황은 모르지만, 그 아저씨의 몸에서 나온 것들을 아빠가 꼼꼼하게 챙겼다고 들었다.) 아빠가 그런 분이셨나? 나는 아빠에 대해서 얼마나 알고 있을까? 아빠는 가정에서보다는 바깥에서 더 인정과 칭찬을 받으셨던 것 같다.

다른 한 분은 여자분이셨는데 그분은 장례식 내내 오셔서 조문을 하셨다. 그분이 영정 사진 앞에서 애도하는 모습은 놀라울 만큼 엄숙하고 애절했다. 조용한 몸짓에서 진심 어린 애도가 배어 나왔다. 아저씨가 소리 내어 우셨다면, 그 여자는 숨죽여 절제하면서 울었다. 마음을 담아 슬퍼하는 것이 어떤 것인지 그 여자분을 보면서 느꼈다.

아빠가 그 여자분에게 어떤 도움을 주셨던 걸까? 우리에게는 그분이 참 고맙고 위로가 되었지만, 한편으로는 부끄러웠다. 아빠의 갑작스러운 죽음에 놀라긴 했지만 많이 슬프지는 않았기 때문이다. 울긴 했지만 깊은 절망과 애통은 아니었다. 아빠를 보내는 내가 무정하고 냉담하다고 느꼈다. 친척 중 누군가는 우리의 곡소리가 작다고 화를 냈다. 사실 눈물이 별로 안 났다. 처음 하루 정도는 울었지만, 더 이상 감정이 북받치지 않았다. 슬퍼야 하는데 그러지 못하는 건 당혹스러운 일이다.

장례식장에는 울음소리만 들어도 누가 죽었는지 안다고

한다. 가장 가슴 찢어지는 통곡은 자식이 죽었을 때라고 한다. 그 소리는 옆에 있는 사람까지 눈물짓게 만든다. 나는 아빠의 죽음이 슬프기보다는 미안했다.

장례식을 마치고 엄마와 나는 아빠의 짐을 정리하러 다시 대전으로 내려갔다. 가면서 엄마는 여관 아줌마와 장례식 때 왔던 그 여자분에게 줄 선물을 준비해 갔다. 그만큼이나 그분은 우리에게 인상적이었고 고마운 분이셨다. 우리가 여관 주인 아주머니를 만나기 전까지는 그랬다.

아빠가 머물던 방에 가 보았다. 그때 너무 놀랐다. 아빠가 있던 곳은 작고 허름한 여관방이었다. 아빠는 집을 따로 구하지 않고 여관에 장기 투숙하셨다. 그만큼 절약하고 아끼며 사셨다. 아빠의 흔적이 참 외롭고 쓸쓸해 보였다. 여관 주인 아주머니는 엄마를 보자 한마디 하셨다.

"아니, 사람이 어찌 그리 무심한가? 전화 한 통이라도 하지. 내가 얼마나 연락을 기다렸는데!"

연락 한번 없고 찾아오지도 않았던 엄마, 우리도 그랬지만 엄마도 혼자 살았던 아빠에게 무심했던 것 같다. 여관 아줌마는 그동안 못했던 이야기를 풀어놓기 시작하셨다. 그리고 우리는 엄청난 사실을 알게 되었다. 여관 주인 아줌마로부터 믿을 수 없는 말을 듣게 된 것이다. 인정하기 힘든 이야기였다.

'멘붕이 온다'라는 말이 딱 맞는 표현이라고 해야 하나?

여관 아주머니는 진작에 엄마랑 통화를 하고 싶었는데 서울 전화를 모르니 혹시나 하고 기다렸다고 한다. 아빠가 지냈던 10년 동안 한 번은 여관으로 전화를 할 줄 알았다며 엄마에게 분통을 터뜨렸다. 아빠 이야기를 하면서 많이 우셨다. 나는 그 여관 아줌마가 우리 아빠를 좋아하고 아끼는 것처럼 보여서 신기했다. 나로서는 참 어리둥절한 상황이었고, 이상한 느낌이었다. 내가 본 아빠의 모습과 다른 이들이 보는 아빠의 모습이 달랐다. 그들이 우리보다 아빠와 더 가까운 관계처럼 보였다.

여관 아줌마 말로는 아빠가 바람을 피우고 딴살림을 차렸다고 한다. 자기가 어떻게든 막아 보려고 애썼고 엄마랑 연락이 닿기만을 기다리고 있었는데, 아빠가 죽어서야 나타났다고 애통해했다. 그때만 해도 핸드폰이 없던 때라 집 전화도 모르고 꽤 답답하셨던 모양이다. 그분은 아빠의 죽음을 슬퍼한 만큼 아빠의 여자에 대해서는 분노했다. 엄마도 원망을 들었다. 내가 봐도 우리 엄마는 아빠의 상태에 대해 너무 무지했다. 관심이 없었던 거라고 생각한다.

그제야 우리는 알아차렸다. 아빠의 여자는 장례식에 왔던 그분, 우리보다 더 슬퍼했던 그분이었다는 사실을…. 배우자의 외도를 모르는 경우는 둘 중 하나다. 너무 믿었거나 무관심했거나…. 우리 엄마는 후자였다. 사실 우리 모두가 그랬다. 아빠가 주말에 가고 나면 아빠를 잊고 살았다. 아빠가 오든 말든 신경을 안 썼고, 안 오실 때 오히려 더 편안해했다. 가족이란 무엇일까? 우리는 어떤 가족이었던 걸까?

그럼에도 아빠의 불륜 사실은 우리에게 충격이었다. 엄마에게도 아빠의 바람은 상상 밖의 사건이었다. 그런데 나는 아빠를 비난할 수가 없었다. 아빠의 마지막 삶이 그렇게 외롭지는 않았겠다 싶어 다행이라는 생각마저 들었다. 이상한 말 같지만, 아빠의 부정이 묘하게도 나의 죄책감을 덜어 주었다. 나는 아빠의 죽음을 슬퍼하지 못했다. 슬퍼하고 싶었지만 충분한 슬픔에 도달하지 못했다. 그 때문에 내가 참 무정하고 나쁜 인간처럼 여겨졌다. 이 또한 얼마나 이기적인가? 슬프지 못해 슬프다는 건 상대방을 위한 슬픔이 아니다. 아빠와는 상관없는 나 중심의 나를 위한 감정일 뿐이다.

복선이었을까? 아빠가 돌아가시기 몇 달 전, 나는 아빠가 죽는 꿈을 꾸었다. 꿈에서 아빠가 돌아가셨다. 그때 꿈 얘기를 엄마한테 말했는데 엄마가 아빠한테도 말했던 모양이다. 아빠가 엄마를 통해 내가 얼마나 슬퍼했냐고 물어보셨다고 한다. 그걸 궁금해하셨다는 사실이 마음 아프긴 하다. 아무말도 할 수가 없었다. 나는 겉으로는 아빠에게 대들거나 반항하는 아이가 아니었다. 엄마에게는 투정을 부리고 싸우기도 했지만, 아빠한테는 입을 다물었다. 내게서 아빠는 무서운 존재였지 반항할 수 있는 대상이 아니었다. 아이들이 부모에게 화를 내고 대든다면 그건 아마도 부모가 자신을 받아주리라는 믿음이 깔려 있기 때문일 것이다. 아빠가 진짜 무서운 사람이었는지, 아니면 내가 아빠를 상상 속에서 무섭게 만들었는지는 잘 모르겠다. 아빠에게 반항할 엄두도 못 내고 조용히 웅크린 아이, 그게 나였다.

우리 엄마도 아빠의 죽음 앞에서 의연했다. 슬퍼했지만 가슴이 무너져 내릴 정도는 아니었다. 적어도 내 눈에 비친 엄마는 아빠에게 기대지 않아도 엄마의 삶을 살 수 있는 분이었다. 하지만 배우자의 배신은 다른 문제이다. 아빠를 믿었던 걸까. 엄마는 확인해 보고 싶었던 것 같았다. 여관에서 아빠 짐을 챙겨 서울로 올라온 후 얼마 지나지 않아 엄마는 대전으로 다시 내려갔다. 그 여자분, 아빠의 여자를 만나기 위해….

아빠의 여자

오래된 프랑스 영화 쥘리에트 비노슈(Juliette Binoche) 주연의 〈블루〉가 떠올랐다. 갑작스러운 교통사고로 남편과 아이를 잃은 그녀는 남편에게 여자가 있다는 사실을 알게 된다. 처음에는 믿지 못했고 거짓말이라고 생각했다. 그러나 그 여자의 목걸이, 남편이 자기에게 준 것과 똑같은 목걸이를 보는 순간 그녀는 깨닫는다. 알 수가 없다. 바람피우는 남자가 아내와 애인에게 같은 선물을 하는 이유는 무엇일까?

엄마가 그 여자를 찾아간 것도 같은 마음이 아니었을까?

대전 그 여자의 집에서 엄마는 하루를 보내고 왔다. 여자는 아들 하나 있는 미망인이었다고 한다. 그 여자도 무슨 운명인지, 남편이 죽고 불륜이긴 하지만 사랑하는 사람을 또 잃었다. 장례식장에서 잠시 봤을 뿐이지만 그분은 정말로 슬퍼하고 있었다.

"그 사람 집에 우리 집에 있는 것과 똑같은 가전들이 있더라."

엄마가 말씀하셨다. 같은 TV, 같은 오디오, 같은 냉장고…. 아빠의 로망은 '집'이었을까? 엄마는 거기서 아빠의 흔적을 찾으셨다. 여러 개를 열거하며 말해 줬는데 지금은 기억이 잘 안 난다. 화장실에 있는 무엇, 거실에 있는 무엇 등등. 아빠는 그 여자의 어린 아들에게 우리 남동생이 어릴 때 가졌던 것과 똑같은 선물도 사 주셨다.

하지만 엄마에게 결정타는 이불이었다. 그 집에서 자기 전 (엄마는 어떻게 그 집에서 하룻밤 잘 생각을 했을까?) 이불을 덮으려고 들췄는데, '훅~!'하고 들어온 익숙한 냄새. 아빠의 냄새였다. 그 여자는 아빠가 덮던 이불을 빨지도 않고 있었던 거다. 엄마는 그날 아빠의 체취가 배어 있는 이불을 덮고 하룻밤을 자고 왔다. 엄마가 그날 밤 무슨 생각을 했는지 어떤 마음이었는지는 모르겠다. 아빠가 괘씸했을까? 불쌍했을까?

아빠의 급작스러운 죽음, 장례식, 그리고 아빠의 외도….

이 모든 게 믿기지 않는 꿈인 듯 정신없이 우리를 통과하며 지나갔다. 대전에 다녀온 후 엄마는 아빠를 좀 더 빨리 보낼 수 있었던 것 같다. 그때 엄마의 나이가 50대 초반이었다. 혼자가 되기에는 젊은 나이였다. 이제 나도 곧 그때의 엄마 나이가 된다. 사람들 눈에도 50에 과부가 되는 것이 참 안 되고 불쌍해 보였나 보다. 그럴 만도 하다. 주변에서는 걱정을 많이 했다. 그런데 엄마는 생각보다 덤덤해 보였다. 한번은 엄마랑 둘이 우리의 이런 마음, 아빠의 죽음을 슬퍼하지도 않고 애달파 하지도 않은 우리의 마음을 토로했던 기억이 난다. 어느 날 나는 고해성사하듯 엄마에게 내 마음을 털어놓았다.

"엄마, 나는 아빠가 별로 그립지 않아. 솔직히 말해서 아빠가 없어서 편하기도 해."

그랬더니 엄마도 사람들이 위로하고 걱정해 줄 때면 그다지 할 말이 없으시다고 했다.

"생각해 보면 너네 아빠 참 불쌍해."

엄마도 이제는 아빠에 대해 인간적인 안쓰러움만 남으신 것 같았다.

***

아빠의 죽음, 죽는다는 것

아빠랑 떨어져 사는 일이 익숙해졌기 때문일까? 어쩌면 경제적 타격이 크지 않았던 것도 이유였을 것이다. 아빠가 남기고 간 보험금과 연금이 있었고, 그 뺑소니 아저씨가 자수하는 바람에 보상금도 받았다. 엄마도 일을 하셔서 경제적으로 어려울 정도는 아니었다. 그래도 아빠의 빈자리가 그렇게 금방 메꿔질 줄은 몰랐다. 아빠를 위한 49재라는 의식만이 지루하게 지나갔다.

기독교 세계관에서는 사람이 죽으면 그 영혼이 천국에 가거나 지옥에 간다. 불교에서는 49일에 최종 심판을 받고 환생을 한다. 두 종교 다 육체는 소멸해도 영혼은 불멸한다고 본다, '죽음'이 끝을 의미하지 않으나, 불교는 다시 세상의 무엇으로 환원하고 기독교의 사후는 지금과는 전혀 다른 차원의 세계가 펼쳐진다. 불교가 맞다면 아빠는 다른 무엇으로 환생했을 것이고, 기독교가 맞다면 아빠는 천국과 지옥 중 어디론가 가게 된다. '삶은 고해(苦海)'라고 말하는 불교의 세계관에서 윤회를 통해 거듭 환생하며 살아간다는 건 모양만 다를 뿐 끊임없는 고통의 연속을 의미한다. 전생에 쌓은 공덕으로 좀 더 나은 모습으로 환생한다 해도, 살아 있는 한 생로병사의 고통은 사라지지 않는다. 이 굴레를 벗어나는 길은 도를 닦아 열반의 경지에 이르러 '부처'가 되는 것인데, 그 고행의 길 또한 멀고도 요원해 보인다. 죽어서도 벗어날 수 없는 '인간의 굴레'라니!

그런데 만약 죽음 이후의 세계가 존재하지 않는다면? 《코스모스》로 유명한 과학자 칼 세이건(Carl Sagan)은 "영원이란 없다"라고 했다. 그가 남긴 딸과의 대화를 보면, 그는 "죽음 이후 모든 게 사라진다. 우리는 영원한 존재가 아니다"라고 주장한다. 그리고 "우리는 별들로 이루어져 있다(We are star stuff)"라는 유명한 말을 남겼는데, 멋진 말이긴 하지만 이 표현은 문학적 은유가 아니라 과학적 설명이다. 우리 몸의 재료와 별을 구성하는 재료가 같다는 말이다. 우주의 수많은 행성처럼 우리도 그들의 일부, 먼지들로 이루어져 있을 뿐이고, 지금 우리의 몸은 한때 죽은 별의 잔해이며, 그것들이 우주를 표류하다가 새로운 별과 행성, 생명체가 탄생되었다는 것이다.

칼 세이건은 "돌아가신 할아버지를 다시는 볼 수 없나요?"라는 딸의 질문에, 죽음 뒤에 다른 무엇이 있다고 생각하지 않는다고 대답했다. 그리고 어떤 것이 사실이길 바라기 때문에 그것을 믿는다는 것은 매우 위험한 일이라고 했다. 보이는 것, 존재하는 것으로 근거한 것만 사실이라고 말할 수 있다는 주장이다. 그러나 이 역시 완전하지는 않아 보인다. 비록 우리가 죽지 않은 상태에서 죽음 이후를 확인할 수는 없지만

"우리가 알 수 없다고 해서 그 세계가 존재하지 않는다"라고 말할 수 있을까? 알 수 없는 영역이라고 해서 '없다'라는 결론을 내리는 게 맞을까? 차라리 그것에 대해 '모른다'가 더욱 맞는 답이 아닐까?

아빠의 몸을 화장하기 전, 영안실에서 아빠를 보았다. 사고로 일그러진 얼굴, 푸르죽죽한 피부가 딱딱하게 굳은 돌덩어리처럼 보였다. 영혼이 빠져나간 육체, 생명이 있는 몸과 없는 몸은 완전히 다른 존재 같았다. 그 차이가 너무나도 분명하게 보였다. 언젠가 마당에 참새 한 마리가 떨어진 적이 있었다. 다쳐서 그랬는지 날지를 못했다. 그렇게 날갯짓만 하고 있는 걸 아이들이 상자에 넣고 보살피자고 했다. 그런데 그만 하루도 못 가 죽고 말았다. 나는 옆에서 생명이 꺼져 가는 장면을 지켜보았다. 생명이 있는 것과 없는 것은 완전히 달랐다. 생기가 사라지고 딱딱하게 굳어져 가는 모습은 충격이었다. 생명이 있다는 건 얼마나 놀라운 것인지, 죽음을 보니 더욱 확연하게 다가온다. 이렇게 작은 참새 한 마리의 죽음도 그럴진대 만물의 영장이라는 사람의 생명이란 얼마나 놀라운 신비인지, 살아 있다는 건 단순히 육체만을 의미하지 않는다. 사람 안에 있는 생기, 그걸 어떻게 설명할 수 있을지 모르겠다.

아빠의 죽음은 슬픈 일이었다. 갑작스러운 죽음은 남은 이들에게 많은 후회와 아쉬움을 남긴다. 20대의 나에게 누군가의 죽음은 낯선 영역이었고 아빠의 영혼이 어디로 가는 건지 확신 있게 말할 수도 없었다. 나는 아빠의 환생을 위해 기도하지도 못했고, 평안한 사후 세계를 바라지도 못했다. "하나님! 아빠에게 자비를 베풀어 주세요!" 겨우 이 소리만 중얼거리며 지루하고 긴 49재를 마쳤다.

그리고 모든 것이 빠르게 원상태로 돌아갔다. 막냇동생은 고3이 되었고, 여동생은 대학에 다니고, 나는 졸업을 했다. 90세 우리 할머니는 아빠랑 그리 살가운 사이가 아니었다. 아빠는 할머니에게 다정한 아들이 아니었다. 할머니가 새엄마라는 걸 뒤늦게 알고 어느 정도 이해는 되었지만, 할머니에게도 아빠는 서서히 잊혔다. 할머니는 아빠보다 오히려 엄마를 더 의지하고 사셨다. 그렇게 우리의 일상은 다시 돌아왔고 큰 차이 없는 삶이 이어졌다. 아니, 그런 것처럼 보였다.

* * *
사랑해도 상처를 주고

어릴 때 친구 따라 처음 교회에 갔던 날이 기억난다. 일곱 살 무렵 나는 처음 교회라는 곳에 가 보았다. '하나님이 계실까? 정말 기도를 하면 들어주실까?' 나는 궁금했다. 그때 내 인생 최초의 기도는 "하나님! 제발 우리 아빠가 술을 안 먹게 해 주세요. 엄마랑 아빠가 안 싸우게 해 주세요. 그러면 하나님 믿을게요!"였다. 정말 그러면 믿으려고 했었다. 하지만 그런 일은 일어나지 않았다.

이 세상 수많은 아이들이 부모를 위해 기도한다. 부모님이 서로 싸우지 않도록, 이혼하지 않도록, 제발 그들이 사이좋게 지내게 해 달라고 기도한다. 그런데 어쩐 일인지 이런 기도는 응답이 잘 안 된다. 하나님도 사람의 마음만은 어쩌지 못하시는 걸까? 아니면 우리 마음은 우리가 선택하도록 내버려 두시는 걸까?

지금 와서 보면 아빠가 술을 드시고 엄마랑 싸우긴 했어도 우리 집이 아주 심각한 상황은 아니었다. 대부분의 일상은 무탈하고 평온한 날들이었다. 나중에 나이 들어서야 다른 이들의 삶도 나와 크게 다르지 않다는 걸 알게 되었다. 그러나 어린 시절, 이 작은 울타리 안 세상이 전부인 아이에게는 가정에서 일어나는 작은 균열이 세상을 흔드는 지진이 된다. 그때는 TV에 나오는 모범적인 가정이 일반적인 가정의 모습인 줄 알았다. 아빠가 술 드시고서 동네에서 고래고래 소리를 지르며 집이 시끄러운 날이면 옆집에 사는 친구에게 너무 부끄러웠다. 그래서 친구 엄마가 슬쩍 던지는 질문에도 괜히 움츠러들고 주눅이 들었다. 괜찮은지 묻는 표정에는 어쩐지 나를 안쓰러워하는 것처럼 보이기도 했다. 자신이 알고 싶은 걸 아이를 통해 알아내려는 어른들의 모습에도 화가 났다. 자신의 감정을 아이들에게 여과 없이 쏟아 내는 어른들에게 상처를 받았다. 나는 왜 이렇게 예민한 걸까? 내가 삐지거나 마음이 상해 있으면 엄마가 종종 "넌 왜 그렇게 예민하냐? 왜 그렇게 속이 좁냐?"라며 타박을 주곤 하셨다. 그러면 진짜 내가 너무 이상한 아이 같다는 생각이 들었다. 우리 집은 괜찮은데 나만 이상하게 힘들었던 걸까?

그런데 지금은 아니다. 어린 시절의 내가 이해된다. 결혼하고 아이들을 키우며 아이들의 마음을 들여다보면서 알았다. 아이가 느끼는 것 어떤 것도 그러지 말아야 할, 그러면 안 되는 것은 없다. 어른들 눈에 그렇게 보이는 거지 별일 아닌 일에 울고 있는 아이는 없다. 어쨌거나 어른이 강자고 아이는 약자다. 어른이 아이의 마음을 침범하고 다치게 하는 것이며, 해결의 열쇠도 어른이 쥐고 있기 때문이다. 대부분의 아이들은 무방비 상태로 상황을 받아들일 뿐이다. 방어할 능력이 없는 존재를 공격하는 건 폭력이라고 생각한다.

엄마의 화난 표정, 아빠의 술주정, 부모님들이 무의식중에 뱉은 말들, 사소한 행동들이 종종 내 마음에 큰 자국을 남겼다. 술 취한 아빠의 모습이 어린 나에게는 너무도 무서웠다. 많은 어른들은 이런 것들이 아이들에게 상처가 되는지조차 모르고 지나간다. 아이를 학대하고 괴롭히는 나쁜 부모도 있지만 대부분 보통의 부모들은 자신의 무지와 연약함으로 아이에게 상처를 준다. 마음의 상처는 주로 사랑하는 이들로부터 받는다. 아이들은 부모에게 사랑도 받고 상처도 받는다.

내가 12살 때쯤의 일이었다. 우리 가족이 휴가로 엄마 회사 사람들과 버스를 대절해서 강릉으로 놀러 갔었다. 동해는 정말 좋았고 즐거웠다. 그런데 오는 마지막 날 짐을 챙겨 버스를 향하는데 엄마가 갑자기 내게 심부름을 시키셨다. 차 안에서 먹을 물이 없다고 물병에 물을 담아오라고 하셨다. 그런데 나는 가기가 싫었다. 버스를 향해 막 걸어가는 도중인데 나 혼자 돌아서서 물을 뜨러 가는 게 어쩐지 불안했다. 엄마는 그 자리에서 기다리고 있을 테니 빨리 떠오라고 나를 재촉하셨다.

그래서 하는 수 없이 달려가 물을 채우고 왔는데, 돌아와서 보니 그 자리에 아무도 없었다. 다들 먼저 가버린 것이다. 내가 알아서 찾아올 거라 생각했을까? 버스까지 그리 먼 거리가 아니었고 금방 찾을 거라 여겼는지도 모른다. 그러나 나는 너무 무서웠다. 지금도 방향 감각이 꽝이고 길치인 걸 보면 그때는 더했던 거 같다. 사방을 둘러봐도 어디가 어딘지 몰라 아찔했다. 울며 헤매다 어떻게 버스를 찾긴 했는데, 얼굴이 눈물로 뒤범벅되었다. 버스는 이미 시동을 걸고 출발할 준비를 하고 있었고 다른 사람들은 다 좌석에 앉아 있었다. 창피하고 서러웠다. 무엇보다 엄마가 원망스러웠다.

그 일 이후부터 나는 가족여행에 동행하지 않았다. 중학생이 되면서 공부 핑계를 댔지만, 그냥 가고 싶지 않았다. 그 생각을 하면 자꾸 눈물이 났다. 평소에는 엄마랑 친하고 많은 대화를 나누는 편인데, 이상하게 그 이야기는 가슴에 깊이 남았다. 머릿속에서는 괜찮다 하는데도 감정만은 그러지 못했다. 그걸 그렇게 마음에 품고 끙끙거리다가 고등학생 때쯤인가 용기를 내어 엄마에게 털어놓았다. 나름 마음을 단단히 먹고 힘들게 엄마에게 이야기를 꺼냈다.

이미 오래전 이야기라 그때 상황을 다시 설명하는데, 그 말을 하면서도 또 울먹였다. 그런데 우리 엄마는 그런 일이 있었다는 사실조차 기억하지 못하셨다. 충격이었다. 얼마나 억울하던지! 나는 아직도 그 상처에서 헤어나오지 못하고 있는데 엄마는 언제 그런 일이 있었냐고, 당신은 잘 모르겠다고 하셨다. 처음에는 거짓말을 하시나, 혹시 모른 척하는 건 아닌가 싶었다. 상처는 받은 사람만 기억하는 걸까?

결국 엄마한테 정식으로 사과를 받지는 못했다. 엄마는 기억을 못했고, 결국 나는 별거 아닌 일로 혼자 꿍한 '예민한 아이'가 되었다. 그 얘길 차라리 꺼내지 않을 걸 괜히 말했다는 후회도 들었다. 하지만 이상한 일이 일어났다. 그때부터 마음이 조금씩 풀리기 시작했다. 엄마의 반응은 만족스럽지 못했지만, 아팠던 마음은 점점 사라졌다. 끄집어내는 것만으로 치유가 가능한 걸까? 밖으로 내놓는 것 자체가 치료의 시작인지도 모르겠다. 아무리 슬프고 속상한 일이라도 막상 꺼내 보면 가벼워지는 것 같다. 그전에는 떠올리는 것만으로도 눈물이 났는데 점점 덤덤해졌다. 이제는 엄마가 그때 동생들 데리고 챙길 게 많아 바빴겠다는 생각, 그냥 피서지에서 생긴 해프닝 정도로 남아 있다. 내게는 분명 무겁고 힘들었던 일이었는데 참 이상했다. 그런데 이때의 경험이 내 삶에 적지 않은 영향을 미쳤던 것 같다.

여전히 나는 사소한 일들에 마음이 상하고 상처를 받기도 한다. 그럴 때는 '내가 이 정도밖에 안 되나?' 혹은 '그냥 지나갈 일을 왜 물고 늘어져 곱씹는 거지?'라는 생각에 내 모습이 못마땅해서 더 괴롭다. 그러면서도 일단은 '그럴 수도 있지' 혹은 '힘든 건 이상한 게 아니다'라며 스스로를 다독이게 된다. 상처받는 게 당연하다기보다는, 나는 어떤 일에든지 무너질 수 있는 연약한 존재임을 기억하는 것이다. 객관적인 이해는 그다음 일이다. 마음의 고통은 막아선다고 나를 비껴가지 않는다. 오히려 아프다는 걸 인정하고 고통이 통과해서 지나갈 수 있도록 길을 열어 주어야 한다.

그때는 어른들이 이상했다. 어른들은 아이들 마음에 상처를 주고 분노를 심는다. 오죽하면 성경에서 "너희 자녀들을 노엽게 하지 말라"(엡 6:4)라고 당부했을까? 아이들을 화나게 하면서도 어른들은 잘 모른다. 나는 그런 어른들이 불만이었다. 학교 선생님들도 마찬가지다. 아이들 앞이라고 함부로 하고 뻔히 보이는 거짓말을 한다. 어른들은 아이들이 아무것도 모르는 줄 안다. 다 보고 있는데 말이다. 그런데 내가 어른이 되고 아이를 키우다 보니 조금은 이해가 되었다. 때론 내가 의도해서가 아니라 나의 불완전함, 연약함 자체가 아이를 아프게 한다. 그게 나의 최선일지라도 말이다. 완벽한 부모는 없다. 내가 아이였을 때는 상처 주고도 나 몰라라 하는 어른들 때문에 억울했는데, 부모가 되고 보니 이제는 나의 의도와 상관없이 상처받는 아이 때문에 속상하다. 왜 오해를 하고서 상처를 받냐는 말이다! 어느 날 아이랑 이야기하다가 억울해서 분통 터지는 날, 문득 이거야말로 인간이 가진 비극이라는 생각이 들었다. 내가 싫어하는 사람, 미워하는 사람에게는 그렇다 쳐도 내가 사랑하고 소중한 이들에게는 아프게 하고 싶지 않은데 말이다. 사랑하면서도 상처를 주는 인간이라니! 안타깝지만 우리는 그런 존재이다.

* * *
신앙은 나의 문제를 해결하는가?

인간 내부에는 채워지지 않는 갈증과 공백이 있다. 아이일지라도 그렇다. 아이들도 그런 공허를 느낀다는 걸 누가 알까? 겉보기에 나는 별문제가 없어 보이는 아이였다. 하지만 내 마음 어딘가에 채울 수 없는 구멍이 있는 것 같았다. 그게 전부 아빠 때문만은 아니었다. 캄캄한 밤, 가만히 눈을 감고 내년, 후년… 5년 후, 10년 후 시간의 흐름을 따라가다 보면 어둡고 끝없는 터널 속으로 들어가는 것만 같았다. 상상의 끝이 보이지 않아 무섭고 슬펐다. 중학교를 졸업하고 고등학생이 되면서 마음은 더욱 힘들어졌다. 생각이 많아지고 불안했다. 고민이 더 깊어졌다. 이런저런 잡념이 많아져서 그런지 열심히 공부해도 성적이 오르지 않았다. 책상에 앉아 있긴 했지만 집중이 안 되었다.

이때의 경험 때문이었을까? 나는 아이들에게 가장 중요한 건 정서의 안정이라고 생각한다. 공부를 잘하고 싶지만 그러지 못하는 게 단지 지능이나 성실함의 부족 때문만이 아니다. 마음이 무너지면 작은 돌탑 하나 세우기도 힘겹다. 그러다 보니 자꾸 도피성 독서를 하게 되고 공상이 깊어졌다. 의지는 강한 편이라 몸은 책상에 붙어 있었고, 잠도 줄였지만, 성적은 제자리였다. 몰래 각성제를 사서 먹기도 했다. 마음이 산만했던 것이다. 살아오면서 여러 힘든 일이 있었지만 지금 내게 가장 힘들었던 때가 언제냐고 묻는다면 고등학교 시절, 나 혼자 고립된 세상에서 우울을 뒤집어쓰고 헤매던 그 시절이라고 할 것 같다. 왜 그런지 모르겠지만 자꾸 눈물이 났다. 이불을 뒤집어쓰고 소리를 지르기도 하며 많이 울었다. 나름 최선을 다해 살았지만 밑 빠진 독에 물을 붓는 것처럼 느껴졌다. 마음의 우물은 한없이 깊어져서 채울 수 없는 갈증, 깊은 공허, 어두운 밤에 길을 잃고 서 있는 것 같은 막막함, 알 수 없는 눈물이 가슴에 스며드는 아무도 이해할 수 없는 이유로 혼자 끙끙 앓아야 했던 시간이었다. 뭔가를 찾아야겠는데 그게 무엇인지 몰랐다. 진짜를 찾고 싶었다.

'어떻게든 진리를 찾아야겠어. 그것을 어떻게든 찾아야 해.'

내가 찾고자 하는 것이 있는데 나는 그것을 '진리'라고 이름 붙였고, 그 알 수 없는 진리를 찾지 않으면 마음의 요동은 끝나지 않을 거라는 생각이 들었다. 누구에게도 말할 수도 없고 설명이 안 되는 고통이라는 점이 나를 더 괴롭혔다.

그때 너무 힘들어서 한번은 중학교 때 존경했던 국어 선생님을 찾아갔었다. 그런데 선생님께 아무것도 말할 수가 없었다. 힘든데도 어떻게 표현해야 할지, 내 상태를 도무지 설명할 수 없었다. 차라리 우리 집이 가난했다면, 불우한 가정이라 누가 봐도 힘든 이유가 분명했다면, 말할 수 있었을까? 나의 그런 고민은 어떻게 설명해야 할지 몰랐다. 그 설명되지 않는 고통이 답답했고 부끄러웠다. 그런 나 자신이 한심했고 수치스러웠다. 지금도 여전히 그때 내가 왜 그렇게 힘들었는지 그 이유를 분명하게 말하기가 힘들다. 생각이 많아서였는지, 아니면 인간이란 원래 마음의 구멍이 있는 존재여서 그랬는지, 실존적인 고통 속에 살 수밖에 없는 게 인간이기 때문에 그랬는지 나도 몰라 답답했다. 거기다 고등학교 선생님을 짝사랑하여 그 감정에 과몰입되는, 약간 병적인 상태까지 갔던 것 같다. 이러니 대학에 떨어진 건 당연한 수순이었다. 그럼에도 입시의 실패는 내게 큰 충격이었다. 너무 민감한 나, 유리 멘탈 같은 내가 너무 싫었다. 그래서 재수를 시작하면서는 감정을 닫아 버렸다. 그때 내 모습은 기계 같았다. 내 인생에 가장 메마르고 무감각하고 건조한 시절, 단순하고 무덤덤한 1년이었다.

그러다가 재수할 때 친구들의 전도로 대학에 가서 예수님을 믿게 되었다. 앞서 말했듯이, 예수님을 믿는데 가장 큰 걸림돌은 '아빠'였다. 그래서 아빠를 속였다. 하지만 내 양심은 거짓말로 인해 언제나 괴로웠다. 예수님을 부인하는 것 같았고 이런 내 모습이 너무 싫었다. 그래서 한번은 마음을 단단히 먹고 아빠 앞에서 교회에 나가겠다고 말했다. 공포와 두려움이 나를 감쌌고 난 그 말 한마디를 하고는 맥이 풀려 주저앉았다. 너무 창피하지만, 그때 나는 맥이 풀려 바지에 실수를 하고 말았다.

나는 왜 그렇게 아빠를 무서워했던 걸까? 두려움도 반복되면 학습된다던데. 아빠한테 맞은 것도 아니고 심한 학대를 받은 것도 아닌데 아빠가 두려웠다. 그 두려움은 공포가 되었다. 어린 눈에 술에 잔뜩 취해 소리 지르는 아빠의 모습이 무섭게 각인되어 버린 것 같다. 공포 영화를 보면 갑자기 눈동자가 바뀌는 장면이 나오지 않나? 술이 들어가면 아빠의 눈

빛은 달라졌다. 마치 딴 사람이 그 안에 있는 것처럼 보였다. 술 취한 아빠의 얼굴이 어린 내게는 최고로 무서운 공포였다.

그런데 아빠가 돌아가셨다. 아빠가 안 계시니 아무런 제재 없이 교회를 나갈 수 있게 되었다. 이제는 주일마다 나의 믿음 없음을 확인하며 슬퍼하지 않아도 된다. 그제야 살 것 같았고 동시에 너무 괴로웠다. 아빠의 죽음으로 생긴 자유를 좋아라 하는 내 모습이 괴물 같았다.

그때만 해도 나는 예수님을 믿으면 다른 사람과의 관계와 문제들이 해결되는 줄 알았다. 스무 살 나에게 가장 큰 고민은 아빠였다. 예수님을 믿었더니 가족들을 용서하고 이해하고 사랑하게 되었다는 이야기, 가족들이 모두 회개하고 예수님을 믿게 되었다는 간증들을 들었다. 나도 그렇게 되리라 기대했다. 성경 속 인물들처럼, 주변의 믿음 좋은 신앙인들처럼 이런 어려움을 이기고 결국은 아빠도 신앙을 갖게 되고 온 가족이 화목하게 되어야 하는 게 아닐까? 그런데 왜 아무런 변화가 없을까?

문제는 내가 그리스도 안에 있으면 새로운 피조물이 된다는 사실, 이전 것은 지나갔으니 새것이 되었다는 사실(고후 5:17)을 오해했다는 점이다. 영적으로 나의 존재는 바뀌었다. 하지만 그렇다고 해서 나의 삶과 행동이 즉각적으로 바뀌는 게 아니었다. 대체로 신앙 초기, 막 하나님을 믿고 나서 그 야말로 막 쪄 낸 찐빵 같은 시기를 로맨스, 허니문에 비유한다. 나 역시 그랬다. 대학 입학과 동시에 하나님을 믿게 된 나는 마치 구름을 타고 다니는 사람 같았다. 지식적으로나 영적으로나 부족하고 무지했지만 마음만은 기쁨으로 터질 것 같았다. 보는 사람마다 "나, 하나님 믿어요!"라고 티를 냈다. 그 당시에 내 주변에 내가 예수님을 믿는 사람이라는 걸 모르는 사람은 없었을 것이다. 딱 한 사람, 아빠만 빼놓고…. 아빠한테는 말할 수가 없었다. 괴리감을 느꼈고 내 모습이 모순이라고 생각했다.

'내가 하나님을 믿는다면 왜 아빠한테 말을 못 하지? 내 믿음은 가짜인가?'

대학 입학하자마자 선교 단체 동아리에 들어가 훈련받고 활동했지만, 주일에는 교회에 가지 못하는 날이 많았다. 아빠한테 말하는 게 두려워서 몰래 이불 속에서 기도하거나 귀에 이어폰을 꽂고 방송으로 예배를 드렸다. 지금은 코로나 펜데믹 상황을 지나면서 집에서 영상으로 예배드리는 게 흔해졌지만, 그때만 해도 안 그랬다. 주일에 교회 안 가고 방송 예배를 드리는 게 뭔가 떳떳하지 못한 행동 같았다. 너무 고민이 되어서 그때 선교 단체 선배들에게 나의 고민을 털어놓았다. 그런데 아뿔사! 이게 나를 더 옥죄는 일이 되어 버렸다. 내 말을 들은 선배들은 "그럼에도 불구하고 아버지 앞에서 신앙을 드러내어 부딪혀야 한다"라고 했다. 성경에 나오는 다니엘처럼 굴복하지 않고 믿음을 지킨 많은 신앙의 선배들처럼 나도 아빠에게 나의 믿음을 고백해야 한다고 했다. 그 말이 틀린 말은 아니다. 내가 믿고 생각하는 바를 정직하게 드러내지 못하는 건 부끄러운 일이라 생각한다. 그러나 나는 그러지 못했다. 아빠에게 말할 생각하면 두려웠다. 주말에 아빠가 다시 대전으로 내려가시면 주일 저녁쯤에 선배로부터 전화가 걸려왔다.

"오늘 교회 가서 예배는 드렸니?"

그럼 나는 기어들어 가는 목소리로 이렇게 말해야 했다.

"아니요. 못 가고 집에서 드렸어요"

주일날 교회에 못 가는 게 비밀일 때도 괴로웠지만, 알리고 나니 그게 또 다른 압박으로 다가왔다.

선배의 전화를 받을 때마다 '나는 믿음이 없는 사람입니다!'라고 스스로 고백하는 시간처럼 느껴졌다. 나는 아빠를 이길 수가 없었고 겁이 났다. 할 수 없는 일을 하는 게 용기일까? 용기를 내어야 할 수 있게 되는 걸까? 그러다가 결국 아빠에게 말했고 그 결과는 참담했다. 아빠가 "그럴 거면 집을 나가!"라는 소리에, 겁에 질려 아무 소리도 못하고 말았다.

그런데 아빠가 돌아가시고 나니 이 문제가 사라져 버렸다. 그게 의아했다. 내가 기대하는 그림은 이게 아니었기 때문이다. 나는 기도했고 아빠가 믿음을 갖게 될 거라 생각했다. 그러면 아빠가 변화되고 우리 가족이 믿음으로 하나 되어 화목하게 될 거라고 생각했다. 이런 결말이 되리라고는 예상하지 못했다. 그러면서도 나를 짓누르는 무거운 짐에서 구제된 것 같은 안도감이 들었다. 나의 고통을 덜어 주기 위해 하나님이 데려가신 게 아닐까 하는 그런 어처구니 없는 생각도 했다. 그럼에도 그것이 내게는 다행이었다는 고백을 하지 않을 수 없다. 부끄럽게도….

* * *

나를 아는 것: 수치심과 죄책감 사이에서

내게는 하나님께서 보실 때 '내가 과연 그렇게나 나쁜 죄인인가?'라는 질문이 있었다. 성경에 그렇게 나와 있으니 교리적으로는 인정했다. 하지만 그건 인간이 원죄를 갖고 있다는 사실에 대한 인정이었지 마음으로 깊이 실감하지는 못했다. 그럭저럭 큰 잘못 없이 착하고 순하게 살아온 나에게 예수님을 십자가에 못 박을 만큼의 죄인이라는 말은 멀게만 느껴졌다. 그건 최초의 인간, 아담의 죄이지 나의 죄가 아니었다. 독일의 종교 개혁가인 마르틴 루터가 죽고 난 후 그의 방에서 마지막 유언이 적힌 종이가 발견되었다고 한다. 거기에는 "I am a begger! 우리는 모두 거지다. 진실로!"라는 문장이 적혀 있었다. 독서 모임에서 이 부분을 책으로 읽고 사람들과 나누었을 때, 그의 "I am a begger!"라는 마지막 고백에 대한 반응이 다양했다. 어떤 이는 그의 마지막 고백이 너무 비참하다고 했다. 지나친 자기 비하가 아니냐고 했다.

루터는 자신에 대해 굳이 이런 표현까지 써야 했을까? 살다가 이런 지점, 나 자신에 대한 이런 절망적인 고백이 나오는 순간이 있다. '나는 왜 이렇게 이기적인가?' '내 안에 선한 게 없구나!'를 발견하는 순간들…. 나는 아빠를 통해 나의 모습을 보았다. 아빠의 존재가 나를 힘들게 한다고 생각했고 아빠가 돌아가셔서 그런 불편한 문제가 해결된 것만 같았다. 그러면 안 되는데도 나는 그런 끔찍한 생각을 하고 있었다. 이러니 내가 부모를 죽인 패륜아와 뭐가 다를까?

그럴 때마다 '아, 나는 진짜 구제불능 죄인이구나!', 내 깊은 곳에 있는 잔인한 이기심을 보았다. 그걸 볼 때마다 내 안에 있던 우월감들, 내가 남보다는 괜찮다는 생각들이 와르르 무너져 내렸다.

막상 아빠가 돌아가시자 죄책감이 들었다. '내가 아빠가 없었으면 좋겠다고 생각해서 아빠가 죽는 꿈을 꾸었던 건 아닐까? 그래서 아빠가 돌아가신 건 아닐까?'라는 생각이 떠나지를 않았다. '와, 너는 진짜 나쁜 인간이구나, 어떻게 그럴 수가 있니?'라고 묻고 또 묻게 되었다. 이런 내가 끔찍하게 느껴졌다.

그러다가 이승우의 《오래된 일기》를 읽고서 깜짝 놀랐다. 주인공이 어릴 때 아버지의 지갑에서 천 원짜리 한 장을 훔쳤던 날, 그 돈으로 아이스크림을 사 먹고 절대 들키지 않을 거라 믿고 있었는데, 그 모습을 친척 누나에게 들키게 된다. 그 돈이 어디서 났냐고 묻는 통에 점점 겁에 질리게 된 소년은 아버지가 이를 알게 될지도 모른다는 생각에 불안해진다. 누나의 고자질로 아버지가 오셔서 엉덩이에 몽둥이질을 하는 상상을 하며 공포에 떨다가 무의식적으로 이런 생각을 하게 된다.

'아버지가 사라졌으면 좋겠다, 아버지가 집에 들어오지 않았으면 좋겠다!'

단지 혼나는 게 무서워서 그런 생각을 했을 뿐인데 그날 저녁, 정말로 소년의 아버지는 집에 돌아오지 않았다. 교통사고를 당하셨고, 집에는 소년을 혼낼 수 없는 상태로 실려 오셨다. 그리고 며칠 후에 아버지는 돌아가셨다. 당연히 소년은 아버지의 죽음이 자신의 탓이라고, 아버지가 죽은 것은 자기 때문이라는 결론을 내린다. 그때부터 그의 마음의 법정에서는 늘 그에게 유죄 판결을 내린다. '너 때문이야!'라고…. 이렇게 그는 평생 이 죄의식의 구덩이에서 벗어나지 못하게 된다.

이 글을 읽고 너무 놀랐다. 그 '비밀'이 나만의 비밀은 아니었던 거다. 하지만 나의 죄책감은 소설의 주인공처럼 그렇게 오래 가지도 못했다. 평생 그걸 안고 살았던 소년과 달리, 나는 시간이 지날수록 점점 내 위주로 해석하기 시작했다. 죄의식이 옅어지고 나를 방어하기 시작했다.

인간에게는 자기 보호 본능, 이기심이 있는 게 분명하다. 나를 보니 그렇다. 죄책감도 하루 이틀이지, 조금 지나니까 내가 나쁘다는 사실이 싫어졌다. 인간이란 자신이 나쁘다는 걸 참을 수가 없는 것 같다. 어떻게든 그것을 털어내려 내 행위의 정당성을 부여하고 내가 옳다는 걸 주장하려 한다. 내가 그랬다. '왜 우리 아빠는 술을 먹고 우리를 괴롭혔던 걸까? 왜 우리가 아빠를 무서워하고 싫어하게 만든 걸까?', 마치 나는 원래 이렇게 나쁜 애는 아닌데 나쁜 마음을 먹는 게 아빠 탓인 것처럼, 아빠만 그러지 않았어도 얼마든지 효도하는 착한 아이일 수 있었을 텐데… 아빠가 문제였다고, 원인이 아빠였다고 생각했다.

수치심과 죄책감은 비슷한 것 같지만 다른 결과를 가져온다. 죄를 짓고 나면 죄책감과 수치심이 동시에 생긴다. 잘못을 느끼는 마음은 죄책감이지만, 그걸 의식하고 가리고 싶은 마음은 수치심에서 나온다. 내 잘못된 행동에 대해 인정하면 하나님께 나아가게 되지만 나 자신의 비참함에 집중하면 숨기고 도망치게 된다. 아빠에 대해서 나는 수치심과 죄책감을 동시에 느꼈다. 아빠가 나의 진짜 모습을 보게 만드는 게 괴로웠지만 그게 하나님 앞에 선 나의 모습이라는 걸 알았다. 그러면서 동시에 이게 아빠 때문에 만들어진 불필요한 문제라는 생각도 들었다. 그래서 문제 자체가 사라지길 바랐다. 그리고 정말 문제였던 아빠가 사라졌다.

위선자들은 그런 자기 모습을 완전히 가리고서 아닌 것처럼 위장한다. 가령 누군가와 문제가 발생하면 불편한 속마음을 감추기 위해 더 과장해서 잘해 주거나 자신이 얼마나 관대하고 선한지 보이려 애쓴다. 영화상에서 설정된 이야기라 그런지는 모르겠으나 모차르트를 질투한 살리에리(Antonio Salieri)가 그랬다. 그는 모차르트를 끊임없이 질투하고 미워했지만, 모차르트 앞에서는 그를 끔찍이 위해 주고 선의를 베푸는 모습을 보였다. 대체로 이런 위선은 수치심 때문에 생긴다. 수치심을 느낀다는 건 자신이 잘못되었다는 사실을 알기 때문이다. 나쁜 짓을 하고도 수치심조차 못 느끼는 뻔뻔한 사람들을 제외하고 조금이라도 양심이 있는 경우라면 말이다. 마음 깊은 곳에 자신의 모습이 잘못되었음을 알고 그런 상태가 부끄럽다는 것도 안다. 하지만 그는 그런 자신을 합리화한다. 대신 다른 사람들 앞에 드러날까, 그렇게 보일까 두려워

위장을 한다. 수치심이 택하는 길은 '위선'이다.

아담과 하와 역시 선악과를 따먹고 나서야 상황을 이해하고 판단하게 되었다. 죄를 지었다는 것을 알았고 벗은 자신들의 모습이 수치스러웠다. 정말 잘못을 알고 뉘우쳤다면 하나님께 나아가 용서를 구했겠지만, 그들은 숨었다. 자기 몸을 가리기 위해 나뭇잎으로 만든 옷은 일종의 위장이다. 아닌 척했다. 우리가 진실, 즉 자신이 얼마나 형편없는 상태인지 직면하지 못하는 이유는 수치심에 압도되기 때문이다. 드러나는 것 자체가 싫다. 수치심을 느끼는 이유는 자신에 대한 끔찍한 사랑, 자신을 손상하고 싶지 않은 마음, 이기심 때문이다.

죄책감과 수치심을 느끼는 것 자체가 문제는 아니다. 그게 어느 방향으로 가느냐이다. 진정한 회개와 돌이킴의 여정이 되느냐, 아니면 위장하고 가리느냐의 갈림길에 서게 된다. 옳고 그름에 대한 기준이 없다면 오히려 선택이 자유로울지도 모르겠다. 옳음에 대한 고민이 없다면 위선적일 이유도 없으니까. 그러나 양심과 윤리가 내 안에 형성되어 있는 한 이 문제에서 자유로울 수는 없다. 뭔가 잘못되었다고 생각될 때 회피하지 말고 직면해야 한다. 아니면 자신의 추함을 가리고 진실을 외면하며 스스로 기만하게 된다. 두 과정 모두 괴롭고 힘들다. 가리는 것도 직면하는 것도 다 고통스럽다. 하지만 그 둘이 도달하는 지점은 서로 다르다.

***

이어지는 문제들

이상하게도 아버지가 떠난 후 남은 가족들은 서로에게 무관심해졌다. 아빠에 대항하여 끈끈한 끈으로 묶여 있던 연대가 느슨해진 걸까? 그동안 허용되지 않았던, 금기들에 대한 자유가 생겼다. 우리는 그 자유를 소비하느라 너무 바빴다. 가장 큰 타격은 가장 어린 남동생이 입었다. 그 아이를 살피고 돌봤어야 했는데 우리는 그러지 못했다. 아빠가 돌아가셨을 때 동생은 고등학생이었다. 고2 겨울 방학, 고3을 앞두고 있던 시점에 아무 준비도 없이 사고로 아빠를 보내게 된 것이다. 내가 아이를 키우고 우리 딸이 고등학생이 되었을 때에서야 동생이 떠올랐다. 순하던 동생이 왜 그렇게 삐딱해졌는지 그 마음을 미처 헤아리지 못했다. 아마 내가 가장 후회하는 일이 있다면 그때 동생을 좀 더 돌봐주지 못한 일이다.

몇 년 전에 잠시 시골에 있는 대안 학교에서 아이들을 가르쳤었다. 그때 수업도 들쑥날쑥 자기 맘대로이고, 선생을 골치 아프게 만드는 아이가 있었다. 아이의 할아버지가 워낙 유명인이고 경제적으로 여유 있는 집의 아이였다. 그래서 국내외로 보낼 수 있는 학교에는 다 보냈다는데, 적응을 못 한 모양이다. 그 아이 아버지가 몇 년 전에 갑작스레 돌아가셨다고 한다. 어느 날 아이와 단둘이 대화를 하게 되었다. 나는 그 아이가 아버지의 죽음으로 인한 충격과 슬픔으로 방황하게 된 줄 알았다. 듣고 보니 원인은 다른 곳에 있었다. 아빠의 죽음 이후 엄마는 엄마의 슬픔에 빠져 있었고 아무도 자기 슬픔에 관심을 갖지 않았다고 했다. 보이지 않는 곳에서 아이는 마음에 병이 들어 갔고, 나중에는 감당하지 못할 정도로 방황하며 반항하는 아이가 되었다. 그제야 그 아이 마음을 알 것 같았다.

자기가 문제를 일으킬 때마다 어른들은 학교를 바꾸고 상황을 처리하기만 했지 아이의 진짜 속마음, 아이의 상태에 대해서는 관심을 갖지 않았던 것이다. 이 비슷한 이야기를 종종 듣는다. 아이가 어릴 때 배우자나 가족 중 누군가가 죽고 나면 아이의 충격과 슬픔은 미처 헤아리지 못하고 서둘러 잊게 하거나 그 흔적을 지우려고 한다. 처음에는 괜찮아 보이지만 아이의 상처가 안으로 곪게 되어 나중에 문제가 생긴다. 대체로 아이들은 그런 죽음을 어떻게 대해야 할지 어떻게 애도해야 할지 모른다. 슬픔을 표현해야 한다는 것도 몰라 그걸 담고만 있다가 마음에 병이 생긴다. 그때도 나는 동생 생각이 났다. 겉으로 조용하길래 그 애가 괜찮은 줄 알았다. 아니, 무관심했다는 말이 더 맞다.

그 시기에 우리 엄마도 뭔가 다른 전환이 필요했다. 아빠가 돌아가시고 나서 아빠의 불륜 사실을 알았다. 여러모로 찾아온 충격과 함께 이제는 엄마가 우리 모두를 책임져야 했다.

아빠의 사고로 받은 보험금과 자금의 여유도 한몫했던 것 같다. 얼마 지나지 않아 엄마는 다단계에 열정을 부었다. 우리나라는 IMF 이후 다단계 붐이 일어났다고 해도 과언이 아니었다. 다단계에 빠진 사람들은 오직 머릿속에 그 생각만 하는 것처럼 보인다. 타인의 눈으로 볼 때 다단계는 약간 '광신'과도 비슷했다. 거기에 빠진 사람은 다단계를 안 하는 사람을 마치 구원받지 못한 사람, 어리석은 사람으로 취급한다. 돈을 벌 수 있는 절호의 찬스를 보고도 잡지 못하는 답답한 사람, 그래서 다단계는 사람을 자꾸 설득해서 끌어오려고 한다. 물론 그게 그들의 제품을 사야 하는 구매자이자 피라미드 맨 아래층을 채우기 위한 역할이지만, 어쨌거나 승자가 되라는 미끼로 사람들을 계속 끌어당긴다. 피라미드 꼭대기에 선 자를 바라보며 우리도 언젠가는 저 자리에 올라 부를 축적할 수 있을 것 같은 착각을 하게 한다.

그때가 IMF 직후라 경제적 타격을 입은 서민들이 일확천금의 기회에 솔깃해지는 시기였고 그로 인해 다단계 피해자들이 속출했다. 과도한 사교육 시장이 조성하는 분위기도 이와 다르지 않다. 모든 아이들이 그들이 제시하는 로드맵만 잘 따라가면 명문대에 합격할 수 있다며, 모두가 공부를 잘할 수 있다는 희망을 준다. 그래서 너도나도 그곳을 향해 달려가게 만든다. 몇 명의 성공한 케이스를 전면에 내세우고 수십만·명이 입시의 성공을 향해 달려가는 구조랑 비슷하다. 공부는 평생 누구나 해야 하는 거지만 소수를 선발하는 입시는 다르다. 다단계도 입시도 어차피 모든 이들을 위한 게 아니다. 승자는 소수고 패자는 다수가 되는 구조이다. 그런데도 그 소수 안에 자신이 들어갈 수 있다는 확신을 주며 시간과 돈을 쓰게 한다면 그건 사기가 아닐까?

아빠가 계셨다면 엄마는 다단계를 할 생각은 못 했을 것이다. 모험적이고 대범한 엄마와 달리 아빠는 보수적이고 의심이 많았다. 엄마는 열정적이고 성실하신 분이셨다. 그 열정이 다단계와 맞았는지 모르겠지만, 나는 다단계에 빠지는 엄마를 이해할 수 없었다. 그 당시에 나는 남편과 연애 중이었는데, 엄마는 그를 싫어했다. 남편이 아직 어리고 학생이었기에 그랬던 건 이해가 간다. 하지만 이로 인해 엄마와의 감정적인 대립이 심했다. 나는 엄마의 다단계를 반대하고 엄마는 내가 사귀는 사람을 반대했다. 그 당시 다단계는 엄마에게 모든 해답이자 이유였고 나의 연애 역시 결혼을 생각할 만큼 중요한 일이었다. 엄마와 나 사이에 골이 생겼다. 나중에야 엄마가 남편을 좋아하게 되고 관계도 풀렸지만, 그러기까지는 시간이 많이 걸렸다.

아무리 가족이라도 깨진 관계가 금방 좋아지지는 않는다. 부모 입장에서는 좀 더 쉬울지 모르겠지만 자식들은 다르다. 내리사랑이라 그런지도 모르겠다. 부모는 꺾여도 자식은 떠난다. 가까운 관계일수록 더욱 조심하고, 그 관계를 가꾸어

야 한다. 좋은 관계도 한번 상하면 회복되기가 힘들다. 엄마
랑 관계가 좋았기에 더 그랬는지도 모르겠다. 감정이 벌어지
면서 생긴 거리는 마치 잃어버린 시간처럼 아쉬움을 남긴다.
엄마와는 완전히 회복되지 않은 상태로 결혼을 했다. 엄마는
이미 잊었겠지만, 나는 엄마랑 예전보다 멀어졌다. 내가 결혼
을 하고 내 가족이 생긴 것도 이유라고 생각한다. 이런 생각
을 하면, 조금 슬퍼지기도 한다.

　부모가 마냥 좋고 전부인 시간, 어린아이의 시간은 참 짧
다. 서로 관계가 상하거나 나빠져서가 아니더라도, 각각 독립
된 인간으로 어른이 되면 이전의 애착으로부터 멀어진다. 그
래서 지금 내 아이들이 지금 이 순간 느낄 수 있는 부모와의
사랑은 지금이 유일한 순간이며, 이 순간만의 특별함이다. 나
는 그대로일지도 모르지만 아이들은 변하고 자란다. 놓치면
다시 오지 않을 순간들, 비록 추억으로만 남을지라도 다시는
찾아오지 않을 시간들이다.

* * *

문제는 사라지지 않는다

　그 당시 다단계는 우리 집을 더 기울게 만들었다. 하지만
나는 그게 엄마의 잘못만은 아니라고 생각한다. 한 개인의 부

와 성공은 그 사람의 능력으로만 결정되지는 않는다. 시대적 상황과도 맞물린다. 경제가 좋았을 때는 엄마가 하는 일마다 잘 풀렸다. 엄마를 보면 돈 버는 데 자신이 있는 사람처럼 보였다. 엄마는 성실하고 수완도 있으셨다. 아빠가 1997년 1월에 돌아가셨고 그해 12월, 우리나라가 IMF 외환 위기를 맞이해서 휘청거리기 시작했다. IMF 사태가 터지자 물가가 폭등하고 경제가 침체되었다. 취업도 안 되고 다니던 직장에서도 퇴사를 해야 했다. 많은 회사가 부도를 맞이했고 여기저기 힘들다는 소리가 들려왔다. 그런데 그때 갑자기 사람들이 신용카드를 쓰기 시작했다. 신용카드 발급을 아무나 할 수 있어서 학생들도 마구 카드를 만들었다. 경제에 대해 뭘 모르던 나도 뭔가 이상하다 싶을 정도였다. 너도나도 카드를 긁을 수 있었고 현금 서비스받기도 쉬웠기에 신용 불량자들이 늘어났다. 경제는 힘든 데 소비는 커지는 상황이 되었다. 사귀다 깨진 커플들이 "애인이 떠나고 남는 건 카드빚"이라는 우스갯소리를 하기도 했다. 나는 그때까지만 해도 소심해서 절대로 신용카드를 안 만들었는데 카드 만들라는 권유를 지겹게 들었다.

한번은 은행에서 제대로 물어보지도 않고 얼렁뚱땅 내 신용카드를 발급해 버렸다. 귀찮아서 그냥 쓸까 하다가 남편이랑 따지러 가서 어렵게 해지하고 왔던 기억이 난다. 나중에는 신용카드를 만들고 싶어도 주부라는 이유로 발급을 못했지만, 2000년대 초반은 유독 카드를 쉽게 남발하는, 뭔가 이상하게 돌아갔던 시기였다. 그게 바로 '카드 대란'이라는 것을 최근에 어떤 영화를 보면서 알았다. 돈이 없으면 아껴 쓰고 소비를 줄이는 게 당연한데 내수 경제를 살려야 기업과 나라가 산다고 국민에게 '카드'를 쥐어 주고 소비를 하게 만든 것이다.

그 결과 당연히 과소비가 늘어나고, 카드로 현금 서비스를 받게 되고, 그게 점점 늘어 개인의 빚이 쌓이게 되었다. 아마 개인 부채의 폭발적 증가는 이때부터가 아니었나 싶다. 그 전까지는 주로 현금을 썼으니 없으면 안 썼는데, 카드를 사용하면서부터는 당장 돈이 없어도 쓰게 되었다. 그게 다 빚으로 쌓였다. 카드 발급이 쉬우니 여러 개의 카드를 만들어 돌려막기를 하다 연체되고 신용 분량자까지 되었다. 결국 연체가 늘어나 카드사에 손실이 커지고 힘들어진 카드사는 은행에 합병되거나 매각 처분이 되었다. 다단계는 이런 바람을 타고 더욱 확산되었다. 돈이 없어도 카드로 다단계 제품을 사고 대출을 받고 현금 서비스를 받는다.

우리 엄마도 그 단계까지 갔다. 있는 돈이 떨어지자 보험과 적금을 깨고 대출을 받고 카드를 써서 빚이 생겼다. 그 당시 어떤 교회는 공동체 전체가 다단계로 인해 쑥대밭이 되었다고 하고, 어떤 다단계 집단은 교육 한번 받아 보라고 사람을 끌고 가서는 감금하다시피 했다는 말도 있었다. 내 친구는 선배에게 불려 나가 다단계를 해 보라는 권유를 받았다. 친구 말이 선배가 하고 나온 옷차림이나 가방이 명품인 데다 비싼 걸 사 주는 걸 보고 정말 돈을 많이 버는 건가 싶어 솔깃했다고 한다. 친밀하던 관계들이 이렇게 다단계로 얽히면서 파국을 맞이하고 원수가 되었다. 누군가 성공했는지 모르겠지만 우리 엄마를 포함한 많은 이들이 막대한 손해를 입었다. 돈 문제로 소송까지 가고 관계가 깨졌다. 교육받는데 끌려갔다 간신히 도망쳤다는 얘기, 돈은 못 벌고 집에는 자기가 구매한 다단계 제품들만 잔뜩 쌓여 있다는 얘기, 우리 집만 해도 피해가 막심했다. 최근까지도 우리 엄마는 그 빚을 갚고 이자를 갚느라 고생을 했다. 그 후에도 유행처럼 일어났다 사라지는 사기 행각들을 보면서 힘든 때일수록 틈새를 노려 사기를 치는 사람들이 많다는 걸 알았다.

나는 아빠가 우리 집의 문제의 원인이라고 생각했다. 아빠가 변하면 엄마도 우리도 좋아질 수 있다고 생각했다. 그런데 그게 아니었다. 힘들게 하던 아빠가 없는데도 우린 생각보다 잘 지내지 못했다. 각각 따로 놀았고, 서로를 챙기지도 못했고, 가족 간에 점점 멀어지고, 균열이 생겼다. 외적인 문제가 사라진다고 해서 더 좋아지는 게 아니었다. 폭군 지도자에 대항하고 싸우는 사람들은 약자로서 결집력이 강하고 친밀한 유대관계를 가지게 된다. 그들은 적을 대항하는데 단결하며 서로 협력한다. 그런데 막상 그 폭군이 제거되면 이상하게

와해가 된다. 심지어 분열되고 서로 싸운다. 자유가 아닌 방
종의 상태, 혼란이 찾아온다. 문제가 사라진다고 저절로 삶이
좋아지는 게 아니었다. '아빠만 잘하면, 아빠만 우리를 괴롭
히지 않으면, 심지어 아빠만 없으면' 되는 줄 알았지만, 아빠
가 없는 상태에서 서로 챙기고 돌보는 것, 가족끼리 함께 있
는 것, 심지어 같이 밥을 먹는 것조차 우린 어색해져 갔다. 각
자 자신만의 욕구를 채우기에 바빴다. 어쩌면 우리의 결속이
아빠 때문이었는지도 모른다. 혁명 뒤 남는 건 속물이라더니
외부의 적이 문제가 아니라 진짜는 우리 안에 있는 내부의 문
제였다. 우리 집이 그랬다.

***

약자를 향한 폭력

아버지에 관한 글을 쓰면서 이건 나만의 이야기는 아닐 거
라고 짐작했었다. 그럼에도 너무나 많은 사람들이 비슷한 이
야기를 갖고 있다는 사실에 놀랐다. 거기에 비하면 나의 아버
지 이야기는 흔하고 평범한 수준이었다. 도대체 아버지들에
게 무슨 일이 있었던 걸까? 이 땅의 역사와 문화가 아버지들
에게 어떤 영향을 끼친 것일까? 지나치게 술을 마시며 폭력
적이며 가부장적인 남성 문화는 어디서 나온 것일까?

독서 모임에서 김상봉 교수님의 《네가 나라다》(길, 2017)라
는 책을 같이 읽었다. 거기서 교수님은 한국 사회를 "폭력에
중독된 사회"라고 진단하며 베트남 이야기를 하셨다. 학회 참
석차 베트남에 갔는데, 그 시기에 베트남에 진출했던 한국 기
업 문제가 심각하게 대두되고 있었다고 하셨다. 베트남 남부
에서 참석한 어느 사회학자가 그걸 주제로 발표했는데 그가
드는 사례들이 얼마나 야만적이고 폭력적이던지 한국인으로
서 너무 부끄러워 사과를 하셨다고 했다. 게다가 그 무렵 베
트남에서 결혼해서 한국에 왔던 여성이 남편에게 잔혹하게
살해된 사건까지 겹쳐 이에 대한 다른 학자의 발표도 있었다.
학회가 끝나고 참가자들이 공장 견학을 가는 길이었는데 발
표했던 한 사회학자가 교수님께 다가와 조심스럽게 말을 건
네며 물었다고 한다.

"정말로 궁금해서 묻는 건데, 한국 남자들이 원래 그렇게 폭력적
인가요?"

베트남 전쟁 때 한국 군인들이 저질렀던 양민 학살과 폭력
성의 잔인함이 어느 정도였는지 베트남 여기저기에는 '한국
인 증오비'가 세워져 있다. 그런데 이제는 한국 기업이 들어
와 노동자들에게 걸핏하면 폭력을 행사하니 그런 질문이 안
나올 수가 없다는 것이다. 한국인, 내가 아는 한국인은 거친

역사 속에 핍박받은 민족 그러나 끈질기게 살아남은 민족이다. 어떤 외압에도 굴하지 않고 살아남은, 위기를 이겨 내는 민족. 그러나 약자에게는 폭력적인….

한국 사람들이 외국인 노동자에게 얼마나 함부로 대하는지, 한국으로 시집온 외국 여성들을 얼마나 학대하는지 관련 이야기를 들을 때마다 부끄럽다. 우리가 힘들었을 때 한동안 남편이 일용직 노동자로 나가 일을 했었다. 이목구비가 뚜렷하고 피부색이 검은 편인 우리 남편은 공사 현장에 있으면 영락없는 외국인 노동자처럼 보인다. 그래서인지 사람들에게서 반말에 욕설까지 듣는다고 한다. 공사판에서 거친 일을 하고 있는 노동자들은 사회적 약자들이다. 해마다 공사장에서 다치고 위험천만한 현장에 노출되어 사고로 죽는 일이 일어난다.

공장이나 공사 현장의 허술한 안전시설은 늘 사고를 유발한다. 얼마 전에도 스물세 살 젊은 여성 노동자가 빵 공장 기계에 끼어 죽는 사고가 일어났고, 물류 창고 공사 현장에서 붕괴 사고가 일어나 다섯 명의 노동자가 추락하여 사상자가 발생했다. 그런데 치료하던 중 사망한 노동자는 외국인이었다. 우리 남편도 일하다가 몇 번 다친 적이 있다. 공사 현장의 일 자체가 거칠고 위험해서 사고가 일어나기 쉬운 상황이다. 특히 외국인 노동자들은 더 위험하고 거친 일에 투입된다고 한다.

이방인의 입장에 서서 보니 더더욱 우리나라는 불편하고 불친절한 나라다. 특히 같은 외국인이라도 서양보다는 동양을 더 차별하니, 참 아이러니! 언젠가 한번은 버스를 타는데 동남아 여성 두 명이 버스에 올라 운전 기사에게 내려야 할 정류장을 물었다. 친절하게 설명해 주면 좋을 텐데 마치 아이에게 대하듯 쉽게 말하며 반말하는 걸 보고서 얼마나 화가 나고 부끄럽던지…. 도대체 한국 남자들은 왜 저러는 걸까?

동물의 세계를 방불케 하는 약육강식, 경쟁과 압박에 시달리다 보니 힘들고 스트레스가 쌓여서일까. 자기 뜻대로 안 되는 세상에서 내 마음대로 할 수 있는 건 나보다 약한 사람을 통제하고 휘두르면서 쌓인 분노를 해소하는 걸까. 이렇게 흘러 흘러 내려간 폭력은 그 사회의 가장 약한 존재, 약자들과 아이들에게 쏟아진다. 잊을 만하면 나타나는 아동 학대 소식, 이런 끔찍한 폭력의 피해는 사회의 가장 취약 계층이나 힘없는 아이들에게 고스란히 가고 있다. 많은 부모들이 결혼하고 아이를 낳고 키우면서 자신의 폭력성과 마주한다. 그전까지 몰랐던 자신의 모습을 보게 된다. 말 안 듣는 아이를 굴복시키고자 때리고 화가 나서 잔인하게 굴기도 한다. 가정이라는 울타리 안에서 내밀하게 드러내는 인간의 연약함, 죄악 된 본성을 마주하는 일은 정말 끔찍한 일이다.

✲ ✲ ✲
아이의 성장, 부모와의 화해

어릴 적에는 부모가 이 세상의 전부이다. 부모가 최고이며 모든 것의 기준이 된다. 그러다 아이가 자라 머리가 커지면서 부모의 약점과 한계를 보게 된다. 부모가 변했다기보다는 아이가 자란 것이다. 아이의 성장에 있어 부모의 한계를 아는 지점은 중요하다. 그게 언제일지 모르나 아이가 부모에게 실망하게 되는 순간이 오더라도 거쳐야 할 과정이라고 생각한다. 나이가 들어도 부모로부터 독립하지 못하는 사람은 성장하지 못한다. 여기서 독립이란 경제적, 정신적 독립을 포함한다. 같이 살아도 독립적으로 살 수도 있고 떨어져 살아도 부모에게 의존하며 살 수도 있다.

성인이 되면 따로 독립해서 사는 게 좋지만, 형편상 그렇지 못하더라도 부모에게 종속되거나 의존하는 건 좋지 않다. 부모라는 산을 넘지 못하는 아이는 부모 이상으로 크지 못한다. 뛰어난 부모 밑에서 아이는 오히려 작아진다. 부모가 제공하는 안전지대에서만 머물러 있기 때문이다. 우리 아이들이 학교에서 설문 조사를 했는데 가장 존경하는 사람을 '부모님'이라고 쓴 걸 보았다. 물론 기쁘고 자랑스러웠지만 이것도 유통 기한이 얼마 남지 않았다는 생각이 들었다. 우리는 완전하지 않다. 아직 아이들이 어려서 우리의 한계를 보지 못할 뿐이다. 그러니 떨리는 심정으로 그날을 준비하는 수밖에 없다. 그때는 기쁨으로 아이를 떠나보낼 수 있었으면 좋겠다. 그 과정에서 우리의 한계, 어쩌면 속박일지도 모르는 영향력을 벗어나 독립된 인격으로 자라길, 자유를 만끽하길 바란다. 그리고 부모와 동등한 어른으로 돌아와 인간으로서의 부모를 바라보길, 서로를 향한 긍휼과 이해의 마음을 갖게 되었으면 좋겠다.

내게 이 과정이 없어서 아쉽다. 아빠를 이해하고 용납할 수 있는 기회가 내게는 없다. 아빠가 살아 계셨으면 좋겠다. 더 이상 아빠를 부정하고 비난하지 않는다. 나도 나이가 들었고, 삶이 고단하다는 것을 알았고, 아버지의 인생이 힘들고 어려웠다는 걸 알았다. 아빠는 갈수록 연약해지셨을 것이다. 지금 엄마가 그렇듯이 말이다. 슈퍼 우먼이었던 우리 엄마, 독립적이고 자신만만했던 우리 엄마도 이제는 나이가 드셨다. 점점 약해지고 외로워지는 엄마의 모습이 낯설다. 아빠를 한 인간으로 이해하고 수용할 수 있을 만큼 내가 크고 성장했었다면 얼마나 좋았을까? 물론 아버지가 안 계시니까 내 맘대로 상상을 하는지도 모르겠다.

주변을 보면 부모를 이해하고 화해하는 분들이 있다. 그분들께 "원래 그렇게 사이가 좋으셨어요?"라고 물으면 아니라고 나이가 들면서 부모님을 이해하게 되었다고 한다. 물론 부모님이랑 더 사이가 나빠질 수도 있다. 사람이란 어떻게 변할지 알 수 없으니까. 늙어 가며 더 유연해지고 겸손해지는 사람도 있지만 갈수록 고집이 세지고 욕심이 늘어나는 사람도 있으니 변수가 있긴 하다. 가장 좋은 경우는, 부모님은 시간이 흐를수록 겸손해지고 자식은 나이가 들면서 철이 드는 조합이다. 그러니 관계는 장담할 수 없겠다. 양쪽 다 좋아질지, 양쪽 다 나빠질지, 아니면 변화가 없을지 각자 사람마다 다르니까…. 아빠가 돌아가셨을 때는 이렇게 아빠의 부재가 안타까운 일이 될지 미처 몰랐다. 이제야 뒤늦게 더 슬퍼하는 중이다.

* * *

아버지의 자리

한동안 '저녁이 있는 삶'이라는 말이 유행이었던 적이 있었는데, 결론적으로 우리 사회에서는 요원한 일처럼 보인다. 야근 문화, 학생들은 학원 문화, 밤만 되면 음주 가무의 요란함이 장착된 한국인. 우리는 뭐든지 열심히 해야 직성이 풀리는 사람들이니 말이다. 야밤 올빼미들도 많고 새벽형 인간들도 많다. 일단 애들도 밤 늦게까지 학원에 다녀야 하고, 직장이라는 곳은 언제나 일이 많고, 심지어 교회도 행사가 많다. 물론 열심히 한 만큼 보이는 결과가 있어서 그렇겠지만 너무

무리하고 사는 건 아닌지…. 투자 대비 효율이 떨어지는 무한 반복의 구조…. 한국 사회를 보면 그런 느낌이다. 다른 나라 아이들보다 성적이 높은 것 같지만 시간만 비교한다면 시간 대비 결과는 낮다. 비효율적이라는 말이다. 결과를 보면 대단하다 할지 모르지만, 영혼을 갈아 넣어 가며 일하고 공부하고 사역한다. 이렇게 살다 보니 당연히 삶의 어느 한쪽은 구멍이 난다. 돌봐야 할 가족들, 아이들과의 시간, 심지어 자신의 영혼을 들여다보고 성찰하는 시간에 쓸 여유가 없다.

그런데 코로나19 팬데믹이 왔다. 사회적 거리두기가 시작되어 상점이 문을 닫고, 재택 근무가 시작되고, 아이들마저 학원과 학교를 못 가게 되었다. 세상에! 우리에게 저녁이 있는 삶이 이렇게 시작될 줄은 꿈에도 몰랐다. 어떤 구호나 호소로도 불가능할 것처럼 보이는 일을 전염병이 해내다니 말이다. '아니, 어떻게 그게 같은 거냐? 이런 상황에 그런 소리가 나오나?' 할지도 모르겠다. 코로나가 우리에게 많은 손실을 준 건 사실이지만 대신 우리에게 '시간'을 주고 있었다는 것도 사실 아닐까? 그동안 마음은 있지만 미뤄 왔던 가족과의 시간, 내 영혼을 돌볼 시간, 바빠서 못 만났던 하나님과의 시간 말이다. 마음은 있는데 상황이 안 되어 못 한 게 사실이라면 지금 하면 된다. 지금 할 수 없다면 그것은 앞으로도 할 수 없는 일이다.

어느 교회에서 일주일에 한 번은 가족끼리 함께 저녁을 먹는 시간 갖기 캠페인을 한다는 소식을 들었다. 그런데 그것도 지키기가 쉽지 않다고 한다. 정말 시간이 없기 때문일까? 우리가 서울과 목포로 오가는 주말 부부였을 때에도 최소한 세 번 이상은 같이 밥을 먹었다. 우리 아이들은 평일 점심은 학교에서 먹고, 저녁은 집에서 먹는다. 대학생이 된 큰딸도 적어도 한두 끼 정도는 우리와 같이 먹는다. 우리 집이 참 별난 축에 속할지도 모른다. 하지만 가족이 서로 일주일에 밥 한 끼도 같이하지 못하는 현실이 더 이상하다 할 수 있겠다. 서로 즐겁게 밥 먹을 수 있는 사이만 되어도 가족 관계는 건강하다. 밥 먹을 때 불편하지 않고 함께 있어도 괜찮다면 일단 안심이다.

밥을 안 먹는 사람은 없다. 먹지 않고 살 수는 없으니까. 그러나 누구와 먹느냐는 또 다른 문제이다. 밥 먹을 때만은 편하게 먹고 싶은데 같이 있으면 편치 않으니 따로 먹는 건 아닐까? 나의 청소년 시절은 가족이랑 마주치지 않고 혼자 먹는 걸 더 좋아했다. 같이 있으면 불편했다. 아니면 같이 밥 먹은 지 오래되어 어색해진 걸까? 늘 밖에 있던 아빠가 어느 날 집에 있으면 가족들은 불편해한다. 아빠는 괜히 찬밥 신세가 된 듯한 기분이 든다. 아빠 역시 집이 편하지 않다. 우리들의 편안한 공간에 들어온 이방인, 불편한 손님 같은 아빠라니, 아빠들도 참 안됐다.

물론 아빠들의 잘못만은 아니다. 나는 아빠랑 사이가 나빴

다기보다는 관계 자체가 별로 없었다. 사랑의 반대는 미움이 아니라 무관심이라는 말이 맞다. 아빠와의 관계가 거의 형성되지 못했는데 아빠가 주말부부로 떨어져 살게 되면서 더 멀어져 버렸다. 미움이라는 감정조차도 메마른 '불편한 아빠'였다. 그런 아빠를 떠올리면 안타깝다.

작년까지 남편과 나는 주말부부였다. 남편이 주중에는 서울에서 사역을 하고, 주말에 가족이 있는 목포로 내려왔다. 지금은 우리가 다시 서울로 올라오게 되면서 4년간의 주말부부의 시간이 끝났다. 처음 떨어져 지내기 시작했을 때 나는 아빠랑 엄마가 떠올랐다.

'혹시 우리도 멀어지고, 남편과 아이들도 서먹해지는 건 아닐까? 아이들이 아빠를 점점 불편하게 대하게 되면 어떡하지?'

첫째가 그때 중3이었다. 내가 그 나이쯤에 우리 아빠도 대전으로 가셨다. 슬슬 걱정이 되었다. 몸이 멀어지면 마음도 멀어질 텐데 나와 남편, 남편과 아이들의 관계가 나빠지는 건 아닌지 신경이 쓰였다. 남편도 그랬던 것 같다. 우리 관계에 더 많은 노력이 필요했다. 먼저는 매일 아침마다 남편이 우리에게 영상 통화를 걸어 왔다. 아이들이 일어나 아침을 먹을 즈음 남편의 전화를 받았다. 매일 그렇게 화면을 통해 아빠랑 인사를 했다. 아침 통화 시간은 기껏해야 몇 분 안 되지만 "잘 잤니?" "좋은 하루!" 이 한마디의 인사가 얼마나 큰지, 매일 보면서도 말 없는 일상보다 더 나아 보였다. 나도 나름 노력을 했다. 아빠가 우리를 위해 일하고 있다는 사실을 알려 주고 기억하도록 했다. 아빠를 위해 함께 기도했다. 남편이 오는 금요일이면 아이들이 좋아할 만한 간식을 미리 사서 현관 뒤에 숨겨 두었다. 그러면 남편이 집으로 들어올 때 그걸 들고 왔다. "와~!" 아이들이 환호를 하며 아빠를 반겼다. 주중에 통화할 때면 "아빠 맛있는 거!"라며 주문도 하고 졸랐다. 아빠를 기다리는 건지 간식을 기다리는 건지 모르겠지만, 이런 루틴이 반복될수록 아이들은 아빠를 반기게 되었다. 남편도 주중에는 아이들을 못 보니까 주말에 좀 더 아이들과 시간을 보내려고 애를 썼다. 가까운 곳으로 놀러 가거나 아빠 오면 치킨 같이 먹는 날, 외식하는 날이 되었다.

고등학생 첫째와 중학생이었던 둘째는 아빠랑 주말에 밀린 이야기를 많이 나눴다. 남편도 주말은 가족들과의 시간으로 생각했다. 종일 보살핌을 필요로 하는 영유아기라면 모를까, 아이들이 어느 정도 크니 관계는 양보다 질이다. 나의 아버지는 공무원이라 다섯 시에 퇴근해서 일찍 오셨지만 자녀들과 정서적 친밀함을 가지지 못하셨다. 같은 공간에 있다고 해서 저절로 친해지고 관계가 생기는 게 아니다. 관계는 노력이 필요하다. 함께 시간을 보내며 소통하는 시간이 쌓여야 한다. 내가 아버지와의 관계에서 힘들었던 건 아빠가 술을 드시고 행패를 부려서만이 아니었다. 물론 아빠가 술을 드시고 술주정을 하시거나 엄마랑 싸우지 않으셨더라면 훨씬 좋았겠지만, 술 문제를 빼더라도 나는 아빠가 서먹하고 불편했다. 지금 아빠를 떠올리면 미움보다 더한 무관심, 아무런 관계없는 타인 같은 느낌이다. 그래서 더 슬픈 거고….

* * *

폭풍 속 가정: 하나님과 동행하기

부부란 우리 가정이 가진 삶의 무게, 짐을 같이 지고 가는 사람이다. 그런데 공평하게 지는 게 아니라 상황과 시기에 따라 한쪽이 더 지기도 하고 덜 지기도 한다. 내가 더 많이 지는 것 같은 때는 힘들고 억울하다. 상대방은 내가 짐을 진 덕에 나보다 편하게 가는 것만 같다. 그러다가 어떤 때는 내 짐이 줄고 상대방 어깨에 더 많은 짐이 지워지는 때가 있다. 일부러 그런 것은 아니고 상황상 그렇게 되기도 한다. 좋은 부부란 사이좋게 짐을 지고 가는 관계가 아닐까? 그 틈을 타 나 혼자의 유익을 취하고 상대방의 고통에 무심하며 당연하게 여긴다면 그게 서로에게 상처가 되고 둘 사이에 균열을 만든다.

남편과 나도 지난 20여 년간 이렇게 시소 타기 하듯 짐을 지며 걸어왔다. 한창 육아 전쟁을 할 때는 내 짐이 너무 커 보였고, 남편이 일용직 노동자로 고생할 때는 남편의 짐이 더무거워 보였다. 인간은 본능적으로 나 힘든 것만 생각하기 쉬운 것 같다. 가장 힘들 때 그 사람의 인격이 드러난다고 하니, 부부는 서로의 바닥을 보는 관계이다. 바닥에 주저앉았을 때엎어져 있는 상대를 보고 저 사람을 일으켜야지 싶어 힘을 내면 일어나지고, 나 힘든 거 안 보이냐고 원망만 하면 둘 다 주저앉게 된다. 서로 내 짐만 무겁다며 탓하면 더 힘들어진다. 그 시소가 어디로 쏠리고 있는지 그때그때 살피며 상대방 짐은 덜어오고, 내가 버겁다면 내 짐을 나누면 좋으련만 그게생각만큼 쉽지가 않다. 삶의 무게는 만만치 않고 그걸 없애는재주나 방법은 없다.

잠시 줄어들어 한숨 돌릴라치면 어딘가에서 굴러온 짐이어느새 어깨에 올려져 있다. 새처럼 자유롭고 풍선처럼 가벼운 상태란 잠시 한숨 돌리며 맛보는 봄날의 나들이, 일상을벗어난 여름휴가 정도만큼이라 해야 할지도 모르겠다. 긴긴우리의 인생에 비하면! 그러니 짐을 던져 버릴 생각보다는 그짐을 어떻게 하면 효과적으로 잘 지고 갈지 훈련하는 게 현명하다고 해야 할까?

결혼한 지 24년 되어 아이 넷을 키우며 함께해 온 우리 부부는 그래도 화목하고 행복하게 서로 사랑하며 살아왔다고생각한다. 힘겹고 지치는 날도 있었지만 우리는 서로 함께하는 시간을 여전히 좋아하고 즐거워한다. 행복은 도달하여 소유할 수 있는 목표는 아니다. 행복하다고 느끼는 순간 어느새 힘들고 불행한 시간이 찾아온다. 내가 좋아하는 일을 하면서 행복을 느끼기도 하지만 어렵고 힘든 일을 하면서 행복을 경험하기도 한다. 아이를 키우는 일이 그렇고 집안일이 그렇다. 노동은 우리 몸을 고단하게 한다. 하지만 힘들어도 아이가 커가는 걸 보고 아이와 사랑을 나눌 때 행복을 느낀다. 공부나 일, 독서처럼 어렵고 힘든 과정을 지나 이루어 갈 때 뿌듯함을 느끼고 행복을 경험한다.

사람과 관계하는 일도 비슷하다. 상처가 생기고 아프고 고통스러운 순간들이 있지만 이 과정을 통해 성장하고 배운다. 누군가를 사랑하는 일은 힘들어도 우리를 행복하게 한다. 사랑하는 이의 아름다운 미소가 우리에게 행복을 주기도 하고 관계의 친밀함 속에서 행복을 느낀다. 우리는 사랑하기에 희생하고 수고하면서도 행복을 느낀다. 사랑을 받을 때 행복을 느끼고 나의 존재가 수용될 때 행복하다.

누군가를 돌보고 수고하면서 힘들어도 행복할 수 있다. 결핍 가운데 있지만 행복을 누릴 수 있다. 반면, 뭐 하나 부족한 것 없이 풍족해도 불행할 수 있다. 우리의 가정은 때때로 행복할 수도 있고 그렇지 않을 수도 있다. 가정 속에서 행복한 감정을 더 많이 경험할 수도 있고 그렇지 않을 수도 있다. 우리가 행복한 감정을 느끼는 건 좋지만, 가정의 목표가 행복이라고 말할 수는 없다. '행복한 가정'이 목표가 될 때 가정은 우상이 되거나 가족이기주의가 된다. 만약 우리가 힘든 결혼 생활을 하거나 자녀로 인해 고난이 있는 가정이라면 우리의 삶은 실패한 것일까?

당신에게 일어날 수 있는 최악은 당신이 부모로부터 어떤 일을 겪었는가가 아니다. 당신에게 일어날 수 있는 최악은 당신의 언니나 동생이 당신과 말을 섞으려 하지 않는 것이 아니다. 당신에게 일어날 수 있는 최악은 배우자가 당신을 떠났거나, 바람을 피웠다거나, 당신을 놔두고 먼저 죽은 것이 아니다. 당신에게 일어날 수 있는 최악은 당신의 자녀가 당신에게 반항하거나 당신보다 먼저 장례를 치르게 되는 것이 아니다. 물론 그런 일들이 당신 삶에 끔찍한 일인 것은 분명하다. 하지만 당신에게 일어날 수 있는 최악의 상황은 당신이 죽어서 하나님의 심판대 앞에서, 사망과 지옥의 선고를 받는 것이다. 그러나 당신이 그리스도 안에 있으면, 그 일은 이미 벌어졌다. 당신은 단순히 살아남은 자가 아니라, 사랑받는 자녀이며 모든 것의 상속자다. 그러나 폭풍 속에서 이리저리 시달릴 때는 그것을 기억하기 어렵다. 당신이 견디고 있는 폭풍이 무엇이 되었든 우리의 항로는 미지의 세계가 아니다. (… 중략 …) 나는 당신의 상황에 대해서 잘 모른다. 그러나 당신이 어느 가족의 일원이라는 것은 안다. 과거나 현재나 미래의 가족 말이다. 설령 당신이 가족의 이름이나 얼굴을 전혀 모르더라도, 누군가 당신을 지금의 모습으로 빚었으며 지금도 당신을 형성해 가고 있다. 그리고 앞으로 누군가가 당신의 새로운 가족이 되어 당신을 형성할 것이다. 내가 또 아는 것은 당신이 어떤 가정을 만들든 통제할 수 없는 폭풍 속에서 요동치게 될 것이라는 것이다. 그것을 통과하려면 왜 가족이 우리에게 중요한지, 또한 왜 가족이 우리에게 궁극적이지 않은지 알아야 한다. 우리는 가족을 분명히 보되 그 이상을 보아야 한다. 폭풍에 시달리는 가정에게 유일하고 안전한 항구는 십자가의 상처를 가진 가정이다.[1]

만약 어떤 가정이 풍족한 행복을 누린다 해도 그 가정 구성원이 각각 예수님 안에서 자라고 성장하지 않는다면 그 행복이라는 건 마치 모래 위에 세워진 보기 좋은 '성'일 수도 있다. 나는 결혼에 대해 부정적이었다. 사랑하는 사람과 만나 결혼했지만, 결혼식 다음 날부터 '과연 내가 행복할 수 있을까?' '우리의 사랑은 금방 변질되지 않을까?' 싶어 마음이 놓이지 않았다. 처음 만나 사랑할 때 잠시 분비된다는 호르몬이 사라지면 서로에게 씌워진 콩깍지가 벗겨지고 그때부터 현실 부부가 된다고들 하니 말이다. 그런데 정말 호르몬이 사랑의 감정을 결정하는 걸까? 무엇이 사랑일까?

연애가 끝나면 사랑이 끝나는 게 아니라 진짜 사랑이 시작된다. 사랑의 본질은 하나님이고 하나님을 알아야 사랑을 알

---

1 러셀 무어, 《하나님과 동행하는 폭풍 속의 가정》(서울: 두란노, 2019) 중에서.

게 된다. 거꾸로 말하면 사랑하면서 더욱 하나님을 알게 된다. 하나님을 알아 간다는 것은 사랑하며 산다는 뜻이다. 살아 있는 동안 완전한 사랑에 이를 수 있을지는 모르겠다. 그러나 하나님과 더 가까워질수록 우리는 서로 사랑하게 된다. 물론 사랑할수록 하나님을 더 경험한다.

10년 전 서울에서 낙향해 할머니들만 있는 교회에 가게 되었다. 주일학교가 없는 교회라 우리가 따로 아이들 신앙 교육을 해야 할 필요를 느끼고 가정 예배를 시작하였다. 그전에도 집에서 간간히 같이 예배를 드리긴 했지만, 꾸준히 하게 된 건 그때부터였다. 아이들 교육을 위해서 시작했는데 그 예배가 우리를 회복시켰다. 막막하고 힘들었던 시간, 우리 혼자서는 말씀 읽고 기도할 힘이 없었다. 어떤 날은 밤에 아이들에게 읽어 주던 말씀, 함께 드리던 기도가 그날 우리에게도 유일한 예배가 되기도 했다. 그렇게 아이들과 함께 예배를 드리면서 힘이 나기 시작했다. 우리가 힘을 내서 일어선 게 아니라 하나님의 말씀이 우리를 일으켰다. 남편과의 관계도 그랬다. 서로만을 바라보는 사랑은 고갈되고 한계에 부딪힌다. 사랑은 하나님에게서 나온다. 사랑의 근원은 하나님께 있다. 날마다 그분에게 공급받는 사랑은 퍼내도 퍼내도 샘솟는 사랑이다. 쓰고 없어지는 소진되는 사랑이 아니라 나눌수록 풍성해지는 사랑이 그분에게서 흘러나온다. 그리고 그 사랑은 우리를 채우고 성장하게 한다.

인생은 무엇을 열망하고 무엇에 열심인가에 따라 달라진다. 내가 예수님 아닌 다른 것을 열망하면 열망할수록 점점 더 그로부터 멀어져 간다. 사랑의 힘과 에너지는 진짜 생명인 예수님으로부터 흘러나온다. 그분이 흔들리지 않는 우리 영혼의 닻이며 생명의 근원이기 때문이다. 우리가 서로 사랑할 수 없는 존재라는 걸 알지 못한다면 우리는 영원히 사랑하지 못한다. 사랑의 실체를 알 수 없다. 내가 깨달은 유일한 소망은 내 안에 계신 그분께 생명이 있다는 것이고 그 사랑이 존재한다는 것이다. 우리가 인생에서 겪는 풍파, 특히 가정 내에서 겪게 되는 폭풍과 어려움, 상실과 절망은 그 자체가 목적이 아니다.

그렇다면 우리가 진짜 붙잡아야 할 소망은 무엇일까? 절망해야 포기할 수 있고 실망해야 더 이상 헛된 것들을 숭배하지 않게 된다. 가정의 목표는 무엇일까? 우리 가정은 어떤 가치, 목적을 가지고 가고 있는 걸까? 그건 하나님이 우리를 이 땅에 두신 목적, 이유이기도 하다. 예수님을 믿고 살아가는 이 여정에서 하나님은 우리에게 무엇을 원하실까? 특히 결혼, 가정을 이루어 살아가는 일이 그것과 무슨 관계가 있는 걸까? 나는 그게 내 안에 있는 예수님의 생명이 갈수록 풍성해져서 나의 살과 피가 그분의 생명으로 가득하게 되는 것, 빛으로 가득 채워지는 것이라고 생각한다. 그래서 예수님을 점점 닮아 가며 그분과 하나가 되는 것, 가족은 그 여정을 함께

하는 가장 가까운 관계이며 그걸 같이 누리는 사이라고 정의
하고 싶다. 그렇다면 지금 나의 힘든 가족, 나에게 십자가와
같은 관계들이 조금은 다른 의미를 갖게 될 것 같다. 그게 나
에게도 '우리 아버지는 왜?'라는 질문에 더 이상 큰 의미를 두
지 않게 된 이유이기도 하다.

***

아버지의 빈자리

　몇 번 아버지가 꿈에 나타나셨다. 돌아가시고 처음 몇 해
에는 꿈에서 아빠를 보는데 반갑지가 않고 무서웠다. 그리고
꿈을 깨면 죄책감이 들었다. 나를 낳으시고 길러 주신 아버
지에게 정이 없다는 게 정말 이상하고 슬펐다. 아버지가 살아
계시는 동안 화해하지 못해서 아쉽다. 그러나 아버지의 죽음
이 나에게 해방감을 주었다는 걸 부정 못하니 이 또한 안타깝
다. 만약 아버지가 살아 계셨다면 나에게 아버지는 기나긴 고
통의 터널이었을지도 모른다. 그럼에도 나는 상상해 본다. 아
빠를 이해하고 화해하고 용서하는 장면을! 그리고 아빠랑 잘
지내게 되는 해피엔딩을 말이다.
　아버지에 관한 글을 쓰면서 잊고 있던 기억 하나가 떠올랐
다. 고등학생 때쯤인가, 우연히 안방에 들어갔다가 아빠가 써

놓은 작은 메모를 발견했다. 엄마 화장대 위에 쪽지처럼 놓여 있었다. "인생이 너무 허무하다, 떠나고 싶다"라는 내용이었다. 그건 분명히 아빠의 글씨, 아빠가 쓴 건데도 나는 순간 아빠랑 너무 어울리지 않는다고 생각했다.

'아빠도 이런 고민을 하나?'

아빠가 그런 생각을 하고, 감상적인 말투를 쓴다는 게 이상해 보였다. 가정에서 폭군으로 자기 마음대로 편하게만 사는 아빠가 삶을 힘들어하고 벗어나고 싶어 하시다니! 그 당시에는 아빠가 참 웃기다고 생각했던 것 같다. 이제 와서 보니 내가 몰라도 한참 몰랐던 거다. 이건 아빠에게 참 죄송하다. 아빠도 삶의 무거운 무게를 지고 힘들어하셨던 것이다. 아버지 당신도 사랑이 필요하셨고 위로가 필요하셨던 것이다.

글을 쓰면서 아버지는 나에게 어떤 영향을 주었나, 나에게 어떤 의미였을까 생각하게 되었다. 이제는 아버지가 살아 계셨던 시간보다 아버지 없이 살아온 시간이 더 많다. 빈자리, 공백은 길었고 그분에 대한 기억은 점점 사라져 간다. 그러나 나의 삶을 돌이켜보면 아버지의 영향이 얼마나 컸는지 알 수 있다. 먼저는 아버지와 나의 신앙이 맞물리면서 생겨났던 문제들, 불필요해 보였던 그 갈등이 내게는 신앙의 본질을 고민하게 했다. 아버지와의 갈등이 아니었다면 나는 그렇게 치열하게 나의 믿음의 진정성에 대해 생각해 보지 못했을 것 같다. 한창 아빠 몰래 교회에 다니던 시절, 어느 교회 예배당 구석에서 "하나님, 제 소원이 있다면 자유롭게 예배드리러 오는 거예요. 그게 가능하다면 평생 불평하지 않고 살게요!"라고 기도했었다. 하나님은 내가 꼬마였을 때 "아빠가 술 안 먹고 엄마랑 싸우지 않게 해 주세요!"라고 했던 기도는 들어주시지 않았지만, 두 번째 기도는 들어주셨다. 지치고 힘들어 매너리즘에 빠질 때마다 그 기도가 생각나 내 마음에 작은 불씨를 키워 주니 내게는 참 소중한 사건이 아닐 수 없다. 자유롭게 예배를 드린다는 게 얼마나 큰 은혜인지 안다. 내가 믿음이 있고 대단해서가 아니라 하나님의 은혜로만 가능한 일이다. 하나님께 나아갈 수 있는 일 자체가 당연하지 않은 선물이라는 걸 기억한다.

또 하나, 나는 아빠 엄마를 보면서 가까운 이들, 가족들과의 관계가 얼마나 연약하게 부서질 수 있는지 보게 되었다. 우리 마음의 끈은 그리 강하지 않다. 쉽게 상하고 망가진다. 그게 나의 결혼 생활에 큰 영향을 미쳤다고 생각한다. 사랑은 방치하면 엉망이 된다는 걸 알았다. 사랑은 저절로 만들어지지 않는다는 것, 우리는 서로 돌봄과 배려가 필요하다는 것, 때론 조심하며 두려워하며 화초를 가꾸듯 만들어 가야 했다. 그러다 보니 가족들의 감정 필요들이 보였고 서로의 감정을 건강하게 소통하는 일에 관심을 기울이게 되었다. 내가 아빠와의 관계에서 겪었던 어려움이 나를 더욱 고민하게 하고 좋은 것들을 향해 가게 해 주었다. 사랑하는 것은 끊임없이 서로를 돌보고 살피는 일이라는 걸 아이러니하게도 나는 아빠로부터 배운 것 같다.

그럼에도 나에게는 여전히 힘든 관계들, 어쩔 수 없이 멀어져 간 관계들이 있다. 내가 노력한다고 다 잘되는 게 아니다. 관계든 뭐든 알 수 없는 의문들, 해석되지 않는 일들이 있다. 한동안 '하나님은 왜 우리 아빠를 죽도록 내버려 두셨을까? 아빠는 왜 그렇게 술을 마시며 방황하셨을까?' 궁금했다. 인생은 알 수 없는 답, 해석이 안 되는 일들 때문에 힘들다. 이유라도 알면 훨씬 수월할 텐데 모른 채 답답함 속에 살아간다. 그런데 이제는 답을 아는 것만 의미 있는 게 아니라 지금 당장 알 수 없는 것도 하나의 답이라는 생각이 든다. 잊어버리는 게 아니라 그 질문을 안고 살아가는 것이다. 따지고 거슬러 올라가다 보면 이게 다 아버지로부터 시작되었다. 그게 신기할 따름이다.

상상해 본다. 아버지와의 해후를…. 나는 무슨 말을 하게 될까? 일단 말보다는 악수를 하고 싶다. 두툼했던 아빠의 손, 그 손을 한번 붙잡아 보고 싶다. 그리고 아빠의 눈, 더 이상 무섭지 않은 선한 그 눈을 보고 싶다.

에필로그

페이스북의 기록을 보니 3년 전이다. 3년 전 이맘때 '아버지'에 관한 글을 올렸다. 돌아가신 지 30년 가까이 되었고 잊고 살았다고 생각했는데 그게 아니었나 보다. 내게는 치부이고 상처 같은 이야기였는데 무슨 마음으로 그렇게 글을 올렸는지, 부끄러운 마음도 들었다. 그런데 그렇게 올린 글에 대해 몇몇 분이 내게 자신의 아버지, 자신의 남편이자 아이들의 아버지, 그 아버지의 이야기를 들려주셨다. 짐작은 하고 있었지만, 세상에 아버지 때문에 힘든 이들이 이렇게나 많은 줄은 몰랐다. 그러고는 잊고 있었다. 포스팅을 올리고 1년쯤 지났을까? 어떤 작가분이 내게 제안을 하셨다. 그 '아버지'를 같이 써 보자고….

"아, 그 아버지요?"

그때, 잊고 있던 '아버지' 포스팅이 다시 생각났다. 그 작가님이 아니었다면 이렇게 글을 쓸 생각은 전혀 못했을 것이다. 그러고 나서 다시 2년이 흘렀고 이렇게 다섯 명의 '아버지' 공저가 나오게 되었다.

그런 이유로, 어쩌다 보니 3년 동안 이 글을 붙들고 있게 되었다. 잊을 만하면 글을 들여다보고 지나간 시간들과 아버지를 떠올렸다. 지난 3년은 내 인생에서 가장 많이 아버지를 생각하고 기억했던 시간이었다. 내게는 먼 이름, 아버지가 이렇게 조금씩 다가왔고 가까워졌다. 돌아가신 분을 다시 불러 내 방식대로 의미를 찾았는지도 모르겠다. 그러나 이것만으로도 충분히 이유가 있는 시간이었다.

이 글이 세상으로 나올 수 있도록 도와준 분들에게 감사드린다. 그리고 나의 아버지, 당신으로 인해 내가 성장했음을 고백한다.

"모든 만남에는 의미가 있다."

수필

그림자로 울다

서상복

✳ ✳ ✳

눈물이 없어 더 슬픈 울음

아버지는 평생 혼자셨다. 어머니를 너무 괴롭히셨고 누군가를 인정하거나 칭찬하는 일은 없었다. 조소와 비난만 있는 삶이셨다. 아내가 없는 혼자만의 세월을 보내셨다. 5남매 자녀에게 사랑한다고 하면서도 때리거나 상처를 주셨다. 다섯 명의 자녀가 명절에 아버지가 계시지 않을 때 더 꽉 찬 듯한 가정이 되곤 했다. 아버지는 혼자셨다.

그래서 아버지는 몸으로 울지 못하시고 그림자로만 우셨다. 뒷모습은 더욱 쓸쓸해 보였다. 잠드시고 코를 골면서 주무시는 모습이 참 슬퍼 보이시는 분이셨다. 아버지는 술이 아버지를 잡아먹은 것 같은 때면 늘 한탄 섞인 푸념을 터트리셨다. 감정을 술 위에 띄워 터뜨리셨다. 감정을 흘려보내지 못해 폭발하곤 하셨다.

집안은 아버지가 던진 감정 폭탄에 전쟁터가 되었다. 그래서 늘 아버지는 혼자셨다. 돌아앉아 담배를 피우고 계시면 등이 참 많이도 쓸쓸해 보이셨고 종종 우시는 모습도 보였다. 혼자 깡 소주를 마실 때 아버지의 등을 보면, 항상 초라하게 우셨다. 아니, 아버지가 아니라 아버지의 그림자가 울었다.

한센병 환자이신 할아버지는 99세에 소록도에서 돌아가셨다. 아버지는 남들 보기 부끄럽다고 가족들도 장례식에 오지 못하게 하셨다. 심지어 어머니께도 오지 말라고 하시고, 누나와 동생, 우리 집사람도 오지 말라고 하셨다. 오직 나만 데리고서 할아버지 장례에 가셨다.

"아버지, 왜 저만 데리고 가세요?"

"니는 평생 할아버지 모셨다 아이가! 소록도에 마지막을 보내실 때도 니가 자주 찾아뵈었으니, 니가 할아버지 장례는 치러야 안 되겠나?"

할아버지 장례를 집례하면서 기어이 보고 말았다. 아버지가 등으로 우시는 모습을…. 가슴 밑바닥을 긁어서 푸른 바다보다 멍들게 그리 우셨다. 눈물이 없어 더 슬픈 울음이었다. 마지막 화장터에서 할아버지 천국 환송 예배를 드릴 때 아버지는 뒤돌아서 멀리 바다만 보고 계셨다. 얼굴이 파랗다. 아버지는 화장되시는 할아버지를 보지 못하셨다. 뒤돌아서 등으로만 할아버지의 마지막을 보셨다.

그림자로만 우셨다. 평생 그렇게 아들에게 눈물을 보이지 않으셨다. 어머니에게도 아무에게도…. 대신 아버지의 그림자는 매일 울고 있었다. 아버지의 그림자가 우는 소리를 들었다.

"아버지, 억만 겹 고단한 몸, 이제 화장하니 훌훌 털고 하늘로 올라가셔요. 그나마 내 아들 상복이가 한 말처럼, 아버지가 천국 가셔서 기쁩니다. 영원히 아프지 않게 사신다니 다행입니다. 아버지 용서하셔요. 아버지 아… 아버지…."

평생 살면서 가장 크게 들린 아버지 울음소리였다. 소리를 내지 못하고 그림자로만 울어 더 크게 들린 울음이었다. 눈물을 흘리지 않아 파랗게 되신 아버지 얼굴이 소록도를 감싼 푸른 바다가 되었다. 아버지 등을 감싸며 등에서 흐르는 눈물을 닦아 드렸다. 그림자로 우시는 그 눈물을 닦아 드렸다.

"아버지, 아무도 보는 사람 없습니다. 편하게 맘껏 우셔요. 아버지, 이젠 우셔도 됩니다."

하지만 아버지는 창백한 얼굴로, 아니 푸르게 멍든 삶을 얼굴에 덮고 더 멍이 든 바다를 보면서 울지 못하고 계셨다.

"상복아, 나도 울고 싶다. 하지만 눈물이 안 나는 걸 우짜노."

아마 내 평생 봐 온 모습 중에 가장 외로운 아버지셨던 것 같다. 상처가 너무 깊어서 슬픔이 말라 버렸다. 당신의 아버지(나의 할아버지)를 화장하는 중에 눈물도 마르고 당신도 마르셨다. 기뻐하는 감정마저 통으로 말라 버린 분이 내 아버지다. 그러니 당연히 내가 무언가를 잘했을 때도 아버지는 칭찬이 없으셨다.

세상에 기쁨과 슬픔을 드러내지 못하는 것보다 더 불쌍한 것은 없다. 그것은 자신이 없는 것과 같기 때문이다. 내 아버지는 그런 분이셨다. 감정 표현 불능증에 눌려 계셨다. 유난히 뒷모습이 더 외롭고 쓸쓸하셨는데, 그림자로만 우셨기 때문이다. 어머니는 그래도 내 앞에서 우셨는데 말이다.

그러다 보니 나에게, 우리 5남매 모두에게 괴롭고 상처 되는 말이 '아버지'가 되어 버렸다. 앞에서 울면 서로 통했을 것이다. 얼굴로 울고 가슴으로 울면 그리 외롭지는 않았을 것이다. 그림자로 몰래 우니 참 외로웠던 것이다. 자식도 아내도 아버지를 참 많이 오해했다.

아버지는 울지 않으시는 줄 알았다. 가만 보면 술집에서 술을 드시며, 혼자 담배 피우며 속을 털어 내신다. 그림자로만 우시는 것이다.

***

어제의 아버지: 그림자로 우는 '내 아버지'

'알코올 과의존'이신 아버지께 나는 자주 맞았었다. 밥 먹는 것보다 더 많이 맞았다. 욕도 너무 먹어서 상처로 배가 불렀다. 20년 정도 복음 때문에 맞고, 어머니 때리는 것 대신해서도 맞았다. 아버지가 때린 아픔보다도 덤으로 받은 버림과 거절, 사실 그것이 제일 아팠다. 십자가 위에서 예수님께서 친히 내 버림받음과 거절받음을 다 가져가지 않으셨다면, 나도 그림자로만 울다가 어둠이 되었을 것이다.

뜨거운 하늘 이불로 하나님께서 아버지로서 나를 덮어 주셨다. 덕분에 이 땅이 하나님 나라로 넉넉하다. 찬 가슴보다 더 찬 과거마저 뜨거운 현재가 되고 새 기억이 되어 자유롭다. 너무 아파 빈 두 손에 하나님 나라가 꼭 쥐어져 있어 부요해졌다. 하나님 아버지의 천국 잔치가 내 아버지 장례식에서도 눈부시게 빛났다.

아바 아버지, 그 뜨거운 품에 안겨 울고 울었다. 죽음도, 아픔도, 거절도 넘어선 하나님 나라를 보았다. 아버지가 돌아가셔서 운 것보다 하나님 아버지 깊은 품에 안겨 울고 울었다. 내 그림자의 슬픔을 가져가셨다.

상처로 빚고 다듬어 이 땅 다른 이들의 슬픔과 고난을 품으니 환한 사람이 되었다. 아버지가 그림자로 우시는 것을 보고서 아버지 그림자의 눈물까지도 뜨겁게 품어 드리면서 살았다. 어느새 가정 사역자로서 다른 아픈 가정을 품게 되었다. 어느새 상담가로서, 다른 이들의 아픈 그림자를 품어 슬픔을 거두는 일을 하게 되었다. 하나님의 나라가 내담자를 돌보는 상담 위에, 그리고 내 그림자 위에 피었다. 설교와 강의로 부서지는 작은 목사의 외침에 하나님 나라가 활짝 커다랗게 피었다. 흘린 눈물, 흘린 땀 방울방울 머금고 자란 하나님 나라가 피었다.

이제 여러 책을 써 내면서 활짝 더 피기 시작했다. 외길 33년 상담가, 가정 사역자, 설교자, 강사로 살아온 삶이 책으로 하나님 나라의 명찰을 달고 소로록 피어나고 있다. 내 아버지 장례식장에서 아버지가 한 번도 하지 않으신 아버지의 사과 소리도 들린다.

'내 아들 상복아, 미안했다. 수고 많았다. 사실, 니가 자랑스러웠다….'

'아버지 아… 아버지, 이젠 그림자로도 울지 마세요.'

아버지, 돌아가시고 나서야 그리운 분

아버지는 돌아가시고 나서야 그리운 분이다. 우리 5남매는 아버지를 장례식장에서 처음으로 그리워하며 가슴에 가득 담았다. 생전에는 아버지의 상처 주는 말과 행동 때문에 그리움은커녕 우리 자신을 늘 방어해야만 했다. 떨어져 외로움을 느껴도 상처 입지 않는 것이 더 낫기 때문이었다. 아버지가 주무시거나 안 계셔야 집 안에 평화가 있었다. 안 계신 것이 가족을 더 위하는 삶이라니 참 가슴 아프다. 아버지는 살아 계실 때 가시가 너무 많은 고슴도치로 사셨다. 자식을 사랑해서, 어머니를 사랑해서, 그 드물게 보이시는 사랑에도 찔려서 피가 났다. 특히 내가 제일 심했다. 장남이라 가시받이가 되었다.

어머니도 아버지에게 찔려 늘 아프셨다. 아버지는 처자식을 위해서 그러는 건데 왜 당신보다 자식을 더 좋아하냐고 어머니에게 화를 내셨다. 아버지를 자주 피하는 우리 5남매에게도 못내 섭섭해하셨다. 아버지는 그리 등으로만 사랑하신 분이다. 그림자로만 웃고 울고 하신 분이다.

67세 큰누나는 가이혼(假離婚) 상태의 아픈 노후가 피로 맺혀 있다. 아버지의 그림자로만 하셨던 그 사랑에 정말 추운 삶을 살아오셨다. 큰누나의 그림자에서 아버지의 그림자가 보인다. 아마도 아버지에게서 그림자로만 사랑을 받아서일 것이다. 63세 작은누나는 이혼하고서 15년 이상 홀로 식당을 운영하며 세월의 찬바람을 정면으로 맞았다. 아버지에 대한 아픔이 깊게 젖어 있다. 작은누나의 그림자에서도 아버지의 그림자를 본다. 아버지가 그림자로만 하신 사랑이 보인다. 56세 남동생은 민감함과 불안의 수치가 보통 사람보다 더 높다. 그래도 교회에서 안수집사로서 잘 살며 하나님 아버지의 사랑, 그림자가 아닌 밝은 빛의 사랑에 감정이 맑아지고 밝아졌다. 감정 속에 온기도 많이 생겼다. 아버지에게서 받은 상처의 흔적도 제법 많이 희미해졌다. 그리움과 아쉬움으로 변했다. 남동생은 어머니나 나에게 남아 있던 '분노적 동일시'(어머니나 나에게 아버지를 대하듯 아버지에 대한 분노가 더욱 민감하게 반응하는 현상)도 오랜 세월에 씻기어 냈다. 특히 십자가 복음에 말갛게 깨끗해지고 있다. 52세 여동생은 이혼을 했다가 재결합해서 살고 있다. 하지만 여동생 남편은 아직도 우리와 만나지 못하고 있다. 오빠인 내 가슴 한쪽에서 여동생의 봄이 오지 못하고 있다. 아버지가 그림자로만 주신 사랑과 상처로 여동생도 세월의 찬바람을 정면에서 맞았다. 여동생에게도 아버지의 그림자가 보여 마음이 아프다.

아버지는 할아버지로 인해 늘 가슴 한구석이 불타고 계셨다. 상처받고 억울한 것이 쌓여 있다가 작은 사건이 있을 때마다 불쑥 불이 살아 나와 설쳤다. 순간순간 폭발했다. 술을 드시면 더욱 상처가 강하게 살아 나와 아버지를 집어삼켰다. 아버지는 젊은 시절에 사람들에게서 한센병 환자(그 당시는 문둥이라고 놀렸다)의 아들이라고 손가락질을 받으셨다. 거절과 폭력의 시베리아를 홀로 버겁게 버티셨다. 무시당하거나 수치당하는 것에 더욱 크게 분노하셨다. 무시와 수치는 아버지의 가슴 속의 불을 쏟는 통로였다. 게다가 아버지가 어릴 때

버리고 도망간 할머니로 인해 아버지는 더 그림자로 사시는 분이 되었다. 아버지를 외로움으로 뭉치면 거인이 되고도 남게 만드신 할머니에 대한 분노로 아버지는 그림자로만 우시는 분이 되었다. 아버지 마음 바닥에 색바랜 슬픔이 쌓여 당신의 삶을 아프게 했다. 드러나지 못한 슬픔은 썩어서 분노로, 좌절로, 허무로 분출했다.

아버지는 그런 자신이 싫고 비참하다고 하셨다. 그림자로만 우시는 것이 유일한 길이었다. 아버지가 살아온 억울한 삶, 실패한 삶 때문에 안 되는 것이 대부분이라고 줄곧 한숨을 태풍처럼 뱉으셨다. 아버지가 어렸을 때 느꼈던 비슷한 감정만 느껴도, 나와 어머니에게 가슴 속 불을 내뱉으셨다. 아버지 당신을 버린 할아버지와 할머니 때문에 세상을 거부하시고 공격하시며 분노하셨다. 어머니와 나에게도 투사하시고 동일시하셨다. 세상이 아버지를 버린 것이 아닌데도, 아버지는 그렇게 그림자의 삶을 사셨다.

아버지는 슬픈 어른아이(성인아이, Adult children)가 되어 그림자로만 우셨다. 아버지는 가슴 바닥에서만 자주 우셨다. 아버지 역할, 남편 역할을 하기에는 아버지의 등은 너무 시렸다. 감정이 너무 아프고 시렸다. 아버지는 처자식을 품지 못하는 자신에게 더욱 분노하셨다. 신세 한탄도 하시고 비관도 하셨다. 간혹 그런 아버지를 품으면 처자식은 아버지의 가시로 피가 났다. 사랑받음이 더 아팠다.

아버지는 돌아가셔야 그리운 분이었다. 아버지가 돌아가시고 나서야 우리 5남매는 아버지께 사랑을 드렸다. 그리움을 드렸다. 두 누나는 아버지의 주검을 뿌린 바다에 자주 가시는데, 나와 동생들도 이제는 아버지를 그리움으로 채웠다. 바다에는 가지 않아도 아버지의 등만큼은 한 번씩 안아 드린다. 우시는 아버지의 그림자도 안아 드린다.

"아버지, 사신다고 참 애쓰셨습니다. 아버지, 우리를 많이 사랑하셨다는 것도 압니다. 그러니 이제는 그곳에서 그림자가 아니라 온몸으로 우세요."

그 인간 잘 죽었다

71세에 돌아가신 아버지의 주검을 남동생은 저녁에 발견하고서 제일 먼저 어머니께 알렸다. 그때 어머니는 한숨을 섞어 첫 탄성으로 내지르셨다.

"그 인간 잘 죽었다."

동생이 전해 준 어머니의 말은 너무나도 충격적이었다. 내가 살던 경주 ○○병원 장례식장에서 치른 아버지의 장례는 참 쓸쓸했다. 평생 같이 사신 어머니는 아버지가 죽어서 더 다행이라고 장례 중에 내게 두 번이나 더 말씀하셨다. 이별의 시간, 아쉬움이 한 줌도 없어서 더 슬픈 장례식이었다. 그림자로만 울다 죽어서야 온몸이 우는 장례식이라 세상 가장 슬픈 장례식이었다. 나도 아버지의 죽음을 마무리하고 장례식을 주관하면서 아버지를 더욱 깊게 만날 수 있었다. 그 덕에 내 삶도 고요하게 들여다보았다. '아버지의 죽음' 앞에서 더 깊이 나를 찾았다. 아버지의 상처와 외로움이 안경 없이도 더욱 맑게 보였다.

아버지는 뒷모습이 더 쓸쓸하셨다. 생애 마지막 뒷모습인 당신의 장례식장이 가장 쓸쓸하셨다. 평생 함께한 아내인 우리 어머니에게서 아버지가 받은 최종 평가가 "그 인간 잘 죽었다. 상복아, 이젠 니가 두 발 뻗고 자겠구나"라고 하는 것이라니…. 어머니의 절규에 아들인 내게도 다 토하지 못한 아픔과 한이 담겨 있는 것 같아 더더욱 가슴이 아프다.

아버지는 평소 우리 5남매와 어머니께 환영받지 못하셨는데, 특히 명절에 가족이 모두 모였을 때는 더욱 그러했다. 술주정만 하고 고래고래 싸움만 걸어오는 아버지 때문에 명절 분위기는 좋지 않았다. 아버지가 계시지 않는 명절이 오기를 빌기도 했다. 실제로 어떻게 하다가 아버지가 어디 가시고 나머지 가족만 있을 때면 세상 행복하고 따뜻했다.

이제 아버지는 돌아가셨고 더 이상 계시지 않는다. 겉은 아닌 척해도 속으로는 아버지의 장례식이 우리 5남매와 어머니께 환영이 되는 아리는 아픔의 시간이었다. 당신이 사랑했던 모두에게서 잘 돌아가셨다고 여겨지는 불쌍한 아버지다. '이제 아버지가 계시지 않아 어머니와 5남매 모이는 명절은 참 행복하겠구나!'라고 여겨진 것이 나의 아버지 장례식이다.

두 누나도 유난히 슬프게 울었다. 그렇게밖에 살지 못한 아버지가 너무 불쌍해서 그랬을 것이다. 아니, 돌아가신 것이 도리어 다행이라고 생각되는 자신, 아버지를 피해서 도망가 살아간 두 누나 자신의 모습이 속상하고 기가 막히기 때문에 그랬을 것이다. 나는 아버지의 장례식인데 아버지보다 누나들이 더 불쌍했다. 아버지의 마지막 뒷모습인 장례식은 아버지가 세상을 외로움으로 채운 분이었음을 증명했다. 단 한 명도 아버지와 참사랑을 나눈 이가 없는 사막 같은 분이 아버지셨다. 아버지가 돌아가신 것 자체보다 아버지의 허무한 삶이 우리 남은 가족들을 더 아프게 했다. 속이 아리고 따가웠다.

늦게서야 이 아들은 아버지의 주검을 닦으며 염을 하고 품었다. 생전에 아버지를 한 번도 안아 보지 못했기에, 마지막 염을 하며 싸늘한 아버지를 뜨겁게 안아 드렸다. 하지만 이미 아버지의 뒷모습은 아들이 닦기에는 너무 컸다. 너무 아팠다. 너무 쓸쓸했다.

"그 인간 잘 죽었다."

어머니는 몇 번 더 말씀하셨다. 그렇게 아버지는 돌아가신 게 남은 자식과 아내인 어머니에게 최고로 잘한 유일한 일이셨다. 그렇게 아버지는 등으로만 사랑하시다가 그림자로만 우신 분이셨다.

친구 없는 아버지의 외로움

아버지 장례식에는 울어 주는 친구가 없었다. 아버지의 술친구들도 오지 않으셨다. 친구가 없는 아버지의 가장 외로운 마지막이었다. 평생 어머니도, 5남매도 돌보지 않으셨던 아버지는 같이 술을 먹던 친구들에게는 잘 대해 주셨다. 그런데, 그렇게 많았던 아버지 친구들이 막상 아버지 장례식에는 한 분도 보이지 않았다. 남에게는 그리도 잘 대하셔서 '좋은 양반'이라는 소리를 듣던 아버지셨다. 그러나 유독 가족에게만은 잘해 주신 것이 없으셨던 그야말로 '나쁜 아버지'셨다. 그런 아버지 장례식에 아버지의 친구분들은 한 명도 오시지 않으셨다. 그분들도 아마 아버지와 비슷한 삶으로 아프셨을 것이다.

아버지의 장례에는 한 분 있는 고모도 오지 않으셨다. 아버지와 보낸 세월이 너무 추우셨기에 오지 않으신 것이다. 고모는 지금까지도 나와 어머니에게 연락하지 않으시고 발길을 완전히 끊으셨다. 유일한 동생(고모)에게도 등을 보인 아버지 장례…. 쓸쓸하고 외로운 아버지의 뒷모습…. 사실 아버지는 명절에 고모를 만나기만 하면 서로 싸우셨다. 아버지는 맨정신에는 절제를 좀 하셨어도, 술에만 취하면 그림자로만 우셨던 당신의 삶을 앞으로 내밀어 냉기를 뿜으시거나 불을 뿜으셨다. 늘 싸움닭이 되셨다. 싸우기 위해 태어난 분이 되셨다. 자신이 싫고 아팠기 때문이다. 세상도, 가까운 가족도 무거운 짐이어서 너무 버거우셨던 것이다. 아버지는 '받는 사랑'도 '하는 사랑'도 모두 상대를 낯설고 아프게 하셨다. 고슴도치였던 것이다.

사실, 고모도 아버지와 별 차이 없이 미성숙하셨다. 나처럼 아버지를 달래려 하거나 이해하려 하지 않으셨다. 고모는 아버지와 바로 정면충돌하셨다. 두 분 모두 어린아이였고, 두 분 모두 속에 불을 품고 사셨다. 결국 아버지는 고모와 결별했다. 고모 가족인 사촌들과 고모부와도 결별했다. 쓸쓸하고 허무한 아버지의 마지막이었다.

나는 아버지가 만든 어두움과 파괴된 관계를 회복하려고도 엄청 애를 썼다. 아버지의 아픔을 온몸으로 받아 내려고도 했다. 하지만 나도 어쩔 수 없이 지금까지 고모와 고모 가족을 못 만나고 있다. 아버지가 그림자로만 우신 삶으로 드리운, 추운 세상을 나도 직면하고 있다. 하나 있는 여동생에게서도 버림받은 아버지의 외로운 장례식이 아버지의 마지막 뒷모습이다. 아버지의 남동생인 삼촌도 있지만, 역시 아버지와의 지나친 갈등으로 인해 일찍 아버지를 떠나시고 세상과도 떠나셨다. 좋지 않은 방법으로 급히 형인 아버지와 이별하시며 세상과도 이별하셨다. 동생의 죽음 역시 아버지가 평생에 그림자로 우시며 사신 길이다.

친구가 없는 아버지의 외로움에 한 줄기 빛은 그래도 아버지가 영원한 하나님 나라에 가신 것이다. 아버지는 돌아가시기 1년 전에 예수님을 벼랑 끝에서 믿으셨다. 그래서 이제는 하나님 아버지 때문에 외로움도 거절도 모두 씻어 버리고서 살고 계실 것이다. 아버지는 돌아가시고 천국 가신 것이 제일 잘한 일이시다. 평생 나를 힘들게 하신 부족한 아버지의 상처를 다 제거하고도 남는 일이다. 덕분에 이제는 내게 아버지로 인한 슬픔은 없다. 이제 아버지는 좋은 뒷모습으로 내게 품어진다. 아버지가 나를 위로하신다. 천국에서 그림자가 아니라 온몸으로 울고 웃으시며 나를 품어 주신다.

아버지는 속으로만 우신다

아버지는 속으로만 우셨다. 이런 증세가 '감정 표현 불능증'이다. 아버지는 그렇게 그림자로만 우셨다. 간혹 한 번씩 감정 표현을 잘하지 못하고 욱하며 번개를 치는 내 모습을 보면 화들짝 놀란다. 눈물이 고인다. 그래도 조금씩 고요한 숲으로 다듬어진다. 여성 시인 이채가 〈아버지의 눈물〉이라는 제목으로 쓴 시에도 아버지들은 감정 표현이 잘되지 않아 속으로만 많이 운다고 말했다.

사실 우리 아버지는 가정을 지키는 수호신이었다. 가족들이 그리 생각하지 않았어도 아버지는 가정을 지키려고 가시고기처럼 자신을 던지신 분이었다. 아버지는 가족들이 보는 앞에서는 울지 못하셨다. 슬쩍 그림자로만 우셨다. 약하게 보일까 봐 대 놓고는 울지 못하셨다. 가정의 수호신이니 울어서는 안 되었다. 아버지는 매번 결심하셨을 것이다. 그래서 혼자서 자주 우신 것이다. 그렇게 아버지는 등으로 울고 그림자로만 우셨다. 아무도 몰래, 혼자서 자주 우셨다. 하늘과 땅만 알고 아버지만 아는 방식으로 아버지는 그렇게 그림자로 슬쩍 우셨다. 지나가는 바람도 술 취한 아버지의 노래를 듣고 깜박 속아 즐거운 분인가 했을 것이다.

아버지는 생존을 위해서만 사신 분이었다. 나라 전체의 경제가 어려울 때, 처자식 먹여 살리려고 생존만을 위해 살아오셨다. 일중독 상태로 달려오셨다. 일만 죽기 살기로 하면서 아버지 역할, 남편 역할 모두 하신 것이다. 그래서 아버지는 대인 관계에서 사용하는 매우 중요한 감정 단어가 10개도 안 되었다. 대인 관계나 가족 관계를 좋게 유지하려면 감정 단어가 60개는 되어야 하는데, 턱없이 부족하신 분이 우리 아버지셨다. 그러니 말씀만 하시면 가족은 상처를 밥 먹듯이 먹은 것이다. 아니, 아버지 입장에서는 하고 싶지 않은 말을 하셨던 것이다. 진짜 하고 싶은 말은 못 하셨던 것이다. 그래서 아버지는 더 화가 나셨던 것이다.

아버지는 유아와 아동기, 청소년기 성장에서 상호 작용하는 법을 제대로 배우지 못하셨다. 생존하는 것, 일하고 견디는 것만 요구받으셨다. 그래서 그것만 발달하셨다. 미안할 때는 사과하면 되는데, 아버지는 버럭 소리를 지름으로써 미안함을 말했다. 애석하게도, 용서를 구하는 것을 상대에게 지는 것으로 아셨다. 사과하는 것은 비참한 것이고 손해라고 생각하셨다. 아버지가 이렇게나 감정 표현이 부족하니, 어머니와 5남매 자녀들은 어찌 그런 아버지의 말을 미안하다고 여기겠는가? 당연히 아버지는 자기밖에 모르는 고집불통이고 갑질만 하는 인격 장애로 보일 수밖에 없다. 아버지가 주는 상처 때문에 온 가족은 상처 농장이 되었다. 같이 대화하기도 싫어지는 것은 당연했다. "내가 언제 화냈노? 어이?"라고 화를 내시면서도 화내지 않으셨다고 했다. "니도 뭐 잘한 거 없다", "길을 막고 물어봐라"라는 철부지 어린아이들의 감정 표현 능력밖에 하지 못하셨다.

아버지는 어머니가 국수를 밀어 오시면 너무 늦게 가져왔다고 상을 엎으셨다. 어머니에게 미안하고 자신에게 화가 나서 하시는 표현이었다. 어머니가 잘못되었다고 해야 자기는 조금이나마 잘못이 아니라고 방어하면서 견딜 수 있었기 때문이다. 아버지는 어린 유년기의 애착 결핍으로 감정이 퇴행(退行)되셨다. 네 살에서 유치원 다니는 아이들 수준의 감정 표현이 대부분이셨다. 다만 생존 능력은 어른으로 강화되어 탄광에서 광부로 일하거나 사회생활은 어른 수준으로 잘하셨다. 아니, 탁월하게 하셨다. 하지만 가정에 돌아오기만 하시면 이미 에너지를 소진해서 네 살에서 유치원 다니는 어린아이로 퇴행되셨다. 특히 아버지는 술에 취하시면 정말 슬프고 답답하게 네 살 수준이 되셨다. 술이 심하게 취하면 그제야 그림자로 우시던 자신의 검은 옷을 벗고 꺼이꺼이 몇 번 우시는 것을 나는 보았다. 아버지는 자기밖에 모르는 네 살… 네 살 수준의 성인아이였던 것이다. 아버지는 가장 오래 가까이에서 살았던 어머니와 내게는 오롯이 네 살로서 대하셨다. 그래서 사랑 대신에 폭력과 상처를 많이도 주셨다. 상처 농원을 주셨다.

다행히 나는 아버지의 어두움을 다 벗었다. 빛의 자녀가 되었다. 환하게 산다. 상처 농원을 가꾸어 하늘 농원이 되었다. 아들에게도 감정을 잘 표현한다. 속으로만 울지 않고 겉으로도 잘 운다. 속으로만 기뻐하지 않고 겉으로도 기뻐한다. 감정 표현이 풍성한 사람이 되었다. 나의 하늘 정원 입구에는 이런 팻말이 써 있다.

"진리이신 예수님이 상복이를 사탄과 정죄와 죽음과 죄와 상처와 과거에서도 자유하게 하리라"(요 8:32 참고).

그림자로 울고 웃고 하지 않고, 온몸으로 울고 웃으며 산다. 하늘 농원에서 말이다. 예수님께서 나의 하늘 농원에 매일 오셔서 가꾸어 주신다. 애착 결핍과 감정 표현 결핍도 모두 채워졌다. 정말 좋은 부모 밑에서 성장한 것보다 감정과 정서가 온전한 회복, 상처 없는 온전한 회복이다. 상담 대학원을 공부하면서 지도 교수들도 내 경우를 상담 케이스에 없는 경우라고 했다. 놀라운 경우라고 했다. 32년 같이 살아온 아내가 최근에 나를 '인간 문화재'라고 했다. 오래 같이 봐 온 두 아들도 아빠를 가장 존경한다고 했다. 나는 이제 아버지가 그림자로 우는 것을 물려받지 않고 앞으로 울고 웃고 있다. 하늘 농원을 살고 있기 때문이다.

성령이 충만하면 희락의 영이 있다. 성령이 충만하면 우는 자와 잘 울게 된다. 기뻐하는 자와 잘 기뻐하는 자가 된다. 슬픔과 기쁨의 감정 표현이 매우 풍성하고 다양하고 솔직하게 된다. 진리가 주는 자유이다. 감정의 풍성함과 하나님 나라를 누림이다. 수치를 드러내도 괜찮고 남의 수치는 덮어 주는 것도 가능하다. 성령의 아홉 가지 열매는 '사랑과 희락과 온유…' 다 성품과 감정이다. 나는 그렇게 빛으로 옷을 입고서 감정도 풍성해지고 자유하게 되었다. 하늘 농원에서 발레로 춤을 춘다.

아래는 2004년 10월 26일에 두 아들에게 써서 주었던 시다. 아버지가 가지고 있으셨던 '감정 표현 불능증'을 벗어나는 기도와 소원을 간절히 담았다.

주형이와 주성이

주형이 바이올린, YWCA 합창 소리에

아빠가 부르지 못한 노래가 나오고

주성이 환한 빛 웃음에

아빠가 미처 드리지 못한 감사가 나온다.

주형이 외치는 "로디우스", "로디우스"

자동차 사 달라 조르는 소리에

아빠 다녀야 할 지경 보이고

주성이 전화하는 "아빠 언제 와", "아빠 언제 와" 소리

아빠는 온몸에 천국이 채워진다.

세 남자 청소해 놓고 밥해 놓고 아내 엄마 기다리면

아내 엄마가 오기도 전에

어느새 문틈 사이로 주님이 먼저 오셔서 호주 되신다

아빠 엉덩이도 엄마 엉덩이도 늘 두드리며

마음은 이미 천국에 살고 있는 주형이 주성이가

엄마 아빠도 천국 안에서 살게 하구나

나의 아버지는 딱 한 번 소리 내어 우셨다

다른 아버지인 나는 자주 울고 웃는다

고속도로 남자 화장실 소변기 위에 흔히 붙어 있는 문구,
"남자가 흘리지 말아야 할 것은 눈물만이 아닙니다." 나는 이

문구 위로 아버지의 아픔이 또렷이 보인다. 남자가 우는 것은 정녕 오줌을 흘리는 것과 같이 나쁘고 더럽다는 뜻이다. 정말 그럴까? 말도 안 된다. 경쟁과 생존 본능만 강화된 한국 사회의 병든 일면이다. 아버지는 그렇게 한국 사회의 남자로서의 길을 가신 것이다. 우는 것은 약하며 나쁘다고만 여기면서 사신 것이다. 그림자로는 우시면서 말이다.

아버지는 아내를 공감하며 우는 남편을 못났다고 생각하셨다. 자녀의 아픔을 공감하고 우는 아버지도 못났다고 여기셨다. 마누라와 자식 자랑은 팔불출이라고 하며 남자들의 감정을 모두 억제하신 분이 우리 아버지셨다. 아버지는 대한민국의 그 시절, 많은 다른 아버지들처럼 공감 능력을 억압하셨다. 못하게 하셨다. 이것이 병든 한국 사회의 자화상이 아닐까? 이러한 쓰나미에 아버지는 직격탄을 맞으셨다. 아버지는 자신을 불쌍히 여기시고 우는 것도 억압하였다. 사과하면 못난 것이고 실패자라 취급하셨다. 감정 표현이 어려운 아버지가 될 수밖에 없었다. 사회와 직장 생활은 잘하도록 훈련된 남자이지만 감정 표현을 못하여 가정에서는 어린아이가 되었던 이가 바로 우리 아버지셨다. 아버지는 주로 가해를 하시는 분이셨지만, 사실 피해도 많이 받으셨던 분이다. 아버지를 그리 만든 것이 있기 때문이다.

아버지는 악착같이 성실하게 사셨다. 하지만 일중독이 되셨다. 감정 표현을 잘 못하는 성인아이가 되셨다. 생존 능력만을 요구했던 사회와 이런 시대의 피해자이셨다. 그러다 보니 아버지는 가족에게는 매력 없는 분으로 초라하게 늙어 가셨다. 쓸쓸한 노후다. 자살률이 1위인 아픈 한국 사회에서 전체 자살의 50% 가까이가 65세 이상 남자 어르신이라는 통계청 조사는 아버지들의 노후를 더욱 비참하게 한다. 그림자로만 우시는 아버지들이다.

그래도 아버지는 평생 딱 한 번 소리 내어 우셨다. 할아버지 장례식에서도 울지 않으시던 아버지가 우시는 모습을 나는 보았다. 어머니도 모르고, 다른 형제들도 모른다. 나만 유일하게 아버지가 우시는 것을 보았다. 중학교 2학년 때로 기억한다. 신문 배달한 월급을 받아서 아버지께 막걸리 몇 병을 포장마차에서 대접했었다.

"아버지, 초등학교 때 아버지 없이 살고 있었는데, 술은 취하셨지만 저 중학교 보내 주신다고 봉화에 있는 높은 산 정상, 제가 할아버지와 살던 곳에 찾아 주셨던 거… 저 죽을 때까지 기억하겠습니다."

아버지는 놀라시며 말씀하셨다.

"참말이가? 아…! 흐! 흑! 워! 흐흑! 우~"

아버지는 포장마차 천정을 보시다가 연속으로 막걸리 두 병을 마셨다. 그러고는 짐승 소리를 내듯이 울부짖으며 우셨다. 정확히 말하면 처음으로 그림자로 울지 않고 온몸으로 우신 것이다. 정말 울부짖는 소리였다. 아버지가 왜 그토록 우셨는지 나는 정확히 모른다. 다만 지금 생각해 보면 아버지는 처음으로 자신이 살아온 삶을 가족인 아들에게 공감받으시고 행복해서 우신 것이 아니었을까? 자기 인생 전부를 인정받으셨기 때문이지 않으셨을까? 아들이 아버지의 감정을 처음으로 알아 주니 너무 낯설어서 서러워 우신 것이 아닐까? 행복이 너무 낯설어 괴로웠기 때문일 것이다. 이때 아버지의 눈물과 포호(咆號)는 그 뒤로 아버지의 많은 부분을 미워하지 않고 이해하는 좋은 약이 되었다.

'아버지도 사람이구나. 아버지도 좋은 아버지가 되고 싶으셨구나. 아버지도 한센병 환자인 아버지를 만나 세상으로부터 손가락질만 받아 자신이 존재하지 않는 것처럼 느끼셨는데, 그러다가 처음으로 아들인 나에게 공감과 이해를 받아 그렇구나. 아버지로서 고생하시고 무거운 짐 지신 것을 그나마 내가 알아주어 무척 좋으셨구나. 처음으로 아버지에게 찾아온 낯선 감정이어서 가슴이 아프고 아리기까지 하셨구나'

아버지는 그렇게 딱 한 번 소리 내어 우셨다. 그날 포장마차 아줌마도 포장마차도 같이 울었다. 나도 참 많이 울었다. 5월인데도 하늘에서 눈이 내렸다. 하늘도 우는 것이었다.

아버지의 술잔에는 눈물이 절반이다

아버지는 울 곳이 없어서 너무 슬픈 분이셨다. 그래서 술 잔을 받아 놓고는 자주 취했다는 핑계로 우셨다. 혼자 술 취 하신 밤, 늦은 밤에 이불 속에서 흐느끼셨다. 정말 심하게 만 취하신 날, 어머니는 이미 다른 이웃집에 피난을 가 버리셨 다. 그러면 나만 홀로 아버지 술주정을 다 받아 내었다. 늘 비 슷한 내용으로 소리를 지르셨다. 아마 수백 번도 더 들은 레 퍼토리(repertory)였을 것이다.

"나도 외롭다 아이가…. 쓸쓸하다…. 고생을 죽으라고 했는데 뭣 이 이리 되는 게 없노…. 좋은 애비도 못 되서 기가 막히고… 마 누라에게 좋은 남편도 되고 싶은데, 그게 말처럼 안 된다. 바람 피우고 자주 때리고 나쁜 남편만 되더라. 뭐 난들 어쩌겠노? 울 아버지도 잘 모시고 싶었는데 결국 불효자식 되고…. 아버지가 문둥병이라 동네 사람에게 손가락질만 받았다. 돌을 나한테 던 지니 살 수가 있어야지! 그래서 살라고 가출했다 아이가! 아이 고, 진작 죽었어야 했는디…. 어머니는 남편 병들었다고 핏덩이 인 나를 버려 두고 도망가서 다른 남자와 산다 카더라. 나쁜 년, 아, 나도 억울하다 아이가! 세월이 야속하다! 사는 게 와 이리 힘드노! 아이고, 내 팔자야….."

　아버지께서 술을 드시지 않고 맨정신에 어머니와 우리 5남 매에게 이런 내면의 진심을 잘 말씀하셨으면 얼마나 좋았을 까. 아마 외롭지는 않았을 것이다. 그림자로만 우는 쓸쓸한 삶이 되지는 않았을 것이다. 그러면 이토록 지붕 없는 추운 가정도 아니었을 것이다. 아버지의 눈물을 자녀들에게 기꺼이 보이고 아픔과 억울함과 외로움도 나누셨다면 이렇게까지 서로 아프고 힘들지는 않았을 것이다. 하지만 아버지는 고립 되고 외로운 삶의 애환을 당신의 술잔에만 쏟으셨다. 눈물로 술잔에 반 잔 정도 담아 홀짝홀짝 드셨다. 아마도 자신이 술 에 빠진 인생 같아서일 것이다. 아마도 술을 먹어 없애면 자 신의 서글픔도 없어질 것이라 믿으셨을지도 모른다. 상처투 성이 아버지…. 나에게 상처를 주기도 전에 아버지가 이미 상 처투성이셨다.

　시인 윤문원은 〈아버지의 술잔에는 눈물이 절반이다〉라는 시에서 아버지는 돌아가신 뒤에 더 그리운 분이라고 했다. 아 버지는 돌아가신 후에 더 보고 싶은 사람이라고 했다. 아버지 란 뒷동산의 바위라고 했다. 정말 그렇다. 아버지는 중요한 역할을 하셨지만, 가족들에게는 자신의 진짜 모습보다 자꾸 등만 보이는 뒷동산 바위와 같은 분이셨다. 이제는 살며시 아 버지를 마당에서 뵙는다. 광장에서 뵙는다. 어머니처럼 마당으로 뵙는다.

아버지 가시에 자녀가 아프다

5남매가 아프다. 시대가 준 무게다. 가난이 준 고통이다. 아버지께서 주신 지붕 없는 가정의 추움이다. 최광현이 말한 "자녀들은 아버지의 등을 보고 자란다"[2]라는 말을 굳이 언급하지 않아도 아버지는 그렇게 중요한 분이다. 그래서 아버지의 어두움은 우리 5남매를 아프게 했다. 참 어둡게 했다.

큰누나는 국민학교 2학년 때 남의 집으로 팔려 가서 살았다. 서울에서 버스 안내양을 하며 고단한 홀로살이를 했다. 큰누나는 그 어려운 중에 집에 남아서 한센병 할아버지를 모시며 사는 동생인 날 위해 잠바를 사 주었다. 나는 6년을 그놈(옷)을 입고 살았다. 아니, 누나를 입고 살았다. 세상에서 큰누나가 제일 너무 좋았다.

한번은 내가 대구 교대 재학 때, 누나가 짜장면을 사 주러 일부로 내가 있는 곳까지 왔다. 너무 굶어 배고픈 동생인 나를 위로한다고 두 누나가 나를 찾아왔다. 누나는 "상복아! 니 오늘 실컷 시켜 먹어 봐라"라고 하면서 짜장면 곱배기 세 그릇을 한꺼번에 시켜 주었다. 그날 나는 짜장면 곱빼기 세 그릇을 모두 먹었다. 누나의 사랑을 먹고 배가 불렀다. 아직도 자주 생각이 난다. 가슴 밑바닥이 따뜻하다.

2　최광현, 《아들은 아버지의 등을 보고 자란다》 (서울: 유노라이프, 2023).

작은누나도 사연이 있다. 깊은 산골에서 국민학교를 같이 다니다 3학년 때 아버지가 학교를 중퇴시키셨다. 아버지는 작은누나를 남의 집에 식모살이로 보냈다. 작은누나는 안내양을 하다 삶을 탈출하기 위해, 더 정확하게는 아버지에게서 벗어나기 위해 자형(姊兄)을 만났다. 하지만 지금은 자형과 졸혼을 하고서 홀로 살고 계신다. 아직 깊은 외로움을 해결하지 못하고 공동 의존(혼자서는 행복하지 않고 사람을 의존하는 상태, 큰 누나도 동일하다)의 마음 앓이를 한다. 들판에 홀로 세월의 무게를 받치고 사는 나의 작은누나…. 힘들게 식당 일을 하며 힘든 몸을 움직이면서 산다.

2023년 여름 2박 3일 휴가를 5남매가 같이 보냈다. 두 누나가 잠시 시름을 잊었다. 외로움도 잊었다. 내리는 빗소리가 더 크게 들렸다. 하지만 나는 할머니가 된 누나들의 바다가 더 깊어 보여 마음이 참 아팠다. 나의 두 동생도 아버지의 빈 지붕으로 인해 추운 세월을 살았다. 남동생은 성인아이는 아니지만 따스한 속마음, 착한 속마음에 비해서 감정 표현 능력이 풍성하지 못하다. 아버지 등이 살짝 보인다. 그래도 안수집사가 되어 교회에 덕을 끼치면서 잘 살아 주어 고맙다. 하나님 아버지의 날개 아래서 숨을 쉬며 제수씨와 잘 살아 주어 남동생이 하염없이 고맙다. 아버지의 그림자를 벗어 주어서 고맙다.

여동생은 처녀 때 '공동 의존증'이 있었다. 아버지의 빈자리로 인해 생긴 마음 앓이다. 아버지는 여동생이 막내라고 화를 내거나 때리는 일을 한 번도 하지 않으셨다. 애착을 가지고서 5남매 중에는 유일하게 사랑을 해 주셨다. 하지만 아버지가 어머니와 오빠인 나를 학대하거나 때리거나 괴롭히는 모습을 일부 보고 자라서 상처가 제법 많다. 여동생의 마음에는 시베리아가 생겼다. 그래도 교회를 다니며 홀로 잘 일어서고 있어 오빠로서 조금은 안심이 된다. 아버지의 그림자를 벗어 가고 있어서 고맙다.

아버지 한 명이 어떤 영향을 주는지 자녀 5남매와 어머니를 보면서 발견한다. 세상 아버지들이 가정에 지붕으로 잘 살아 주면 좋겠다. 5남매는 아프다. 아버지의 가시에 자녀들은 아프다. 하지만 이제 5남매가 행복한 시작을 걷기 시작했다. 적어도 한 걸음 정도는….

소년범들의 아버지 천종호 판사도 이런 소원을 토하셨다. "이 아이들에게도 아버지가 필요합니다."[3] 좋은 아버지가 있을 때 아이들은 사고를 치지 않거나 치더라도 빨리 그만두고 회복한다.

2023년 8월 말경에 89세 이모를 뵈러 갔다. 이모는 유난히 큰 소리로 쩌렁쩌렁 열 번도 넘게 말씀하셨다. 맞는 말이긴 한데 슬퍼서 가슴이 먹먹했다.

---

3 천종호, 《이 아이들에게도 아버지가 필요합니다》 (서울: 우리학교, 2015).

"상복아, 니 아버지는 고마 잘 죽었다. 아직 살아 있었으면 우짜 겠노? 끔찍하다. 동생과 니를 고생만 시키지 않겠나!"

아버지가 없는 어린 시절은 지붕 없는 집이었다. 나는 이 제 이 땅의 아버지와 아버지가 될 청년들에게 아버지를 가르 치고 싶다. 아버지가 없어 지붕 없이 사는 삶이 어떤지를 알 려 주며 살고 싶다. 가정 사역자가 이 땅에 부르신 나의 소명 이 되었다.

아버지 가시에 어머니가 아프시다

어머니가 아프시다. 어머니의 아픔을 다 품은 나도 마음이 아프다. 아버지의 가시에 어머니는 너무 많이 찔리셔서 아프 시다. 얼마나 많이 맞았으면 귀 고막이 터져서 한쪽은 들리지 않으신다. 속은 더 많이 터졌으리라. 어머니의 머리에는 아버 지와 싸우시다가 (아니 일방적으로 맞다가) 농이나 벽에 찍힌 상 처가 있다. 속은 더 많이 찍혀 지워지지도 않으신다. 아버지 의 폭력 때문에 어머니는 쥐약을 몇 번 드셨다. 그때마다 내 가 어머니를 업고 병원에 가서 위를 세척했다. 아들로 태어나 서 이런 경험은 지옥 밑바닥을 가는 것과도 같다. 다시 생각 해도 끔찍하다. 아버지는 바람을 네 번이나 피우셨다. 그것 때문에 어머니는 속앓이를 많이도 하셨다. 어머니와 내 인생 에 태풍이 불었던 것이다.

우리 5남매 양육도 마찬가지다. 어머니는 독박으로 육아를 하셨다. 물론 너무 힘들다고 아버지는 두 누나를 초등 저학년에 모두 남의 집 식모로 보내셨다. 나도 외가댁이나 산골에 종종 맡겨져 방치된 유년 시절을 보냈다. 어머니는 유일한 낙이 자식을 보면서 견디며 사시는 것이었다. 애절한 자식 중독이었다. 그래야 아픔을 잠시라고 잊고서 견디기 때문이다. 어머니는 아버지로 인한 트라우마로 부분부분 인지 장애도 있으시다. 지력도 낮아져 숫자 1도 겨우 아신다. 어머니는 당신의 노후도 준비되지 않으셨다. 아들 생각만 하시고 당신 생각은 비우셨다. 어머니는 내일도 없으셨다. 그저 자식이 오늘이고 내일이기 때문이다. 어머니의 희생이라는 말로 담기에는 너무 불쌍한 삶이다.

그나마 어머니도 아버지의 그림자를 벗어 내기 시작하셨다. 어머니는 내 권유를 들으시고서 현재 교회를 잘 다니신다. 예수님의 십자가 보혈로 아버지의 그림자를 지워 가고 계신다. 명예 서리 집사로 동생네 교회를 잘 다니며 사신다. 아버지의 상처가 어머니를 참 춥게도 했다. 이제라도 아버지 그림자를 벗고 예수님의 가죽옷으로 따뜻하게 입으셔서 세상이 따스해지고 있다.

아버지는 죽어서 아내인 어머니의 짐을 덜어 준 것이 남편으로서 제일 잘한 일이다. 아버지가 야속도 했지만, 이제 야속한 마음은 거의 없다. 다만 아버지 인생이 너무 불쌍하다.

불쌍한 내 아버지, 그보다 더 불쌍한 내 어머니, 개인이 감당하기에는 버겁고 아픈 시대를 정통으로 맞아 깊게 멍이 드신 모습을 보면 정말 불쌍하기만 하다.

이놈! 아버지를 택할래, 예수를 택할래?

내가 중학교 때부터 결혼한 지 10년이 지날 때까지 대략 25년이 넘도록 아버지께서 핍박하시며 늘 하신 말씀이다. 영천에 초등학교 교사로 발령을 받은 초임 교사 시절에도 학교 운동장까지 찾아와서 하신 말씀이 이 말씀이었다. "이놈! 아버지를 택할래, 예수를 택할래?"

"이놈! 아버지를 택할래, 예수를 택할래?"라는 질문은 숨이 턱 막히는 질문이고 요구였다. 이런 질문은 '이중 구속 언어'이다. 무엇을 선택해도 실패인 말이다. 아버지는 결국 내가 무엇을 택할 것인지를 묻는 것이 아니라 두 가지를 말하는 것이다. 하나는 "나는 니가 나를 가장 소중하게 여겨 주었으면 좋겠다. 니가 예수님을 믿으면 내가 너에게 소중한 것 같지 않아 기분이 나쁘다. 어머니와 아버지처럼 너도 예수님 때문에 나를 또 버리는 것 같구나. 그래서 괴롭고 속이 상하다." 또 하나는 "그냥 니는 예수 믿지 말고 내 종으로 살아라"라는 이중 요구인 것이다. 무엇을 선택해도 실패하는 괴로운 질문이다.

아버지는 내가 중학생 때 강원도 정선군 사북읍에 있는 우리나라에서는 가장 큰 '동원탄좌'라는 탄광에서 일하셨다. 이때 나는 고한남부교회를 다녔다. 내가 교회를 다닌다고 아버지는 자주 핍박하셨다. 그것도 심하게 하셨다. 부모님께 핍박받은 많은 사연으로 대회에 나가면 가장 잔인하고 괴로운 분야에서 금메달을 받을 것이다. 기독교 신앙 때문에 핍박을 가장 많이 받았던, 광야와 추운 겨울을 살아온 나의 청소년 시기이다.

아버지는 유교와 불교, 자신이 신이기도 한 세 가지를 혼합해서 믿는 분이셨다. 큰 집 장손이셨는데, 이를 모두 합치니 더욱 자기 삶의 목표를 아들 핍박하기로 삼으신 것처럼 나를 핍박하셨다('야수교'라고 비아냥거리기도 하셨다). 대를 이어서, 또 큰 집 장손인 내가 예수님을 믿는 것은 아버지에게 있어 청천벽력이었을 것이다. 아버지는 한 가정만이 아니라 서가 집안 전체, 서가 종가댁을 다 망친 놈이라고 하셨다. '조상을 버린 놈', '아버지 죽고 제상도 지내지 않을 놈'. 그리 말씀하셨다. 그런 가치관으로 사시는 아버지가 나를 핍박하는 것은 당연했다. 역사적 사명(?)을 가지고서 생명을 걸고 나를 핍박하셨다. 지금 같으면 아마도 아동학대죄로 감옥에 가셨을 게 뻔하다.

그런데 아버지는 술에 취하시면 더 심하게 핍박하셨다. 아예 다른 사람이 되셨다. 눈빛도 싸늘했다. 무정하고 잔인하셨다. 아버지께서 핍박하신 것 중에 유난히 아팠던 것이 생각난다. 중학교 2학년 때 아버지는 술에 취해 말씀하셨다.

"이놈아, 아버지를 택할래, 예수를 택할래?"
"아버지, 죄송하지만 예수님도 아버지도 모두 버릴 수 없습니다."

아버지는 나를 때리다가 더욱 열이 솟구쳐 칼부림까지 하셨다. 결국 아버지가 휘두른 칼에 내 머리 정수리와 손목이 상처를 입었다. 내 피가 방을 덮었다. 몸에 난 상처는 세월의 흔적으로만 남겼지만, 마음에 난 상처는 세월의 힘으로도 지울 수 없이 깊이 패였다. 이 패인 상처의 골마다 예수님의 보혈로 채웠다. 흔적 없이 치유되었다. 하나님 나라로 채워졌다. 흘린 내 피보다 아버지 삶의 무게가 더 무겁고 붉었다. 나는 그것이 더 아프고 무거웠다. 아버지를 받아 내는 내 삶의 무게도 아버지만큼 무거웠다. 붉었다.
　내가 흘린 피 위로 예수님께서 십자가에서 흘린 보혈의 피가 덮었다. 나를 넉넉히 숲으로 회복시키시고 구원하셨다. 내무거운 짐과 거친 호흡은 십자가에서 예수님이 다 가져가셨다. 가벼운 숨소리 위로 예수님은 내가 지기 쉬운 짐, 사명의 짐 하나만 남겨 주셨다. 그리고 지금까지 이끌어 주셨다. 이전보다 훨씬 지기 쉽고 가벼운 짐이다. 무겁고 수고한 내 인생 위에 예수님은 십자가 보혈로 환대하시며 초대하셨다. 가벼운 쉬운 삶이 되었다.

"수고하고 무거운 짐 진 상복아, 내게로 오거라. 내가 너를 쉬게 하마. 네 짐은 내가 몽땅 질 테니 너는 내 짐을 지거라. 지기 쉽고 가벼울 거야. 내가 네게 준 사명의 짐을 지고 살거라. 내가 힘 주고 돕고 이끌 테니까 말이다. 내 사랑 상복아, 내 어여쁜 자야 일어나 같이 가자. 세상이 주지 못하는 큰 평안을 네게 주마. 상처를 하나도 받지 않은 것보다 더 깨끗하고 풍성한 하나님 나라를 맘껏 누리거라. 수고했다. 애썼다. 그리고 그 받은 사랑과 행복을 세상에도 잘 전하거라"

참아버지이신 하나님 사랑으로 내 온몸이 젖었다. 상처로 흘린 피보다 진한 자유와 진리가 스며들었다. 그 사랑으로 나는 아버지를 용서하고 수용도 할 수 있었다. 아버지는 71세에 예수님을 믿으시고서 소천하셨다. 그토록 핍박하시고 싫어하시던 예수님 품에 고이 안기셨다. 아버지의 고달픈 인생살이가 끝났다. 아버지가 천국 가신 것이 내가 가장 행복했을 때보다 더 마음이 하늘거린다. 좋은 아버지로서 살아가는 지금의 나에게도 고맙고 대견하다. 이스라엘 백성의 출애굽 때 쓴물 다음에 주시는 12샘물로 풍성하다.

아버지, 이젠 우셔도 됩니다.

정지아는 장편 소설 《아버지의 해방일지》(창비, 2022)에서 아버지를 새롭게 알고 싶어했다. 한국의 아픈 역사의 소용돌이에서 살아가셨던 아버지를 나도 새롭게 찾고 싶다. "내가 알던 아버지는 진짜일까?" 정지아의 말이 내 마음 깊은 곳에서 동일하게 고백된다. 아버지 등 위로 다시 돌아가서 가만히 아버지를 안아 드리고 싶다. 그림자로만 우시던 아버지에게 가서 온몸으로 울어도 된다고 말해 드리고 싶다.

곰곰이 생각해 보면, 내가 알고 있는 아버지의 모습이 확실한 아버지의 모습은 아니었던 것 같다. 어머니도 아버지를 정확히 모르셨다. 분명한 것은 아버지는 해방된 나라의 아프고 어두운 시대를 정면으로 맞았다는 것이다. 시대와 가난의 무게를 지시고 자기가 원하는 선택을 하지 못하시고 수고와 피해를 옴팍 덮어쓰셨다. 일제 강점기 같은 삶의 무게에 의해 일제 시대 포로와 같이 되셨다. 아버지는 당신의 해방일지를 쓰지 못하셨다. 광복된 나라 그 뒤편 무게로 인해 제대로 된 광복이 없는 삶을 사셨다.

아버지는 2006년 2월 9일에 71세로 일찍 돌아가셨다. 당신의 해방일지를 못다 쓰시고 일찍 돌아가셨다. 이 세상에서 숨조차 제대로 못 쉬셨기 때문이다. 돌아가시고 나셔야 비로소 아버지는 "아버지의 해방일지"를 완성하셨다. 아버지는 하나님 나라에 가서 숨도 쉬고 소리 내며 울기도 하신다. 소리 내어 웃으시기도 하신다. 그래서 빨리 이 땅을 떠나셨고 천국에 가셨다. 아버지는 "나는 괜찮다", "나는 이런 거 힘들지 않아", "나는 외롭지 않아"라며 로보캅 갑옷 속에서 피눈물만 몰래 흘리셨다. 아버지는 스스로를 가두셨던 것이다.

"아버지! 할아버지 장례 중에도 못 우신 그 눈물, 자식이 성적이 올라가도 춤추고 기뻐하지도 못하시고 무표정이며 웃지 않으신 그 웃음, 부디 가신 그곳에서 모두 다 하세요. 아버지! 원래는 어머니를 사랑하셨고 어머니를 불쌍하게 여기셨잖아요. 아버지 가슴에 사랑으로 눈물이 강물로 찼는데도 그렇다고 말씀 한마디를 못하잖아요. '사랑한다', '수고했다', '고생이 많았다', '내가 잘못했다', '당신이 제일 소중하다' 그 한마디 말을 못하셨어요. 그저 '밥 묵자', '당신도 먹어라', '아들은?'이라고 하신 이 짧은 한마디로 이 모든 걸 다 말씀하신 분이셨어요. 아버지! 못다 한 말들 부디 가신 그곳에서는 다 하시며 사세요. 거기서는 그림자를 벗고 자유롭게 사세요. 그냥 아버지가 되세요."

아버지 장례식에서 홀로 밤에 아버지 주검 앞에서 내가 토설한 말이다.

"아버지! 이젠 우셔도 됩니다. 그림자로만 울지 마시고 온몸으로 시원하게 우세요. 이제 가신 그곳에서는 하나님 아버지 품에 안겨 맘껏 우셔도 됩니다. 좋으셔서 우셔도 됩니다. 행복해서 우셔도 됩니다. 부디 아버지의 해방일지를 끝내시길 바랍니다. 그냥 본래 아버지가 되셔서 누리세요. 아버지 이젠 우셔도 됩니다."

돌아가시기 전까지 다섯 번 화해하다

아버지는 돌아가실 때까지 아들인 내게 총 다섯 번 화해를 요청하셨다. 아버지 장례식에서 아버지의 그림자가 벗어지며 알았다. 나는 아버지 장례식이 그리 슬프지 않았다. 아버지와 그토록 하고 싶은 화해를 했기 때문이다. 아버지가 고달픈 이 땅의 삶을 홀홀 벗고 천국에서 잘 사실 거라 믿었기 때문이다.

첫 번째 화해는 내가 국민학교 6학년 때 아버지가 나를 찾아오셨을 때이다. 봉화 산꼭대기에서 병든 한센병 환자이신 할아버지를 모시고 사는 아들인 나를 찾아오셨는데, 역시 술에 취하신 채로 오셨다. 아픔에 취하셔서 오셨다. "상복아, 상복아!"라고 100번도 넘게 술에 취하시고서 부르셨다. 화해를 요청하신 것이다. 아버지는 아들에게 취하셨다. 아들의 이름으로 절절한 사랑을 다 토하셨다. 산의 메아리도 같이 나를 찾아주고 나를 불러 주었다. 당시 나는 어렸기 때문에 여러 번 이름을 산중에서 외치며 찾아오신 아버지의 그 깊은 마음을 알 길이 없었다. 깊은 화해를 받아들이지 못했다. 하지만 아버지 장례식 중에 그 소리가 화해를 요청하시는 소리였다는 걸 깨달았다.

두 번째 화해는 아버지가 포장마차에서 통곡하시며 우신 때이다. 아버지는 내가 중학교 2학년 때 탄광에서 죽기 살기로 일하셨다. 용돈이 없던 나는 새벽에 신문 배달로 용돈을 벌었다. 한번은 그 돈 일부로 막걸리를 받아 아버지를 포장마차에서 대접해 드렸다. 그때 아버지는 처음이자 마지막으로 펑펑 우셨다.

> "상복아, 니가 내 외로움과 억울함과 고생을 다 알아주니, 비로소 아버지는 아버지가 된 기쁨이 있다. 아버지를 이해해 주고 나쁜 아버지라고 하지 않아 줘서 고맙다."

이렇게 아버지가 쏟아 내셨던 울음의 의미를 장례식이 끝나고서야 비로소 알았다. 나는 당시 "참말이가?"라고 하시면서 울부짖는 그 소리가 무슨 의미인지 잘 몰랐다. 그러다가 아버지 장례식에서야 그것이 아버지의 화해 요청이라는 것을 깨달았다. 너무 늦었지만 나는 아버지의 화해 요청을 받아들였다. 그리고 아버지와 악수했다.

세 번째 화해는 아버지께서 내가 교사가 되어 근무하고 있는 학교까지 찾아오신 때이다. 아버지는 내가 결혼 후 근무하고 있는 경북 영천 시내의 초등학교에까지 찾아오셨다. 깜짝 놀랄 만한 방문이었다. 아버지는 본래 그렇게 하고 싶으신 것이 아니었겠지만, 결국 나와 크게 싸움만 하고 돌아가셨다. 더 정확하게 말하면, 아버지는 일방적으로 내게 화내고 소리를 지르셨다. 영천의 고요를 다 흔드는 아버지의 고함 소리였다.

"이노무 자식아, 일요일에 이사하면 되는데 꼭 토요일에 하는 이유가 뭐냐? 애비가 일요일에 이사하자는데 주일이라고 안 된다고?! 그래, 오늘 끝장을 보자. 이노무 자식아, 애비 말이 우습냐? 애비를 택하든지, 하나님을 택하든지 오늘 아주 결단을 보자. 이놈아! 에이, 몹쓸 놈!"

아버지는 밤늦은 운동장이 떠나가도록 이렇게 고래고래 소리를 지르셨다. 운동장이 나를 감싸며 위로해 주었다. 나는 "아버지도 하나님 아버지도 저는 버릴 수 없습니다"라고만 대답했다. "상복아 니가 선생님이 되어서 고맙다. 자랑스럽다. 어려운 가정에서 남을 가르치는 직업을 하다니 너무 자랑스럽다. 그래서 내가 영천 네 집으로 와서 같이 사는 거란다. 내가 너의 인생에 도움이 되고 이사도 돕고 싶은데 잘 도와주지 못해 아쉽고 속이 상하네"라고 하신 말씀이었다는 것을 그때는 알지 못했다. 아버지 장례식이 끝나고서야 아버지와 화해하며 아버지 속마음을 알았다. 이렇게 아버지는 돌아가신 후에야 내게 사과하셨다. 아버지는 돌아가신 다음에야 나와 온전히 화해하게 되었다.

네 번째 화해는 아버지가 70세가 되시고 예수님을 영접하신 때이다. 아버지는 71세로 돌아가시기 바로 전 70세에 아들과 화해하셨다. 물론 '감정 표현 불능증'이신 아버지는 말로써 화해하지는 못하셨다. 다만 아버지가 70세가 되시고 병원에 입원하셨을 때 집사람이 "아버님, 예수님을 영접하지 않으시겠습니까?"라고 했을 때, 그러겠다고 하시는 게 아닌가! 놀라운 일이었다. 내 평생에 가장 놀라운 일이었다. 그토록 내가 권유할 때는 거부하신 아버지셨는데 며느리가 부탁하니 들으셨다. 오래 살지 못할 것을 직감하신 까닭이기도 했겠지만, 사실 아버지가 예수님을 영접하신 가장 큰 이유는 내게 화해와 용서를 구하시기 위함이었을 것이다. "상복이가 그리 원하던 예수를 믿으마. 니가 옳았다. 내가 잘못 살았고 아들에게 미안하고 용서를 구한다. 용서해다오. 그동안 할아버지 내 대신 모신다고도 고생했다. 내가 너를 핍박해도 미워 안 하고 잘 살아 줘서 고맙다. 수고했다. 그리고 미안하다"라고 말씀하시는 것을 "오냐. 예수님을 믿으마"라고 예수님 영접하시는 것으로 말씀하신 것이다. 장례식에서 그런 아버지와 화해의 손을 잡았다.

다섯 번째 화해는 아버지의 장례식장에서 드리는 예배 때이다.

"상복아, 수고했다. 내 대신 할아버지 모신다고 니가 애썼다. 내가 못다 한 효도를 니가 문둥병 할아버지를 잘 돌보고 봉양해서 아버지는 다행이구나. 그리고 미안하다. 이웃집이 8km나 떨어져 있을 정도의 깊은 산골에서 얼마나 외로웠니? 초등학생 나이에 농사지으며 산다고 얼마나 고생이 많았니? 초등학교 3학년 때부터 교회 다니더니 신앙이 깊어 좋구나. 니가 자랑스럽다. 핍박한 것 미안하다. 니가 옳았다. 니 할아버지는 천국을 가신 것이 맞네. 그리고 천국은 진짜 있구나.”

아버지의 장례식에서 아버지가 나에게 장례 예배를 집례하라고 하심으로 이리 말씀하시는 것이 틀림없었다. 나도 할아버지 장례식에서는 아버지의 이런 마음을 안아 드리며 화해했다. 아버지 장례 예배로 아버지와 나는 화해를 이루었다. 하나님 나라가 거기에 가득 임했다. 아버지는 돌아가시면서 5남매와의 긴 줄다리기를 접고 화해를 청하셨다. 장편 소설 작가 김정현도 《아버지》(문이당, 1996)에서 아버지는 비로소 돌아가셔야 당신 스스로와도 자녀와도 온전히 화해하시는 분이라고 했다. 아버지께서 떠나신 점 끝을 보며 아프게 말한다.

“아버지, 오늘 당신이 무척 그립습니다.”

온 시대를 다 받치고 산사태를 다 받아 낸 영웅이 그래도 나의 아버지다.

“아버지가 잘사신 것은 아닙니다. 하지만 시대와 나라를 구하고 산사태를 막은 아버지는 제게 영웅입니다. 돌아가신 뒤에 비로소 그리워하게 되어 가슴이 아파요.”

결국 아버지와의 온전한 화해로 나의 과거를 놓아주었다. 상처 너머 자유의 무지개를 탔다. 아내와 두 아들에게 상처 나 감정의 찌꺼기를 주지 않는 깨끗하고 성숙한 사람으로 자 유롭게 되었다. 아프게 한 아버지를 이해하고 받아들이며 살 아온 나는 선물이 되었다. 결국 나와 가족과 세상을 건강하게 사랑하게 되었다. 하나님 아버지의 뜻을 이루게 되었다. 하나 님 나라를 지금 여기서 누리게 되었다. 어제의 아버지는 그림 자로 울어 시대를 옴팡지게 살다가, 가족도 자기 자신도 너무 춥게 살았다.

"주 예수와 동행하니 그 어디나 하늘나라~ ♪"
"아버지, 이젠 그림자로 우시지 마시고 온몸으로 우셔도 됩니다."

울어도 되는 이유가 있다. 아버지 가신 천국에서 하나님이 눈물을 닦아 주시기 때문이다. 하나님께서 아버지의 아버지 로서 품고 울어 주시기 때문이다. 이 땅에 있는 아들과 어머 니가 하나님 나라를 잘 당겨서 살기 때문이다. 그리고 그 울 음 끝에는 다시는 눈물 없는 영원한 웃음이 오기 때문이다.

"아버지, 이젠 영원히 웃으며 사시게 되어 좋습니다. 감사합니 다. 당신이 내 아버지여서…."

***
오늘의 아버지: 지붕으로 살아가는 '나'

아버지는 시대의 무게, 가난의 무게를 온몸으로 막아 내며 사셨다. 아버지는 우리에게 산사태를 막아 내며 사는 뒷동산 큰 바위와 같이 사셨다. 하지만 돌아가셔야 비로소 보이는 아버지셨다. 전쟁 후 불안과 가난을 지게로 짊어지고 어깨에 선명한 두 줄 멍 자국을 남기며 사셨다. 그러다 보니 감정을 표현하는 단어는 자주 오는 보릿고개처럼 아버지에게 늘 가뭄이었다. 어머니는 아버지 곁에서 감정을 다쳐 병이 드셨다. 그리고 자녀들은 아버지로 인해 지붕 없는 집에서 비바람을 오롯이 다 맞았다. 그래서 명절에 아버지가 안 계신 것이 너무 좋았다. 집은 아버지가 아닌 어머니로만 따뜻한 보일러를 돌릴 수 있었다. 어머니는 굵어진 힘줄과 멍든 가슴과 외로움, 억울함을 장작 삼아 군불을 지핀 집에서 우리 자녀들을 양육하셨다.

50-60대 나이 또래의 자녀를 둔 다른 아버지들의 무게도 비슷하다. 뒷산 무너지는 것은 아버지가 막기는 했다. 하지만 아버지는 막상 자신이 무너지는 것을 막지는 못하셨다. 결국 아버지는 가정의 지붕이 되지 못하셨다. 비바람이 자녀와 어머니를 춥게 하고 감기 걸리게 했다. 차디찬 가정이 되고 말았다. 어찌 그것이 아버지만의 잘못이라고 하겠는가!

아버지는 가난을 이겨 내고 나라도 발전하게 하셨으나, 자기 가정에 지붕 하나도 얹지 못하셨다. 지붕 없는 가정에서 처자식도 힘들었지만, 아버지 본인도 피해를 보았다. 수많은 아버지들이 일중독과 생존만으로 자기 삶을 사셔서 아내에게서 노후에 감정으로 버림을 받는다. 자녀들 가슴 속에서도 아버지 당신의 자리가 없다.

이제 아버지 역할은 내가 이어서 해야 했다. 가정에 지붕을 만드는 일 말이다. 부모에게서 도움이나 유산으로 받은 재료가 부족하니 내 온몸으로라도 지붕을 대신해야 했다. 현재 50-60대가 감당하는 아버지 역할은 내 아버지 대와 많이 다르다. 70-80대인 우리 아버지들과는 달리 지붕을 잘 만들어야 한다. 나의 뼈와 살을 떼어 내어서라도 지붕을 만드는 것이 내 아버지의 역할이었다. 생존으로만 살아서는 안 된다. 일중독이 되어서도 안 된다.

아들에게 아버지의 무게를 물려주면 안 된다. 나는 아버지의 세월 무게에서 벗어나려고 몸을 떨며 살았다. 해야 할 것을 제대로 하는 참자유를 가진 아버지로서의 삶을 결국 살았다. 가정의 지붕을 만드는 아버지를 해 내었다. "내 아버지의 해방일지"이다. 두 아들에게, 이 시대의 아버지에게 들려줄 아버지 해방일지를 나는 내 아버지가 살아온 것과는 다른 해방된 아버지의 삶을 살면서 쓴다. 그것은 몇 가지 지붕을 만드는 것이다.

어머니의 지붕: 어머니의 아들이면서 '남편'

생각해 보니 나는 장남의 역할만이 아니라 어머니의 '배우자 역할'도 했다. '배우자화'⁴가 되어 어머니의 정서적 남편이 되어 주었다. 아버지가 이틀에 한 번은 술에 취해 어머니를 때리시면, 나는 남편이 되어 막고, 위로하고, 다친 곳에 약을 발라 드렸다. 아버지가 바람을 네 번이나 피워 첩을 데리고 오면, 힘들어하시는 어머니를 살피고 마음을 헤아려 드렸다. 본 남편으로서의 아버지 역할을 대신 한 것이다. 참 아프고 슬픈 역할이었다.

아버지가 71세에 돌아가시고 홀로 남으신 어머니를 지난 14년간 남편처럼 자주 보살피고 여행도 모시고 다니며 마음 깊이 헤아려 드렸다. 어머니의 빠진 치아 몇 개를 임플란트(Implant) 해 드리며 수차례 치과를 모시고 다녔다. 어머니는 이제 86세이다. 어머니의 지붕 역할을 잘 수행하고 있다. 장모님께도 아내와 함께 비슷하게 해 드린다.

나는 '아들'이 아니라 사실상 어머니의 '남편'이었다. 본래 아버지가 해야 할 역할을 아들인 내가 했다. 정서적으로 어머니의 남편으로서 살았다. 이는 내게 매우 아프고 무거운 짐이다. 이 잘못된 지붕 역할이 하나님께서 합력하사 선을 이루어 가정

---

4 부모 이혼, 부모 한쪽 사별, 부모 중 한쪽이 지나치게 한 쪽을 괴롭히고 학대하며 학대받는 부모를 배우처럼 정신적 감정적인 위로와 도움을 주는 것이다. 나쁜 아버지로 인해 정서 감정이 외로운 어머니를 아들이나 딸이 대신 남편 역할을 하는 것이다. 우리나라는 대부분 지나친 효자 아들이 주로 어머니께 배우자화가 되었다고 한다. 고부 간의 갈등 원인이기도 하다.

사역과 상담에서 좋은 지붕으로서의 큰 기초와 능력으로 활용되었다. 하나님이 남편인데도 바람이 나서 우상 숭배를 한 이스라엘과 지금의 잘못된 성도를 비추어 보게 하는 신앙의 유익이 크다. 하나님의 마음을 아프게 하는 것이 무엇인지 체험했다. 하나님께서 왜 우리의 남편이 되신다고 했는지를 알게 되었다. 가정 사역에서는 이혼 상담, 부부 상담 전문가가 되는 기초가 되었다. 어머니의 지붕 된 역할, 잘해 온 것 같다.

아버지의 지붕: 아버지를 품고 돌본 아버지의 '아버지'

아버지가 나를 돌본 것이 아니라 내가 아버지를 품고 돌보는 '부모 역할'도 했다. 나는 일찍 '부모화'(Parentification)가 되었다. 아버지와 어머니를 어려서부터 돌보고 할아버지를 돌봤다. 아버지는 할아버지가 한센병 환자이시라는 부담감 때문에 일찍 가출하여 떠돌이 생활을 하셨다. 그 영향 때문에 감정이 불능인 아버지가 되었다. 성인아이가 되신 것이다. 그래서 할아버지를 모시고 봉양하는 역할을 손자인 내가 대신했다. 아버지의 철없는 삶도 아들인 내가 부모가 되어 돌봤다.

아버지는 세상에서 받은 거절감과 수치감과 억울함에 알코올 과의존으로 도피하셨다. 분노 조절 장애, 인격 장애가 되신 아버지를 71세 되어 돌아가실 때까지 돌보았다. 아버지가 되어 주었다. 할머니께 버림받고 어머니 사랑도 한 번 받지 못하신 아버지, 작은할머니 밑에서 눈칫밥을 먹고 천덕꾸

러기로 자라신 아버지, 그러한 애착 결핍에 의한 아버지의 성
중독, 관계중독, 일중독, 성취중독, 완전주의, 결벽증, 감정
발달 장애를 받아 내고 수용해야 하는 부모로서의 역할을 나
는 힘겹게 감당했다.

이 두 가지 깨달음이 이것을 가능하게 했다. 하나는, 아버
지와 동일한 환경으로 내가 이렇게 살았다면 나는 아버지보다
더 나쁜(?) 아버지가 되었을 것이라는 나의 연약과 죄성도 바
로 보게 되었다. 또 하나는, 성령께서 아버지는 감정이 네 살
에서 유치원 다니는 아이 정도의 성인아이라는 걸 잘 이해하
게 해 주셨다. 아마 중학생 때부터 그렇게 생각했던 것 같다.

그래서인지 아버지가 불편하고 거북하긴 했지만, 아버지
에게 미움과 분노는 없다. 아버지의 지붕 역할을 잘 해낸 까
닭이다. 이것은 내게도 좋은 지붕 아래 사는 혜택을 주었다.
나의 두 아들에게 아버지의 상처를 대물림하지 않고 하나님
나라를 물려주게 되었다는 것이다. 좋은 감정으로 바른 사랑
을 하는 좋은 아버지 역할을 하게 되었다는 것이다. 아내에게
도 욕이나 비난이나 상처를 주지 않는 좋은 남편으로 살게 되
었다. 가장 중요한 유익은 이런 것이 바탕이 되어 치유 사역
자, 가정 사역자, 전문 상담가, 바른 진리를 잘 설교하는 목사
가 되어 사역하는 능력과 전문성을 가지게 되었다는 것이다.
아버지에게 아버지의 역할을 해 주며 얻었던 상처도 지금은
별이 되었다. 아버지의 지붕 된 역할, 잘해 온 것 같다.

아내의 지붕: 내가 누리지 못한 모성애를 찾아주는 '엄마'

아내에게는 엄마에게서 누리지 못한 모성애를 찾아주는 엄마로서의 역할, 장인어른의 사랑을 누리지 못한 아내의 지붕 역할을 했다.

나의 장인은 어려운 농촌 목회를 하시는 중에 지병을 얻어 일찍 돌아가셨다. 장모님은 식당을 전전하시며 밤낮으로 일하셨고, 아내는 자연스레 방치되어 아동기를 처할머니 밑에서 자랐다. 어려운 세파로 인해 장모님은 감정 표현이 따스하지 못하고 직설적이셨고, 그 덕에 아내는 모성애를 더욱 잘 느끼지 못한 쓸쓸한 청소년기를 보냈다. 그러다 보니 거절에 대한 두려움, 따스한 인정과 수용, 자신을 알아 주는 사랑에 목말라했다. 그래서 결혼 31년간 조건 없이 내가 남편으로서 잘 수용하고 귀히 여기며 되도록 공감을 해 주는 사랑을 해 왔다. 그러면서 아내는 정서적 수용에 대한 목마름이 대부분 회복되었다.

이제는 행복 여사로서 세상의 따스함을 흘려보내는 온기 있는 사람으로 살고 있다. 아내의 지붕 된 역할로 인해 가정 사역자로서, 상담가로서 합당하게 하나님께서 나를 빚으신 것이다. 아내의 엄마, 아버지로서의 역할은 나에게 있어 십자가 속으로 인도하는 지름길이었다. 아내의 지붕 된 역할, 잘 해 온 것 같다.

두 아들의 지붕: 두 아들의 좋은 '아버지'

"아빠를 세상에서 가장 존경합니다." 두 아들에게서 이 말을 자주 듣는다. 두 아들에게 좋은 아버지가 된 것 같다. 내가 내 아버지를 통해 누리지 못한 아버지로서의 지붕을 두 아들은 나를 통해 잘 누리고 있는 것 같아서 감사하다.

아버지의 영향력은 하늘이고 지붕이다. 인간관계를 잘하고 못하고도 아버지의 영향력이다. 직장에서 리더나 팀원으로서의 장점과 문제, 결혼과 가정생활의 문제와 원인도 깊이 들여다보면 대개 아버지와의 관계가 뼈대로 있다. 아버지에게서 배운다는 말이다. 두 아들에게 나는 다행히 좋은 아버지로 각인된 것 같다. 자녀에게 좋은 지붕이 되었다는 말이다. 아들에게 했던 아버지로서의 지붕 역할의 내용은 네 가지이다. 아내에게 좋은 남편이 되는 아버지, 신앙을 바르게 가지고 사명을 잘 감당하는 삶을 사는 아버지, 자녀를 잘 이해하고 존재만으로 충분히 사랑해 주는 아버지, 그리고 한 남자(인간)으로서 풍성하고 행복하게 사는 좋은 사람으로서의 아버지가 되는 것이다. 두 아들의 지붕 된 역할, 잘해 온 것 같다.

세상 상처 입은 이들의 지붕: 많은 상처 입은 영혼들을 회복하는 '사역자'

나는 사명을 감당하며 많은 상처 입은 영혼들을 회복하는 목회자가 되었다. 생명을 거는 마음으로 이 일을 하고 있다. 세상의 상처 입은 이들의 지붕 역할이다.

각종 상담자와 가정 사역자로서의 세월이 33년을 넘었다. 목사로서 설교하며 치유와 회복과 진리를 전하는 말씀 사역자로도 15년이 되어 간다. 이제 《결혼 플랫폼》을 시작으로 '플랫폼 시리즈'도 쓰면서 여러 책을 저술하여 이 땅에 상처를 입은 이들의 지붕이 되는 사명을 잘 감당하려 한다.

"수고하며 무거운 짐 진 상복아 내게로 오너라. 내가 너를 쉬게 하겠다. 내가 상복이에게 부탁한 사명의 멍에를 메고 살거라. 말씀을 통해서 내게 배워 말씀대로 순종하고 살아 보거라. 그리하면 상복이는 진리로 자유하고 마음에 쉼을 얻을 것이란다. 사명을 감당하는 멍에는 편하고 내 짐은 가볍다. 왜냐하면 너의 무거운 짐인 고달픈 아버지의 문제, 할아버지 문제, 죄와 사망의 문제는 내가 해결하고 내가 책임을 질 테니까! 그리고 너에게 맡긴 사명의 짐은 내가 힘을 주고 돕고 함께할 테니까 말이다"(마 11:28-30 참고).

'부모화', '배우자화'가 된 나의 청소년기 어려움을 후유증 없이 잘 이겨 내었다. 하나님을 참아버지로 모시고 살았기 때문이다. 어릴 때부터 하나님 아버지의 지붕과 예수님의 집과 성령의 보일러로 잘 살았기 때문이다. 이것은 아버지 없는 지붕을 하나님께서 아버지의 지붕 된 역할을 감당해 주신 것이다.

"자기 백성인 상복이의 수치를 온 천하에서 제하셨다"

(사 25:8 참고).

하나님께서 나의 얼굴에 흐르는 눈물을 온전히 씻기셨다. 하나님 아버지의 지붕으로 나는 건강하게 살았다. 5남매 중에 아버지의 핍박과 상처를 내가 가장 많이 가장 오랫동안 받았음에도 불구하고, 하나님 아버지께서 아버지께 맞은 아픔보다 더 큰 하나님 나라의 이불을 덮어 주셨다. 상처가 하나도 없는 것보다 더 깨끗하고 풍성하다. 정말 놀라운 은혜이다.

결국 상처가 회복된 정도를 넘어 이 상처들은 별이 되었다. 하나님과 동행하는 삶에서는 상처가 사명이 되는 복을 누린다. 이 땅에서 이미 하나님 나라를 누리고 있는 것이다. 지금까지 긴 세월 한 길 가정 사역자로서, 전문 상담가로서 천국을 살아왔다. 아픈 이들의 지붕 된 역할, 잘해 온 것 같다.

나를 위한 지붕은 보수해야

많은 지붕 역할을 하다 보니 막상 나의 지붕이 조금 약하고 얼금얼금하다는 것이 보인다. 이제는 어느 정도 급한 지붕 역할은 했으니 나를 위한 지붕도 보수해야 할 필요가 있었다. 윗세대 아랫세대 중간에 낀 삶에서, 양쪽 세상 모두에게서 종종 나그네가 되어 나만의 진정한 정체성과 소원을 잘 이루지 못한 채 살아온 경향이 있었던 것이다.

나도 조금은 아팠다. 이제는 모두 극복했지만, 한 번씩 가슴 깊은 곳에 감정의 끝자락이 아플 때가 있다. 깊은 산 속에 가면 외로움과 거절감이 아직 아픔으로 묻어난다. 그리고 아내가 간혹 충고하면 아버지의 거절감이 거기에 묻어서 유난히 좀 더 힘들고 아프다. 물론 극복하기는 하지만 말이다.

나는 하고 싶은 여행이나 문화를 마음껏 누리지 못했다. 어머니의 아들 역할, 아버지를 돌보는 부모 책임, 동생과 누나를 돌봐야 하는 아버지 없는 가정의 지붕을 대신하는 무게가 아프고 버거웠기 때문이다. 하고 싶은 것을 생각보다 못했다.

한번은 큰아들이 아빠가 간혹 물건을 잘못 사는 것은 어릴 때 갖고 싶거나 하고 싶은 것을 잘 못했기 때문인 것 같다고 할 때, 아직 내게도 아픔과 수리해야 할 일부가 남아 있음을 본다. 건강이 많이 약해져서 잇몸이 많이 내려앉아 임플란트 한 치아가 벌써 여덟 개나 된다. 고혈압이 생겨 약 10년간 약을 먹고 있다. 당뇨 전 단계이다. 그래도 앞으로 가고 싶은 여행을 어느 정도는 할 것이다. 쓰고 싶은 책도 10여 권 더 쓸 것이다. 헬스는 아니더라도 건강을 위해 적당한 운동을 정기적으로 해야겠다.

너무 빨리 발전하는 디지털과 첨단기술 및 AI에 적응하는 것이 조금 벅차기도 하다. 부모의 다리를 묶고 뛰다가 시대에 낙오자가 되는 두려움과 불안과 허전함은 여전하다. 가슴 한쪽에 조금은 외롭게 자리를 잡고 있다. 나의 미래가 조금은 아프게 느껴질 때가 있다. 미래 직장에서는 50-60대가 30-40대에게 시대에 적응하지 못한 세대요 짐으로서 전락할지도 모른다. 산업을 일으키고 나라도 든든해졌지만 그 대가는 너무 초라하다. 첨단 지능과 검색 기능과 유튜브가 역사와 경험을 대신하고 있다. 더 이상 30-40대가 50-60대에게 묻지도 존경하지도 않는 경향이 있다.

현직 교사를 그만두면서 어머니와 장모님을 모시고 베트남 하롱베이 여행을 다녀왔다. 3박 5일 여행이 끝나고 인천공항에 도착해서 혼자 화장실에서 아내 모르게 하염없이 울었다. 내 삶의 무게와 내가 하고 싶은 것을 너무 하지 못한 서러움이 눈물로 내렸다. 부모님을 모시면서 그 무게를 지고 살다가, 두 아들의 아버지로서 그 무게를 지며 살다가 막상 내 삶을 가꾸는 것이 부족했고 노후도 넉넉히 준비하지 못했다. 나는 부모를 모셨지만 내가 늙어서는 자녀에게 부모 됨을 기대하지 못하는 희생을 더 많이 해온 세대라는 무게 때문이다.

아내와 단둘이서 가고 싶은 여행도 맘껏 하지 못했다. 원래 인생은 나그네이지만 위와 아래 세대를 동시에 섬기다 보니 우리 부부 중년의 삶이 조금 버겁고 힘겨웠다. 조금은 초라한 생각이 들 때도 있었다. 물론 그럴 때마다 이내 다시 힘을 낸다. 극복도 한다. 그래서 우리 부부 같은 50~60대 분들을 보면 괜히 짠한 마음이 든다. '위아래에 끼여서 참 아프고 고생스럽겠다'라는 생각이 들기도 한다. 급한 지붕 역할은 이제 했으니, 조금은 천천히 가면서 나를 위한 지붕도 보수해야겠다. 나 자신의 지붕, 잘해 온 것 같다.

> "상복아 수고했다. 좀 쉬어도 돼. 좀 누려도 괜찮아! 넌 그럴 자격이 있어."

늙어 가도 웰에이징(Wellaging)

늙어 갈수록 겉모습은 초라해지지만, 나는 웰에이징(Wellaging) 하려 한다. 풍요하고 행복한 노후를 맞이하면서 한 인생을 잘 살다가 가는 것이다. 나이가 들수록 열정을 잃지 않도록 해야 한다. 4대 고통이 따르기 때문이다. 질병, 고독감, 경제적 빈곤, 역할 상실이다. 점점 의욕과 열정을 잃어 간다.

노년을 우아하게 보내는 비결은 사랑, 여유, 용서, 아량, 부드러움, 열정인데, 여기서 핵심적인 요소는 열정이다. 열정은 의미 있는 삶을 노후에도 계속 사는 것을 말한다. 이제 나는 50대 후반부터 10년간 책을 10-15권 쓸 것이다. 열정을 가지고서 책을 계속 쓰는 동안, 나 자신은 청년이다. 책이 다른 이들을 살리고 가정을 살리는 것을 소망하며 늙어 갈 수 있기 때문이다.

인생 결승점에 가까워질수록 잘 뛰어야 한다. 인생 후반전의 인생은 여생(餘生)이 아니다. 그저 세월을 보내고 때우는 삶이 아니다. 후반생(後半生)이다. 더 의미 있고 중요한 일을 열정으로 해야 하는 때이다. 사람이 사람답게 사는 것을 '웰빙(Wellbeing)'이라고 하는데, 사람이 사람답게 죽는 것은 '웰다잉(Welldying)', 사람이 사람답게 늙는 것은 '웰에이징(Wellaging)'이라고 한다. 인생의 주기로 보면 나는 지금 내리막길을 내려가는 것 같다. 하지만 내세(來世)를 향해서 새 인생을 시작할 때다. 웰빙(wellbeing) 인생은 결국 웰에이징(wellaging) 하다가 웰다잉(welldying)으로 마쳐야 한다.

인생의 성장은 짧다. 대부분은 늙어 가는 것이 인생이다. 사람이 아름답게 죽는다는 것은 어려운 일이다. 하지만 보다 어려운 것은 아름답게 늙는 것이다. 행복하게 늙어 가는 건 더 쉽지 않다. 중년은 지금 하는 일은 물론이고 나이 들어서도 의미 있게 할 수 있는 일을 준비하고 계획하며 조금씩 실천하는 때이다. 특히 치유와 회복, 상담, 서비스업, 실버 사역, 사회복지 사업, 힐링에 관계되는 일들이 더욱 중요한 내용이 될 것이다.

인간관계에서도 열정과 의미 있는 삶이 매우 중요하다. 심리학자들이 전 세계 행복한 사람이 어떤 사람인지를 조사했는데, 그들의 공통점은 2가지가 모두 있는 사람이었다. 바로 대인 관계를 잘하고 자기 관리력이 뛰어나다는 것이었다. 이

것이 얼마나 중요한지 초중고 학교 교육 과정의 두 축이 바로 이 두 가지다. 사실 나이가 들면서 초라하게 살지 않으려면 대인 관계를 잘해야 한다. 인간관계를 '나' 중심이 아니라 '상대' 중심으로 살아야 한다. 물질이나 성공 중심보다 '믿음' 중심으로, '하나님 나라'를 위해 살아가야 한다.

타인 중심의 인간관계를 갖는 사람은 나이가 들면서 찾는 사람이 많다. 따르는 사람도 많다. 향기가 나면서 인격에도 매력이 생긴다. 내 곁에 많은 사람을 하나님 나라 향기로 품는 웰에이징(Wellaging)을 조금씩 이루어 가고 있다. 앞으로 책을 많이 써서 많은 이들이 더 행복한 하나님 나라를 누리게 하는 웰에이징 하는 늙음을 가져가고 싶다. 오늘의 아버지는 지붕이 되어 주는 삶으로 돌아간다.

* * *

내일의 아버지: 숲으로 살아가는 '아들'

두 아들은 숲으로 사는 아버지

아버지는 뒷동산의 바위였고 뒷산이었다. 반면 나의 50-60대 중년의 아버지 모습은 뒷동산의 바위보다는 '지붕'이었다. 이제 두 아들이 살아갈 앞으로의 아버지 모습은 무엇일까? 나는 두 아들이 숲으로 사는 아버지이길 바란다. 깊은 숲은 숲에서 산책하는 지친 몸과 마음에 새살이 돋아나게 한다. 깊은 숲에 있는 옹달샘은 가뭄과도 상관없이 늘 목마른 이들에게 풍족하게 적신다.

하나님은 "광야는 밭이 되고 밭은 숲이 되게 하시겠다"라고 이사야 32장에서 축복하셨다. 나는 내 자녀들이 결혼 후에 숲이 되어 가는 아버지이길 바란다. 뒷동산의 바위도 지붕도 아닌 숲의 아버지가 되면 좋겠다. 가정에서나 사회에서나 숲이 되어 자기도 풍성하게 하고 행복하며, 다른 사람도 섬기고 행복하게 하는 아버지의 모습이 되길 바란다. 지붕인 아버지로 살면서 나는 사실 하고 싶은 것도 맘껏 못하고 누리고 싶은 것도 잘 못 누린 아쉬움이 있다. 하지만 두 아들은 숲이 되어 새도 깃들고, 나그네도 쉬게 하고, 모든 것을 베풀지만 스스로도 풍성한 숲으로 사는 아버지가 되기를 바란다.

나도 후회 없는 아버지의 길을 걸어왔다. 다시 살아도 더 잘 살 자신이 없는 지붕으로서의 아버지를 잘 감당해 왔다. 하지만 한 번씩 부는 비바람이 꽤나 추웠다. 한 번씩 따스함이 그리웠고, 한 번씩 짐이 버거워 무작정 쉬고 싶었다. 돌아다니고 싶고 자유롭고 싶은 적이 종종 있었다. 이제 내 아들은 무거운 짐을 진 아버지가 아니라, 본인도 누리면서, 나누어 주기도 하며, 풍성하고 자유로운 숲으로서의 아버지가 되길 바란다.

"사랑하는 아들들아, 숲으로 살아서 나보다 좀 더 좋은 아버지로 살아다오."

나의 소중한 아빠에게.

아빠 주형이에요. 어느덧 입대한 지 1년하고도 1개월이 지났네요. 지금 저는 취침 시간에 침상 위에서 라이트 불빛에 의존해서 편지를 쓰고 있답니다. 지금 밖에서는 개구리들이 노래하고 하늘은 아름다운 별빛들로 가득 차 있네요.

사랑하는 아빠! 아빠는 저에게 있어서 하늘 같은 존재입니다. 나중에 저는 꼭 커서 아빠 같은 아빠가 되고 싶어요. 공기처럼 바로 옆에 있으면서도 그 공기가 쌓이고 쌓여 하늘색이 되는 것처럼 아빠의 그 내공(?)은 참 대단합니다. 어릴 적부터 성격이 주성이(동생)처럼 유순하지도 못하고 예민했던 저였는데, 그런 저를 공기처럼 닿지 않는 곳이 없을 정도로 품어 주셨어요.

얼마 전 야간 보초를 후임병과 둘이서 서고 있었어요. 제가 그 후임병에게 물어봤어요. "넌 커서 뭐가 되고 싶어?" 그러자 "아빠가 되고 싶습니다"라고 제게 말하더라고요. 전 당황했죠. '후임병이 선임병한테 버릇없이 장난이나 치고 말이야'라고 생각했습니다.

군대에서는 상상할 수 없죠. 선임이 진지하게 물었는데 그 상황에서 장난이라니…. 그런데 아빠, 그 아이는 장난이 아니었어요. 그 후임병의 아빠도 저의 아빠처럼 아들을 너무 사랑하고 아들의 롤모델(Role model)이 될 정도로 훌륭한 분이셨어요. 비록 이 아이의 아버지는 경제적으로 풍족하지는 않지만, 아들 사랑 만큼은 풍족하다고 합니다. 저와 마찬가지로 아버지에게 상처 하나 받지 않고 자라 왔더라고요. 그래서 이 아이의 꿈이 아빠이 더라고요. 자신의 아빠를 닮은 아빠…. 그런 아빠가 되고 싶다고 하네요.

아빠, 저의 꿈도 아빠처럼 되는 것입니다. My Dream is to be like my father!! 아빠처럼 예수님을 닮아 가기 위해 항상 애쓰는 것입니다. 못난 아들 빈 부분 없이 다 감싸 안아 주시는 아버지! 거기다가 아들을 넘어 전국 각지에서 예수님의 사랑이 필요한 사람들에게 달려가서 빈틈없이 안아 주시는 아빠…. 저도 그런 아빠가 되고 싶습니다. 저의 꿈은 아빠입니다.

그날 훈련 복귀 후 바로 서는 보초라 정말 힘들고 지쳤던 때 인데도 후임병과의 대화를 통해 아빠 생각이 나서 힘을 입어서 근무 잘 서고 돌아올 수 있었습니다. 저는 그날의 보초를 잊을 수가 없어요. 그 후임병이 오늘 신병 휴가를 갔습니다. "아빠 잘 만나고 돌아와라"라고 하며 진심으로 축복해 주었습니다.

그때 보초를 서며 그 후임병이 본인의 아빠를 생각하며 흘린 눈물을 보고 저도 아빠가 너무 보고 싶었습니다. 전 아빠의 선한 인상이 너무 좋습니다. 저랑 제일 친한 친구에게 가족사진을 보 여 주었더니 아빠랑 똑같다고 말했습니다. 저의 꿈인 아빠가 이 제 조금씩 제게서 이루어져 가고 있는 것 같아요. 비록 외형 모습이지만…. 나의 꿈인 아빠! 이제껏 흘러온 시간으로 봤을 때, 저는 얼마 있지 않으면 전역을 할 것 같아요. 시간이 빠르네요. 빠르게 흘러가는 시간, 마냥 흘러보내지 않도록 기도 부탁드립니다.

아빠, 저는 여기서 군종 생활하면서 많은 것을 배우고 느끼고 있어요. 운전하실 때 주의하시고요, 전화도 들고 받지 마세요. 스마트 어플 하나만 설치하면 바로 차량 연결해서 통화할 수 있는 걸로 알고 있어요. 그러니까 설명서 잘 보고서 운전하세요. 왜냐하면 아빠는 저의 아빠니까요.

아빠, 어떤 말로도 표현할 수 없을 만큼 사랑합니다. 태어나 주셔서 정말 감사하고 아빠로 인해 행복합니다. My Dream is to be like my father!!

2013년 4월, 군에서 큰아들 서주형 드림

한센병에 걸리셨던 할아버지는 내게 아버지의 향기로 사셨다. 내 아버지는 나를 낳아 주시고 나를 하나님의 용사로서 움이 터 자라게 하는 땅이었다. 그래서 내 두 아들은 내가 꿈꿀 수 없는 울창한 숲이면 한다. 내가 이루지 못한 더 푸른 숲이 될 게다. 내일의 아버지는 두 아들을 통해 숲으로 살아간다.

언제나 아버지: 모두의 아버지이신 '하나님'

놀랍다. 어제, 오늘, 내일의 아버지가 따로 있다니. 그러나 진짜 좋은 아버지가 따로 계신다. 하나님 아버지이시다. 하나님은 아버지로서 나를 늘 업고 오셨다. 아버지로 당겨 주셨다. 아버지로 영원까지 함께 품으셨다. 내 진짜 아버지는 하나님이시다. 어제는 할아버지를 통해 하나님께서 아버지를 해 주셨다. 오늘은 내가 등에 업은 나의 아버지를 통해 하나님께서 아버지를 해 주셨다. 내일은 두 아들이 이룰 숲을 통해 하나님께서 아버지가 되어 주실 것이다. 마디마다 겪어 오고 겪어 갈 여러 아버지의 곁에 모두의 아버지로서 하나님이 함께하신 것이다.

중학교 1년 때는 새벽마다 기도하면서도 말하지 못할 단어가 하나 있었다. "하나님 아버지"라는 말이다. "아버지"라고 하면 가슴이 아파 기도하지 못했다. 아버지라는 말은 내게 불행이었고 고통이었으며 아픔의 전부였다. 그래서 "하나님!", "예수님", "주님"이라고만 했다. '하나님 아버지'라는 말은 너무 낯설고 아팠다. 아니 싫었다. 아무리 "하나님 아버지"라고 불러도 술 냄새며 피 냄새까지 나도록 나를 덮은 아버지의 냄새가 배였기 때문이다. 아버지의 탄광보다 더 어두운 눈빛으로 하나님이 나를 보시는 것 같았기 때문이다. 아버지에 대한 분노 때문에 하나님 아버지께도 미사일로 쏘아 올리게 될 것 같았기 때문이다.

그러니 '하나님 아버지'라고 부를 때 하나님께 더 다가가기보다 그 감정의 턱에 걸려 넘어지곤 했다. 숨도 턱턱 막혔다. 그렇게 나는 아버지라는 단어에 걸려 하나님의 얼굴을 제대로 보지 못했다. 그림자로만 우시는 아버지의 어두움이 눌러 하나님의 빛으로 나갈 수 없었다. 이미 주어진 어두운 '아버지'라는 단어의 무게를 걷어 내기 위한 대가는 아프고 컸다. 하나님 아버지께서 잔치를 준비하시고 대문 밖에 나와 나를 마중하시는 그 따스함이란 어린 나로서는 한없이 낯설게 느껴졌다.

아버지 이름에 홍역을 앓던 중학교 2학년, 내게 다른 아버지의 해가 크게 떠올랐다. 어느 새벽 예배, 전도사님이 설교하시는 그때 하나님이 나를 아버지로서 안아 주셨다.

"여러분 하나님은 육신의 아버지와 아무 상관 없이 너무 좋으신 아버지이십니다. 그래서 예수님의 십자가 보혈, 예수님의 희생을 통해서라도 하나님 나라를 전부 여러분께 주고 싶으신 좋은 아버지이십니다. 그래서 이제는 십자가 보혈로 성령이 충만하면 하나님을 아바 아버지, 아빠 하나님이라고 불러도 됩니다."

그날 이후, 나는 4일을 숨도 제대로 쉬지 못하고 산 것 같다. 다른 기도도 못 했다. 하나님 아버지 품에 안겨 하염없이 울었다. '하나님 아빠'라고만 하며 울부짖었다. 4일간 쏟아진 눈물 곁을 따라 예수님의 보혈이 나를 감쌌다. 이날 이후 하나님은 언제나 내게 아버지로서 가득 채워져 있다. 아버지라는 말을 부르기만 해도 가슴이 젖는다. 숨이 쉬어진다. 숨이 되어 자유롭게 된다. 비로소 내가 된다. 쓸모없는 '싯딤나무'(아라비아 사막에 많은 아카시아나무, 조각목)가 법궤를 만드는 소중한 재료가 된 것과도 같다.

싯딤나무에 순금(예수님의 보혈)을 입혀 하나님의 임재를 나타내는 법궤로 만드신 것은 바로 나를 두고 하는 이야기였다. 가시나무 인생을 보혈로 덮어 사람을 살리고 하나님 나라를 드러내는 법궤와 같은 삶을 살게 하셨다. 은혜다. 그때부터 '하나님 아버지'는 내게 힘이 되는 단어 1순위가 되었다. 두 아들이 장성하기까지 최선을 다해 아버지로서 감당하고 나니 지금까지 내게 하나님이 진짜 좋은 아버지로서 나를 도우셨다는 깊은 탄성이 터졌다.

"그렇구나! 하나님이 진짜 아버지이시구나!"

평안을 네게 주노라

초등학교 3학년부터 6학년까지 산속에서 나병 할아버지와 따로 살 때, 하나님은 "상복아, 평안하냐? 내가 하나님 아버지란다"라고 하시면서 수시로 다가오셨다. 거의 아버지 없이 살고 어머니의 보살핌도 거의 없는 외로움 속에서도 전혀 결핍을 느끼지 않고 평안과 풍요로 지내왔다. 은혜요 기적이다.

중학생 시절 탄광촌 강원도 정성군 사북읍 고한리에 살 때, 나는 아버지에게서 가장 심한 핍박을 받았다. 그러나 하나님은 나와 늘 함께해 주셨다. 특히 −24℃에서 예수님을 믿는다고 내복만 입히고서 쫓아내실 때도 "상복아 평안하냐? 내가 세상이 줄 수 없는 평안을 주마. 내가 아버지야"라고 하시며 다가오셨다.

그 이후 고비마다, 힘들 때마다, 날마다 세상이 줄 수 없는 초월적인 평안을 주셨다. 하나님께서 내 아버지로서 함께해 주신 것이다. 늘 너무 행복하고 초월적인 평안과 안식이 넘쳤다. 대인 관계에서도, 원수까지도 사랑하는 힘을 누렸다. 그래서 "어떻게 그렇게 살 수 있느냐?"라고 방법을 물어오는 분들이 많다. 하나님께서 성령을 부어 주셔서 하나님 나라를 지금 당겨 주신 은혜 때문이요 십자가 복음 때문이라고 당당하게 말했다.

"평안을 상복이에게 끼치노니 곧 하나님 나라의 평안을 주노라. 내가 주는 것은 세상이 주는 것과 같지 않다. 그러니 이미 받은 하나님 나라의 부요함으로 상복이는 마음에 근심하지도 말고 두려워하지도 말거라. 이제 너도 누리고 쉬고 행복하거라. 내가 너의 아버지란다"(요 14:27 참고).

"상복이의 아버지께서 하나님 나라를 상복이에게 주시기를 기뻐하신다"(눅 12:32 참고)라는 말씀이 힘들 때마다 내 삶을 견인하게 했다. 고비마다 나를 자녀로 여겨 제일 좋은 하나님 나라를 상속해 주신 분이 나의 아버지 하나님이셨다. 맨발로 탕자를 기다리듯 나를 기다리셨다가 눈물로 품어 주시는 아버지가 하나님이셨다. 삐져 있는 큰아들도 부드럽게 부르시며, 설득하시며, 사랑하시는 아버지가 하나님이셨다. 늘 나를 맨발로 뛰어와 안으시는 하나님의 품이 뜨거웠다. 외롭지도, 그리 서글프지도 않게 청소년기와 청년기를 풍성하게 보냈다. 하나님 나라로서 보냈다.

"하나님을 사랑하는 아들 상복아, 하나님의 뜻대로 가정 사역으로, 목사와 상담으로 부르심을 입은 너에게는 모든 것이 합력하여 선을 이룰 것이다. 할아버지와 아버지로 인한 평생의 그 많은 연단과 고생, 수고와 섬김, 인내를 사명을 위한 준비와 훈련으로 사용하게 하마. 그래서 전문성과 복음의 순수성으로 사용될 수 있는 은혜를 주마. 내가 너의 아버지이다."

아들 바보 아버지

주기도문의 헬라어에서는 '아버지'라는 단어가 첫 시작이다. 그리고 구약은 14번, 신약은 170번이나 하나님을 '아버지'라고 부른다.

내 인생에도 언제나 하나님은 아버지로서 나를 품어 주셨다. '나의 아버지', '나의 하나님' 생각만 해도 눈물이 나고 감격이 된다. 하나님은 아들이 아버지께 하는 기도로서 주기도문을 알려 주신 자상한 아버지이시다. 내 기도는 늘 아버지 품에 있는 아들이 아버지께 드리는 기도였다.

"하나님 아버지, 예수님으로 인해 이제 하나님을 하늘에 계신 '우리 아버지'라고 부릅니다"(마 6:9 참고).

"하나님을 최고로 여기로 깊은 외로움에도, 깊은 아픔과 억울함에도, 하나님을 기뻐하거라. 상복이의 마음의 소원인 하나님 나라를 너를 통해 이루어 주시리로다"(시 37:4 참고).

예수님이 죽은 야이로의 딸을 살리실 때 하신 말씀이 '달리다굼'이다. 이는 딸 바보 아빠가 어린 딸을 아침에 너무 예쁘고 사랑스럽게 깨우면서 하는 아람어이다. "내 딸아, 이제는 일어나야지" 하는 말이다. 이와 같이 뜨거운 사랑에 자녀 바보가 되신 분이 바로 아버지 하나님이시다. 하나님은 내게 자주 다가오셔서 "내 아들 상복아, 오늘도 힘들었구나! 그래도 이제 내가 힘주는 하나님 나라를 시작하기 위해 일어나야지"라고 말씀하신다.

"예수님께서는 상복이의 슬픔을 바꾸어 하나님 나라를 이루시고, 누리게 하시며, 확장하신다. 하나님께 영광을 돌리는 삶으로 진정한 기쁨의 춤이 되게 하신다. 상복(喪服, 죽을 때 입는 옷)이 아니라 상복(上福)이 되게 하신다. 하늘의 최고 복을 세상에 알리는 자가 되게 하신다. 상복(相福)이 되게 하여 하나님 나라 복을 나누는 자, 그 참복을 흘려보내는 자가 되게 하신다. 결국에는 그리 아팠던 베옷은 벗기시고 기쁨으로 예수님의 신부로서의 옷으로 띠를 매어 입혀 주신다"(시 30:11 참고).

하나님은 날마다 내게 "내 아들아, 조반을 먹자"라고 밥상 잔치에 초대하시는 아버지이시다. 베드로가 배반하고서 갈릴리 호수에서 좌절 가운데 빠져 있을 때 예수님께서 부활 후에 심방을 가셔서 아침을 직접 지어 "베드로야, 조반을 먹자"라고 하셨다.

내 인생의 갈릴리, 춥고 실패한 때마다 직접 오셔서 "내 아들 상복아, 밥 먹자"라고 하셨다. "아들아, 같이 밥 먹자." 한 식탁에 초대하시는 아버지 하나님이시다. 하나님 나라 아버지 품에 식구로 자녀로 초대하시는 하나님이 진정한 아버지이시다.

"오직 하나님만 소망하며 산 상복이는 새 힘을 얻을 것이다. 하나
님 나라를 상처와 결혼과 가정에 이루려는 사명, 그 사명을 이루
는 길은 독수리가 날개 치며 올라감 같을 것이다. 달음박질하여
도 괴롭거나 고달프지 아니할 것이다. 걸어가도 피곤하지 아니할
것이다. 내가 너의 아버지이다"(사 40:31 참고).

먼저 우시는 아버지의 마음

하나님은 나를 살리시고 구원하시며, 내게 힘 주시고 영생
을 주시기보다 먼저 더 급히 우시는 아버지이시다. 친밀한 가
족으로서 먼저 다가오신 아버지이시다. 나사로가 죽고 장례
식에 참석하신 예수님은 나사로를 살리시기 전에 먼저 엉엉
우셨다. 마르다와 마리아에게 오빠 죽은 것을 함께 슬퍼하는
가족이 되어 주신 것이다. 나사로를 살리시는 것보다 더 먼
저, 아프고 슬픈 마르다와 마리아에게 가서서 함께 울어 주는
가족이 되어 주셨다.

하나님은 내가 힘들 때마다 문제를 극복하시거나 해결하
시거나 피하게 하심으로 나를 인도하셨다. 내게 힘들 때마다
하나님은 아버지로서 나와 함께 울어 주셨다. 업고 안으셔서
울어 주셨다. 내게 무언가를 주시기 전에 먼저 울어 주시는
아버지 하나님이셨다.

"내 마음도 아들 상복이가 힘들어해서 많이 아프구나. 많이 힘들었지? 내가 너의 아버지란다."

하나님은 신으로, 왕으로 내게 역사하시는 분이시지만, 무엇보다 아버지로서 가장 많이 동행하시고 울어 주시는 분이시다.

"지금까지 오랜 세월 상복이가 눈물을 흘리며 씨를 뿌리고, 바른 복음과 상처 입은 할아버지, 아버지, 그 이후 수많은 이들을 품었던 것을 이제 하나님 나라가 확장되는 것으로, 그 기쁨으로 거둘 것이다. 내가 너의 아버지란다"(시 126:5 참고).

영원한 아버지, 모두의 아버지는 이제 나의 아버지이시다. 하나님 나라를 주신 아버지이시다. 십자가 위에서 당신 자신도 주신 분이시다. 이제 다른 잃어버린 아들과 딸을 나에게 찾아오라고 떨리는 말씀으로 부탁하신다. 그들에게도 그렇게 하나님 나라의 숲을 주고 싶다고 하신다.

"상복아, 내 아들아! 나를 아버지라 불러 주니 나도 좋다. 이제는 너를 통해 수많은 영혼이 회복되고 치유되어 오래 황폐된 곳들을 다시 세울 것이다. 아들 상복이를 통해 파괴된 결혼의 본질과 가정의 바른 사명, 순전하고 바른 십자가 복음과 기초를 쌓게 하고 싶구나! 많은 이들이 상복이 너를 가리켜 무너진 영혼과 심리 정서, 결혼과 가정, 진실한 공동체를 수보(修補, 허름한 데를 고치고 덜 갖춘 곳을 기움)하는 자라 할 것이다. 길을 수축하여 거할 곳이 되어 하나님 나라를 이루고 확장하는 자라 할 것이다. 상처 입은 많은 이들에게도 네가 받은 아들의 영광과 하나님 나라를 전해 다오"(사 58:12 참고).

누가복음 15장, 탕자의 이야기에서 큰아들에게 전달하신 아버지의 떨리는 마음을 다른 곳에도 울리라 하신다.

"얘, 너는 내 것이 다 네 것이잖니! 네 동생을 잃었다가 찾았으니 기뻐하는 것이 당연하지 않겠니?"

아버지 하나님은 이제 집 나간 아우를 찾으라 하신다. 나를 간절히 찾으셨듯 너도 그리 찾아 달라고 하신다. 모두의 아버지이시다. 잃어버린 나도 그리 대문 앞에서 고개 내밀고 찾아주신 게다. 하나님 나라의 잔치를 베풀어 주신 것이다.

내일 동이 트면 우리는 아버지의 마음으로 잃은 자를 찾아 대문 밖으로 고개를 내밀어야 한다. 아버지 마음을 길게 내밀고 잔치도 준비해야 한다. 그래서 나는 먼저 대문 밖에서 이슬을 맞으며 생명도 태운 바울의 길을 따라가려고 한다. 서상복의 '사명 선언문'을 한 손에 꼭 지고 말이다. 모두의 아버지,

하나님 아버지의 마음을 전하기 위해 눈물로 가 보려 한다.

"제가 달려갈 길은 주 예수님께 받은 가정 사역, 상담, 치유, 설교자의 사명입니다. 곧 상처받고 고통받는 사람, 잃은 자, 아픈 가정, 아픈 한국 교회에 하나님 나라를 전하고 누리게 하려고 합니다. 십자가 복음과 제가 가진 전문성으로 상담, 설교, 강의로 치유 회복하여 하나님 나라를 이루려 하는 것입니다. 그 결과 하나님께 가장 영광을 돌리는 하나님 나라를 이루어 내고 확장하려합니다. 이 일을 이루는 것에 저의 생명조차 조금도 귀한 것으로 여기지 않고 달려가겠습니다"(행 20:24 참고).

"예수님의 십자가 보혈로 성령의 기름이 서상복에게 임하고 부어졌습니다. 그래서 가난한 자, 상처 많은 자, 연약한 자, 잃은 자에게 복음을 전하게 하셨습니다. 저를 보내서서 포로 된 자에게 자유를, 눈먼 자에게 다시 보게 함을 전파하며, 눌린 자를 자유롭게 하게 하여 잃어버린 하나님 나라를 주려고 하심입니다. 하나님 아버지의 크신 그 마음을 전하기 위해 하시는 것입니다"(눅 4:18 참고).

이제 나는 하나님 아버지의 마음을 전한다. 진짜 아버지는 하나님 아버지이시다. 그 좋은 아버지를 먼저 믿고 누리며, 그 풍성한 것을 전하는 것이 신앙이고, 그리스도인의 삶이며,

올바른 사명이다. 나이가 많아도 사명이 있으니 나는 청년으로 산다. 좋은 우리 아버지 하나님으로 인해 이미 천국을 산다. 언제나 아버지는 어제나 오늘이나 내일이나 모두의 아버지요 하나님이 되어 주신다. 모두의 아버지는 하나님이시다.

에필로그

내게 할아버지는 단순한 한센병 환자가 아니었다. 어려움이 없던 것은 아니지만, 하나님 아버지 덕분에 좋은 아버지의 지붕을 얹고서 두 아들을 잘 키웠다. 이제 두 아들은 내가 살 수 없던 모습의 아버지로서 살 것이다. 상처 없이 맑은 숲이 되어 나그네를 쉬게 하면서 자기도 풍성하고 행복한 아버지로서 살 것이다. 그리고 내게 아버지는 단순한 알코올 과의존 핍박자가 아니었다. 하나님 아버지가 하나님 나라를 주시는 방법이었다. 가정 사역자와 상담가로 만드시기 위한 귀한 연단이었다. 이제 인생 한 줌을 털어 세어 보니, 그 가운데 남는 말이 하나 있다. '하나님 아버지.'

하나님은 할아버지 모습으로서 나와 함께 사셨다. 어제까지 말이다. 나를 얹고 지붕을 잘 가진 좋은 아버지가 되도록 하셨다. 내 육신의 아버지를 대하면서 복음과 상담과 가정 사역을 준비하게 하셨다. 오늘의 아버지로서 말이다. 두 아들에게도 하나님은 아버지로서 숲을 만들고 계신다. 내일의 아버지 하나님은 그리하실 것이다. 하나님은 바로 그런 아버지시다. 많고 많은 말 중에 하나님을 왜 '아버지'라고 했는지 이제 조금은 알 것 같다. 나의 아버지, 그 무거운 말이 이제는 아빠로서 가벼워졌다. 내 아버지가 어깨에 버겁게 지고 갔을 아버지라는 무게도 아버지의 나이에 도달해서야 조금 알겠다. 돌아가셔야 화해도 하시는 아버지, 돌아가셔야 더 그리운 아버지, 아빠라 부를 수 없을 만큼 저기 먼 분이시다.

오늘은 창을 열어 아버지를 아빠로 모신다. 장난도 친다. 가위바위보도 한다. 꿀밤도 때린다. 아빠의 넓은 가슴에 안겨 울어도 본다. 그러다 지쳐 잠이 들면, 하나님이 아빠로서 놀기도 하시고 울고 웃고 하셨음을 어렴풋 잠들기 직전에 알 것 같다. '씨익' 미소 지으며 잘 것 같다. 모두의 아빠, 하나님 아빠를 할아버지로서, 나로서, 내 아들로서, 다른 모든 아버지로서 찾은 것 같다. 그러고 보니 예수님께서 제자들에게 기도를 가르치실 때 "하늘에 계신 우리 아버지"라고 하신 것도 하나님이 아버지이신 것을 아는 것이 '바른 기도'라는 걸 가르치시기 위함이었나 보다.

그림자로 우시는 아버지를 가슴에 묻으니, 온몸으로 우시는 아버지를 찾았다. 하나님을 아버지로서 찾았다. 오늘은 혼자 숲속을 거닐고 싶다.